自动变速箱原理与检修

（第二版）

主　编　陈开考

副主编　韩天龙　胡允达　陈庆樟

主　审　柴建山

ZHEJIANG UNIVERSITY PRESS
浙江大学出版社

图书在版编目（CIP）数据

自动变速箱原理与检修/陈开考主编. —杭州：浙江
大学出版社，2007.2(2019.8重印)
　　ISBN 978-7-308-05053-1

　　Ⅰ.①自… Ⅱ.①陈… Ⅲ.①汽车－自动变速装置－
理论－高等学校：技术学校－教材　②汽车－自动变速装
置－车辆修理－高等学校：技术学校－教材
　　Ⅳ.①U463.212

　　中国版本图书馆 CIP 数据核字（2006）第 139724 号

内容提要

　　本教材力求体现理论—实践一体化的教学理念，强调自动变速器的结构、工作原理和检修方法讲解的系统性。介绍自动变速器的组成、类型以及使用方法，液力变矩器的结构和工作原理以及液力变矩器检修；重点描述了行星齿轮机构传动原理、相关换挡执行机构以及具体应用的典型结构；对液压控制自动变速器和电子控制自动变速器的各个系统工作原理、结构与检修有针对性的进行了阐述；特别介绍了自动变速器的检查、试验、油压测试及相关检修方法；最后介绍了国内流行品牌车型自动变速器的检修要点。

　　本教材可作为普通高等教育、高职高专类汽车专业学生的教材，同时也可作为汽车维修技术人员的参考书及培训教材。

自动变速箱原理与检修（第二版）

陈开考　主编

责任编辑　王　波
封面设计　十木米
出版发行　浙江大学出版社
　　　　　（杭州市天目山路 148 号　邮政编码 310007）
　　　　　（网址：http://www.zjupress.com）
排　　版　杭州中大图文设计有限公司
印　　刷　杭州丰源印刷有限公司
开　　本　787mm×1092mm　1/16
印　　张　18.5
字　　数　450 千
版 印 次　2011 年 8 月第 2 版　2019 年 8 月第 9 次印刷
书　　号　ISBN 978-7-308-05053-1
定　　价　34.00 元

版权所有　翻印必究　　印装差错　负责调换

浙江大学出版社市场运营中心联系方式：0571－88925591；http://zjdxcbs.tmall.com

前　言

随着汽车技术的快速发展,自动变速器在汽车上的应用也越来越广泛。目前自动变速器在轿车上的装车率已达50%以上,自动变速器的使用与维护已成为一个非常重要的汽车维护项目,国家已经明文规定设立自动变速器维修专业。"自动变速器原理与检修"是汽车相关专业开设的一门实践性很强的专业必修课程,对提高汽车维修从业人员的技能和水平至关重要。

本教材以"高等职业教育汽车专业领域技能紧缺型人才培养指导方案"为依据,结合高职教育、工作岗位,根据"能力本位"要求,在编写时突出了以下几点:一是在整体框架上较为完整和系统,力求反映自动变速器领域的新理论、新技术、新设备和新方法;二是在内容与方法上紧密联系自动变速器检修实际,寻求知识讲授和能力培养的有机结合;三是加强了实验实训的内容和要求,注重学生实际操作能力的培养。本书可作为高职类汽车专业学生的教材,同时也可作为汽车维修技术人员的参考书及培训教材。

全书共分7章。第1章为绪论,概述了自动变速器的发展与应用、自动变速器的组成与类型,以及自动变速器的操纵;第2章为液力变矩器,叙述了液力变矩器的结构和工作原理、液力变矩器的工作特性与油液补偿,以及液力变矩器检修;第3章为变速齿轮机构,主要介绍了行星齿轮机构传动原理、换挡执行机构、组合式行星齿轮机构,以及其他变速齿轮机构;第4章为液压控制自动变速器,对液压控制自动变速器的供油与调压系统、自动换挡控制系统、典型液控自动变速器的自动换挡过程,以及液压控制系统的检修进行了分析;第5章为电子控制自动变速器,阐述了自动变速器电子控制系统,分析了电—液控制自动换挡过

1

程,以及电子控制系统的诊断与检修;第 6 章为自动变速器检修,系统介绍了自动变速器的检查、试验、油压测试以及故障诊断和修理;第 7 章为典型轿车自动变速器的检修,以广本、大众 01N、别克 4T65-E、飞度 CVT 等车型为例,对故障诊断过程进行了详细分析。

本书由陈开考任主编,韩天龙、胡允达、陈庆樟任副主编。参加本教材编写的主要人员有:陈开考(浙江经济职业技术学院,第 5 章)、韩天龙(杭州职业技术学院,第 3 章)、胡允达(浙江工贸职业技术学院,第 4 章)、陈庆樟(万向职业技术学院,第 2 章)、郑尧军(浙江经济职业技术学院,第 7 章)、周胜利(浙江经济职业技术学院,第 6 章)、柴建山(杭州市机动车服务管理局,第 1 章)。全书由陈开考负责统稿,柴建山主审。

本书在编写过程中参阅了大量国内公开发表出版的资料、文献以及维修手册,并引用了其中的部分图表资料,谨在此表示深深的谢意。在大纲讨论和编审中得到了浙江交通职业技术学院的陈文华教授、浙江经济职业技术学院陈丽能教授等多位专家学者的指教。浙江大学出版社也为本书的出版给予了大力支持。在此一并致谢。

鉴于自动变速器涉及的知识和内容较广泛,加之时间仓促、水平有限,书中内容取舍、叙述以及次序安排等方面难免有不妥之处,敬请各位专家和读者批评指正,以便再版时修订。

编　者

2006 年 10 月

目 录

CONTENTS

第1章
绪　论

　本章要点：

1. 自动变速器的发展及应用；
2. 自动变速器的分类和优缺点；3.自动变速器的类型及基本组成；
4. 自动变速器的使用；
5. 如何识别各种自动变速器。

1.1　概　述

汽车工业从诞生至今的 100 余年间，从无到有，以惊人的速度快速发展。汽车对人的生活方式产生了很大的影响，同时人类的生活需求又对汽车的发展产生了极大的推动作用。随着人民生活水平的不断提高，人们对汽车性能的要求也越来越高，希望汽车能更加快捷、舒适、安全、可靠。自动变速器的装用使人们对汽车的许多要求得以实现。

1.1.1　自动变速器的发展与应用

自汽车诞生以来，汽车行驶速度的改变一直采用机械式变速器，也就是用手工操纵变速杆换挡变速。手动变速器因采用机械传动，故传动效率高、工作可靠、结构简单，但因其传动载荷大，易使零件过早地磨损。特别是手动变速器要求驾驶员在外界条件比较复杂的情况下，频繁地操纵离合器、变速杆和加速踏板，增加了驾驶员的负担，使驾驶员易于疲劳，也不利于安全行车，而且在上坡或起步时，操作稍有不慎发动机就会熄火。随着汽车工业的发展，出现了自动变速器。

20 世纪初发明于欧洲的液力传动，最初用于船舶制造工业。第一次世界大战后，便开始应用于陆用车辆。起先，液力传动主要应用于公共汽车，并直接采用船用变矩器。随后美国通用汽车(GM)公司采用了这种变矩器，并于 1937 年开始用于内燃机车，到第二次世界大战期间，又应用在许多军用汽车和专用汽车上。此后，美国开始了自行研制工作，液力传动的研究中心也逐渐从欧洲转移到了美国,并在美国得到了很大的发展。1938 年,美国推出了最初批量生产的液力自动变速器,它是将行星齿轮式变速器与液力耦合器组合,用液压力进行自动变速,是现在自动变速器的原型。1942 年,美国又成功地研制出一种两挡的液力机械自动变速器。1947 年,GM 公司率先将液力传动用于批量生产的小客车上,翌年便把这些小客车用液力传动件定为标准部件,并逐渐应用到该公司生产的其他车型上。1948—1950 年期间,汽车液力传动的发展进入了一个新阶段,出现了可根据车速和加速踏板位置进行自动换挡的自动变速器。至此,液力自动变速器便已基本定型。

近 50 年来,自动变速器得到了空前的发展,装有自动变速器的车辆也越来越多,特别是高级轿车基本上都装用电控自动变速器。从发展趋势上来看,自动变速器是由简单的液力传动与多挡机械自动变速器组合而成的。它在控制方式上,由手动→半自动→全自动→电子操纵控制系统,并朝智能化方向发展,自动变速器的挡位数从两速→三速→四速,增加到五速和六速。与此同时,还利用各种方法,扩大与改善液力传动的自动调节性能与范围,实现简化操纵。

液力传动装置自 20 世纪问世以来至今已有 80 余年,并在国内外的汽车工业中得到了越来越广泛的应用。据 1973 年统计资料表明,在世界各国生产的载重量为 30～80t 范围内的重型汽车中,采用液力传动的车型占 95％以上。

1975 年西欧及美国的商用汽车自动变速器在全部商用车中的比例如表 1-1 所示。

表 1-1 商用车中采用自动变速器的比例

车 型	自动及半自动液力变速器所占比例(％)	
	西 欧	美 国
重型牵引车	80	80
越野汽车	80	80
市内客车	85	100
大型公共汽车	90	100

美国的通用、福特和克莱斯勒三大汽车公司,1983 年自动变速器的装车率分别为 94％,74％和 86％,1988 年则都达到了 94％以上,而到了 1998 年用于城市内行驶的汽车几乎100％都装用了自动变速器。

1978 年,原联邦德国奔驰汽车公司生产的发动机排量在 4.5L 以上的轿车中,自动变速器的装车率就已达到了 100％,而 3.5L 以下的约占 80％。

素来以结构紧凑、价格及油耗低著称于世的日本轿车,其液力自动变速器装车率的增长速度很快,大、中、小三种客车从 1982 年的平均 26％增至 1986 年的 41％,1992 年达到60％,而到了 1998 年则基本普及。

我国应用液力传动始于 20 世纪 50 年代。国内最早自行研制的液力传动系统主要用于内燃机车和红旗 CA770 三排座高级轿车。随后液力传动在我国也获得了一定发展,但其发展速度落后于发达国家。

1.1.2 自动变速器的性能分析

长期以来,尽管自动变速器存在结构复杂、工艺要求高、造价昂贵、传动效率低等问题,但近几年国外采用自动变速器的车辆却日益增多。与手动变速器相比,自动变速器具有以下几个方面的优点:

(1)消除了离合器的操作和频繁换挡,使驾驶操作简便省力,提高了行车的安全性。

(2)提高了发动机和传动系的寿命。若采用液力传动,发动机和传动系则成为弹性连接,能缓和冲击,有利于延长相关零件的寿命,一般是传统部件的两倍以上。

(3)能自动适应行驶阻力的变化。在一定范围内实现自动换挡,提高了汽车的动力性和经济性。

(4)汽车起步加速更加平稳,能吸收和衰减换挡过程中的振动和冲击,提高了乘车的舒适性。

(5)由于避免了驾驶员的换挡操作,汽车的加速性能更好。

(6)可避免因外界负荷突增而造成过载和发动机熄火现象,并且可以降低污染排放。

虽然自动变速器有上述许多优点,但其也存在不足,可概括为以下两个方面:

(1)结构较复杂

与手动变速器相比,自动变速器结构较为复杂,零件加工难度大,生产成本较高,修理也较麻烦。

(2)效率不够高

与手动变速器相比,自动变速器的效率还不够高。当然,通过实施动力传动控制一体化、液力变矩器闭锁、增加挡位数等措施,可使自动变速器接近手动变速器的效率水平。

相信随着科技的进步,以上不足都能得到合理的解决。

1.2 自动变速器的组成与类型

1.2.1 自动变速器的组成

自动变速器的厂牌型号很多,外部形状和内部结构也不尽相同,但它们的基本组成大致相同。其基本组成部分包括液力变矩器、变速齿轮机构、供油系统、液压或电液控制系统和换挡操纵机构五大部分,如图1-1所示。

1. 液力变矩器

液力变矩器位于自动变速器的最前端,安装在发动机的飞轮上,其作用与采用手动变速器的汽车中的离合器相似。它利用油液循环流动过程中的动能变化将发动机的动力传递至自动变速器的输入轴,同时能根据汽车行驶阻力的变化,在一定范围内自动地、无级地改变传动比和扭矩比,并具有一定的减速增扭功能。

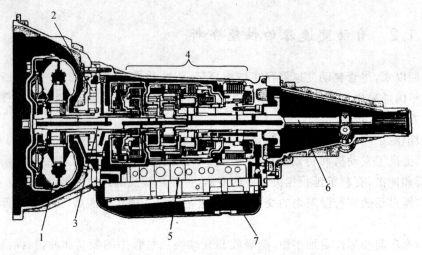

1—变矩器;2—油泵;3—输入轴;4—齿轮变速器;5—阀板总成;6—输出轴;7—油底壳

图 1-1　自动变速器的组成

2. 变速齿轮机构

变速齿轮机构主要包括行星齿轮机构和换挡执行机构两部分。目前,自动变速器中的变速齿轮机构主要有普通齿轮式和行星齿轮式两种型式。普通齿轮式的变速器,由于其尺寸较大、最大传动比较小,故只在少数车型中使用,而当今绝大多数轿车的自动变速器中使用的齿轮变速器是行星齿轮式变速器。

3. 供油系统

自动变速器的供油系统主要由油泵、油箱、滤清器、调压阀及管道组成。油泵是自动变速器最重要的总成之一,通常安装在变矩器的后方,由变矩器壳后端的轴套驱动。在发动机运转时,不论汽车是否行驶,油泵都在运转,为自动变速器中的变矩器、换挡执行机构、自动换挡控制系统部分提供一定压力的液压油。油压的调节由调压阀来实现。

4. 液压或电液控制系统

自动变速器的自动换挡控制系统有液压控制和电液压(电子)控制两种。

液压控制系统由阀体和各种控制阀及油路组成。阀门和油路设置在一个板块内,通常被称为阀体总成。不同型号的自动变速器阀体总成的安装位置有所不同,有的装置于上部,有的装置于侧面,纵置的自动变速器一般装置于下部。

在液压控制系统中,若增设控制某些液压油路的电磁阀,就构成了电器控制的换挡控制系统。若这些电磁阀是由电子计算机控制的,则成为电子控制的换挡系统。

5. 换挡操纵机构

自动变速器的换挡操纵机构包括手动选择阀的操纵机构和节气门阀的操纵机构等。驾驶员通过自动变速器的操纵手柄改变阀板内的手动阀位置,控制系统则根据手动阀的位置及节气门开度、车速、控制开关的状态等因素,利用液压自动控制原理或电子自动控制原理,按照一定的规律控制齿轮变速器中的换挡执行机构的工作,实现自动换挡。

1.2.2　自动变速器的分类

不同车型所装用的自动变速器在形式和结构上往往存在很大的差异,下面按不同的标准对自动变速器进行分类。

1. 按汽车驱动方式分类

自动变速器按照汽车驱动方式的不同,可分为后驱动自动变速器和前驱动自动变速器两种。两者在结构和布置上有很大的不同。

后驱动自动变速器的变矩器和齿轮变速器的输入轴及输出轴在同一直线上,因此轴向尺寸较大,阀板总成则布置在齿轮变速器下方的油底壳内,如图 1-2 所示。

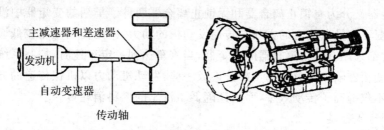

图 1-2　后驱动自动变速器

前驱动自动变速器,除了具有与后驱动变速器相同的组成外,还在自动变速器的壳体内装有差速器。前驱动汽车的发动机有纵置和横置两种。纵置发动机的前驱动自动变速器的结构和布置与后驱动自动变速器基本相同,只是在后端增加了一个差速器。横置发动机的前驱动自动变速器由于汽车横向尺寸的限制,要求有较小的轴向尺寸,因而通常将输入轴和输出轴设计成两个轴线的方式,变矩器和齿轮变速器输入轴布置在上方,输出轴则布置在下方,如图 1-3 所示。

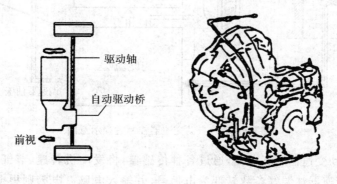

图 1-3　前驱动自动变速器

这种布置虽然减少了变速器总体的轴向尺寸,但增加了变速器的高度。因此常将阀板总成布置在变速器的侧面或上方,以保证汽车有足够的离地间隙。

2. 按自动变速器前进挡的挡位数分类

自动变速器按前进挡的挡位数不同可分为两个前进挡、三个前进挡、四个前进挡三种,此外,目前已研制出六速的自动变速器。早期的自动变速器通常为两个前进挡或三个前进挡。这两种自动变速器都没有超速挡,其最高挡为直接挡。新型轿车装用的自动变速器基本上都是四个前进挡,即设有超速挡。这种设计虽然使自动变速器的结构变得更加复杂,但由于设有超速挡,因而大大改善了汽车的燃油经济性。

3. 按齿轮变速器的类型分类

自动变速器按其齿轮变速器的类型不同,可分为普通齿轮式和行星齿轮式两种。普通齿轮式自动变速器体积较大、最大传动比较小,只有少数几种车型使用(如本田轿车)。行星齿轮式自动变速器结构紧凑,能获得较大的传动比,因而为绝大多数轿车采用。行星齿轮式又可分为辛普森式、拉维娜式以及行星齿轮组合式等。

4. 按变矩器的类型分类

单级三元件综合式液力变矩器由于其结构简单,因而被广泛地应用在轿车自动变速器中。这种变矩器又分为有锁止离合器和无锁止离合器两种。早期的变矩器中没有锁止离合器,在任何工况下都是以液力的方式来传递发动机的动力,因此传动效率较低。新型轿车的自动变速器大都采用有锁止离合器的变矩器,当汽车达到一定车速时,控制系统使锁止离合器接合,液力变矩器输入部分和输出部分连成一体,发动机动力以机械传递的方式直接传入齿轮变速器,不仅提高了传动效率,而且还降低了汽车的燃料消耗量。

5. 按控制方式分类

自动变速器按控制方式的不同,可分为液压控制自动变速器和电子控制自动变速器两种。液压控制自动变速器是通过机械的手段,将汽车行驶时的车速及节气门开度这两个参数转变为液压控制信号,阀板中的各个控制阀则根据这些液压控制信号的大小,按照设定的换挡规律,通过控制换挡执行元件的动作,实现自动换挡,如图1-4所示。

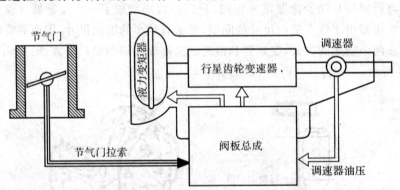

图1-4 液控自动变速器控制过程示意图

电子控制自动变速器装有电脑,通过各种传感器,将发动机转速、节气门开度、车速、发动机水温、自动变速器油温等参数转变为电信号,并输入电脑。电脑则根据这些电信号,按照设定的换挡规律,向换挡电磁阀和油压电磁阀等发出电子控制信号。而换挡电磁阀和油压电磁阀再将电脑的电子控制信号转变为液压控制信号。据此,阀板中的各个控制阀控制换挡执行元件的动作,从而实现自动换挡,如图1-5所示。

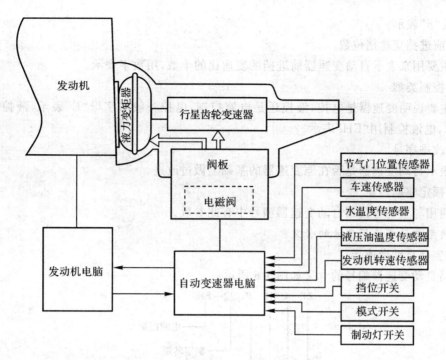

图 1-5 电子控制自动变速器

6. 按变速方式分类

汽车自动变速器按变速方式的不同可分为有级变速器和无级变速器两种。

有级变速器是具有有限几个定值传动比(一般有 3～5 个前进挡和一个倒挡)的变速器。无级变速器是能使传动比在一定范围内连续变化的变速器,目前在汽车上应用得越来越普遍。

1.2.3 自动变速器的型号识别

自动变速器的种类繁多,如果对自动变速器的型号不了解,在使用、维修中就会给资料查找、故障分析、零配件采购等带来不便。然而,目前有很多维修人员对自动变速器的型号不熟悉、不重视,致使在维修中出现很多问题。

1. 自动变速器型号的含义

标识自动变速器型号中的符号分别代表如下内容:

(1)变速器的性质

这主要用来指自动变速器还是手动变速器。一般用字母"A"表示自动变速器,用字母"M"表示手动变速器。

(2)自动变速器的生产公司

例如:德国 ZF 公司生产的自动变速器,其型号前面大多为"ZF"字样。

(3)驱动方式

这主要标明是前驱动还是后驱动。一般用字母"F"表示前驱动,字母"R"表示后驱动,但也有特别情况,如丰田公司则用数字表示驱动方式,一部分四轮驱动车辆在型号后面附字母"H"或"F"表示。

（4）前进挡变速挡位数

这主要用来表示自动变速器前进挡的变速比的个数，用数字表示。

（5）控制类型

这主要说明变速器是电控、液控还是电液控制，电控一般用字母"E"表示，液控一般用"L"表示，电液控制用"EH"表示。

（6）改进序号

这表示自动变速器是否在原变速器的基础上做过改进。

（7）额定驱动转矩

在通用与宝马等公司自动变速器型号中有此参数。

2.典型自动变速器型号的含义

（1）宝马自动变速器

宝马自动变速器编号的含义如图1-6所示。

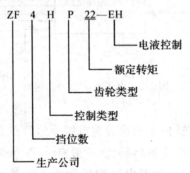

图1-6　宝马自动变速器编号含义

（2）丰田自动变速器

丰田自动变速器的型号可分为两大类：一类为型号中除字母外有两位阿拉伯数字，另一类为型号中除字母外有3位阿拉伯数字。其识别方法如图1-7所示。

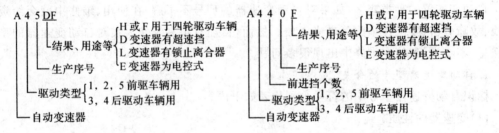

图1-7　丰田自动变速器编号含义

丰田自动变速器编号中，有些后面都省略了"E"，均为电控自动变速器，带有锁止离合器，如A340H，A340F，A540H。有些后面则省略了"L"，但均带有锁止离合器，如A241H，A440F，45DF。

若改进后的自动变速器，只增加了锁止离合器或只增加了驱动轮的个数，其余未做改动，则只能在原型号后加注"L"或"F"，"H"，原型号不变。

（3）克莱斯勒自动变速器

1992年，克莱斯勒公司开始执行一套新的自动变速器识别系统，这套系统是由4个字母组成的识别系统，每个字母代表变速器的一个特性。第一个字母代表变速器前进挡个数；第二个字母代表输入转矩，0～2（从轻负荷至重负荷）是乘用车用的，3～7是载货车用的；第三个字母表示车辆是前轮驱动还是后轮驱动，以及发动机在驱动系中的位置，"R"代表后轮驱动车辆，"T"代表发动机横置的前轮驱动车辆，"L"代表发动机纵置的前轮驱动车辆，"A"表示四轮驱动车辆；第四个字母代表变速器的控制类型，"E"表示电控，"H"表示液压控制。在这之后，克莱斯勒公司的变速器既可以根据旧型号识别，也可以根据新的型号加以识别。

（4）通用公司自动变速器

通用公司自动变速器编号含义如图1-8所示。

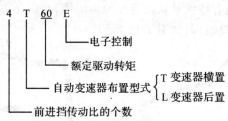

图1-8 通用自动变速器编号含义

3. 自动变速器的识别方法

（1）变速器铭牌识别法

在很多变速器壳体上都有一个小金属铭牌，上面一般标有自动变速器生产公司名称、型号、生产序号代码、液力变矩器规格等内容。因此，可很方便地通过这一铭牌来对自动变速器型号进行识别，如图1-9所示。

（2）汽车铭牌识别法

一部分汽车在发动机舱内、驾驶室内、门柱等位置有汽车铭牌。通过汽车铭牌上的内容可对自动变速器的型号进行识别，如图1-10所示。

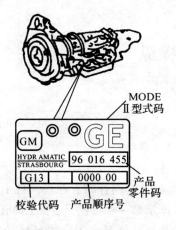

图1-9 通过变速器铭牌识别自动变速器

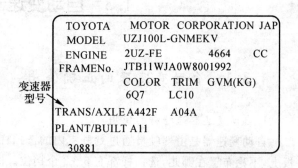

图1-10 通过汽车铭牌识别自动变速器

（3）通过变速器的壳体和油底壳等部位上的标记识别

在制造厂生产时，往往将变速器型号留在其壳体和油底壳等部位上面，据此便可以很直观地识别出自动变速器的型号。例如，福特公司的 AXOD 自动变速器，在其端部的阀体油底壳上冲压有很大的"AXOD"字符。

（4）奔驰自动变速器型号识别方法

奔驰汽车的自动变速器为其下属公司生产，其型号以数字代码的形式表示。其号码刻在变速器壳体侧部、油底壳接合面上面一点的部位。在这个部位有一长串字符号，其中"722＊＊＊"的 6 位字符即为自动变速器的型号。

（5）零部件特征识别法

在汽车工程中常用一些具有典型特征的部件来代指某一装置。为了区分与识别一些自动变速器的型号，常用其具有特殊形状及特征的集滤器、油底壳、油底壳密封垫、电磁阀个数及导线端子数等进行区分与识别，如图 1-11 所示。

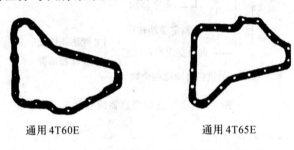

通用 4T60E　　　　　　　　　通用 4T65E

图 1-11　通用自动变速器零件形状识别

（6）变速器结构特征识别法

除了用上述的零部件特征对自动变速器进行识别区分外，还可以根据自动变速器的一些独特的结构特征来识别区分自动变速器，如油底壳在上方的日产千里马 RE4F04A 自动变速器，有一大一小两个油底壳的宝马或欧宝 4L30E 自动变速器，有加长壳体的奔驰 S320 轿车的 722.502 五速自动变速器，外部有电磁阀阀体的克莱斯勒 41TE（A604）自动变速器，油底壳在前侧的马自达 626 轿车 GF4A-EL 自动变速器等。

1.3　自动变速器的操纵

1.3.1　自动变速器的正确使用

1. 自动变速器选挡杆的使用

自动变速器是由驾驶员通过驾驶室内的选挡杆来操作的。选挡杆布置在转向柱上或地板上，不论布置在哪儿，选挡杆都有 5～8 个挡位。图 1-12 所示是一种布置于地板上的有六个挡位的自动变速器选挡杆。目前大部分轿车自动变速器的选挡杆都是采用这种布置方式的。自动变速器选挡杆挡位的含义与手动变速器有很大的不同。对于自动变速器而言，选挡杆的挡位与自动变速器本身所处的挡位是两个完全不同的概念。实际上，选挡杆只改变自动变速器的阀板总成中手控阀的位置,而自动变速器本身的挡位则是由换挡执行元件的动作决定的,它除了取决于手控阀的位置外,还取决于汽车的车速、节气门开度等因素。因此,要正确操作自动变速器,首先应当了解自动变速器选挡杆各个挡位的含义。

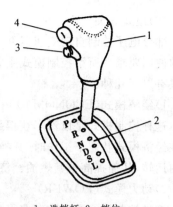

1—选挡杆;2—挡位;
3—超速挡开关或保持开关;4—锁止按钮
图 1-12　布置于地板上的自动变速器选挡杆

（1）停车挡（P 位）

停车挡通常位于选挡杆的最前方。当选挡杆位于该位置时,自动变速器的停车锁止机构将变速器输出轴锁止,使驱动轮不能转动,以防止汽车移动。同时换挡执行机构使自动变速器处于空挡状态。当选挡杆离开停车挡位置时,停车锁止机构即被释放。

（2）空挡（N 位）

空挡通常位于选挡杆的中间位置,在倒车挡和前进挡之间。当选挡杆位于空挡位置时,换挡执行机构和停车挡相同,也就是使自动变速器处于空挡状态。此时发动机的动力虽经输入轴传入自动变速器,但只能使齿轮空转,输出轴无动力输出。

（3）前进挡（D 位）

前进挡位于空挡之后,大部分轿车自动变速器在选挡杆位于前进挡位置时可以设置四个不同传动比的挡位,即 1 挡、2 挡、3 挡和超速挡,其中 1 挡传动比最大,2 挡次之,3 挡为直接挡,传动比为 1,超速挡的传动比小于 1。汽车在行驶的过程中,如果选挡杆位于前进挡位置,则自动变速器的液压或电子控制系统能根据车速、节气门开度等因素的变化,按照设定的换挡规律自动变换挡位。

（4）倒挡（R 位）

倒挡位于停车挡和空挡之间。当选挡杆位于倒挡位置时,换挡执行机构使自动变速器实现倒挡。

（5）前进低挡（S 和 L 位）

前进低挡通常有两个位置,即图 1-12 中的 S 位和 L 位。当选挡杆位于这两个位置时,自动变速器的控制系统将限制前进挡的变化范围。当选挡杆位于 S 位时,自动变速器只能在 1 挡、2 挡、3 挡之间自动变换挡位;当选挡杆位于 L 位时,自动变速器只能固定在 1 挡。有的车型将 S 位标为 2 位,L 位标为 1 位,其含义也是相同的。

2.自动变速器控制开关的使用

新型自动变速器除了利用选挡杆进行换挡控制外,还可以通过选挡杆或汽车仪表板上的一些控制开关来进行一些其他的控制。不同车型自动变速器的控制开关往往有不同的名称,其作用也不尽相同。常见的控制开关有以下几种:

（1）超速挡开关（O/D 开关）

此开关用来控制自动变速器的超速挡。当这个开关打开后,超速控制电路接通,使阀板中的超速电磁阀工作。此时若选挡杆位于 D 位,自动变速器随着车速的提高而升挡时,最高可升入 4 挡（即超速挡）;该开关关闭后,超速挡控制电路则被断开,仪表板上的 O/D OFF 指示灯随之亮起,自动变速器随着车速的提高而升挡时,最高只能升入 3 挡,不能升入超速挡。

（2）模式开关

部分电子控制自动变速器有一个模式开关，用来选择自动变速器的控制模式，以满足不同的使用要求。所谓控制模式主要是指自动变速器的换挡规律。常见的自动变速器的控制模式有以下几种：

1）经济模式（ECONOMY）

这种控制模式是以汽车获得最佳的燃油经济性为目标来设计换挡规律的。当自动变速器在经济模式状态下工作时，其换挡规律能使发动机在汽车行驶过程中经常在经济转速范围内运转，从而提高了其燃油经济性。

2）动力模式（POWER）

这种控制模式是以汽车获得最大的动力性为目标来设计换挡规律的。当自动变速器在动力模式下工作时，其换挡规律能使发动机在汽车行驶过程中经常处在大功率范围内运转，从而使汽车获得较好的动力性能和爬坡能力。

3）标准模式（NORMAL）

标准模式的换挡规律介于经济模式和动力模式之间。它兼顾了动力性和经济性，使汽车既保证一定的动力性，又有较佳的燃油经济性。

（3）保持开关

有些电子控制自动变速器设有保持开关（如日本 JATCO 公司生产的 R4A-EL 自动变速器），这种开关通常位于选挡杆上。按下这个开关后，自动变速器便不能自动换挡，其挡位完全取决于选挡杆的位置。当选挡杆位于 D 位、S 位、L 位时，自动变速器分别保持在 3 挡、2 挡、1 挡。汽车在雪地上行驶时，可按下这个开关，用选挡杆选择挡位，以防止驱动轮打滑。

3. 不同工况下自动变速器的使用

由于自动变速器在结构和工作原理上与手动变速器有很大的不同，因此在使用和操作上也有许多不同之处。

（1）启动

1）正常启动

启动发动机时，应拉紧驻车制动或踩住制动踏板，将自动变速器的选挡杆置于 P 位或 N 位，此时将点火开关转至启动位置，才能使启动电机转动。若选挡杆位于 P 位和 N 位之外的其他任何位置上时，则都不能启动。

2）汽车途中熄火后起动

装有自动变速器的汽车在行驶途中突然熄火时，选挡杆位于行驶挡位置，此时若转动点火开关起动，启动电机将不会转动，必须将选挡手柄移至 P 位和 N 位后才可启动。

（2）起步

1）发动机启动后，必须停留几秒后才能挂挡起步。

2）起步时应先踩住制动踏板，然后再挂挡，并查看所挂挡位是否正确，最后松开手制动，抬起制动踏板，缓慢踩下加速踏板加速起步。

3）必须先挂挡后踩加速踏板，不允许边踩加速踏板边挂挡，或先踩加速踏板后挂挡，或挂挡后踩着制动踏板或未松开驻车制动就加大油门。

（3）一般道路行驶

1）装有自动变速器的汽车在一般道路上向前行驶时，应将选挡杆置于 D 位，并打开超速挡开关。这样自动变速器就可以根据车速、行驶阻力、节气门开度等因素,选择合适的挡位。超速驱动时必须是在平路上、小负荷,且具备一定的车速。

2)为了节省燃油,可将模式开关设置在经济模式或标准模式位置上。加速时应平稳缓慢地加大油门,并尽量让节气门开度保持在小于1/2开度的范围内。也可以采用"提前升挡"的操作方法,即汽车起步后,先以较大的油门将汽车加速到20~30km/h,然后将加速踏板很快地松开,并持续2~3s,这时自动变速器就能立即从1挡升至2挡,当感觉到升挡后,再将加速踏板踩下,继续加速。从2挡升至3挡也可以采用这种方法。这种操作方法能让自动变速器较早地升入高1挡,从而提高了发动机的负荷率,降低了发动机的转速,在一定程度上节省了燃油,同时还能降低发动机的磨损程度,减小噪声。

3)为了提高汽车的动力性,可将模式开关设置在动力模式位置上。在急加速时,还可以采用"强制降挡"的操作方法,即将加速踏板迅速踩到全开位置,此时自动变速器会自动下降一个挡位,获得猛烈的加速效果。当加速的要求得到满足之后,应立即松开加速踏板,防止发动机超速,造成损坏。"强制降挡"旨在高速超车。在这种工况下,自动变速器中的摩擦片磨损、发热严重,很容易造成碎裂和黏结,若非特殊需要,不宜经常使用。

(4)倒车

1)在汽车完全停稳后,将选挡杆移至R位。

2)在平路上倒车时,可完全放松加速踏板,以急速缓慢倒车。

3)若倒车中要越过台阶或凸起物时,应缓慢加速,越过之后要及时制动。

(5)坡道行驶

1)在一般坡道上行驶时,可按一般道路行驶的方法,将选挡杆置于D位,用加速踏板或制动踏板来控制上下坡车速。

2)如果汽车以超速挡在坡道向上行驶,因坡道阻力大于驱动力,而导致车速下降,下降到一定车速时自动变速器又从超速挡降到3挡,到3挡后,又因驱动力大于坡道阻力,汽车被加速,加速到一定车速时又升至超速挡。这样,若坡道较长,将重复上述过程,即形成"循环跳挡",加剧了自动变速器中摩擦片的磨损。在这种情况下,可将超速挡开关关闭,限制超速挡的使用,汽车就能在3挡稳定地加速上坡。若坡道较陡,汽车在3挡和2挡之间"循环跳挡",只要将选挡杆置于2挡位置,即可使自动变速器在2挡稳定地行驶。

(6)发动机制动

在汽车下坡时,若完全松开加速踏板后车速仍然太高,可将选挡杆置于S位或L位,并把加速踏板松到最小(禁止熄火),此时驱动轮经传动轴、变速器、变矩器反拖发动机运转,这样可利用发动机的运转阻力使汽车减速,这种情况称为发动机制动。因此,要注意不能在车速较高时将选挡杆从D位拨至S位或L位,这样会使自动变速器中的摩擦片因急剧摩擦而受到损坏。当车速较高时,应先用制动器将汽车减速至较低车速,再将选挡杆从D位换至S位或L位。

一般空车在8%~10%坡度行驶时,可以用S挡,重车下则必须用L挡,中间不准换挡。

(7)雪地或泥泞路面行驶

在雪地或泥泞路面行驶时,若选挡杆置于D位,当驱动轮打滑时,如果驾驶员立刻松开加速踏板,由于打滑的驱动轮转速较快,自动变速器会出现提前升挡现象。此时可将选挡杆置于S位或L位,限制自动变速器的最高挡位,即可利用节气门开度来控制车轮的转速,防止驱动轮打滑。设有保持开关的自动变速器也可打开保持开关,然后就可采用与手动变速器相同的方法,用选挡杆来选择适当的挡位行驶。

(8)临时停车

汽车在交叉路口等待交通信号或因堵车等原因而需要临时停车时,若停车时间较短,可让选挡杆保持在 D 位,只用脚制动,这样一放松制动踏板,汽车就可以重新起步。若停车时间稍长,最好同时利用脚制动和驻车制动,以免不小心松开制动踏板时汽车向前行驶而发生意外。若停车时间较长,最好把选挡杆换到 N 位或 P 位,拉紧驻车制动停车,以免造成自动变速器油温过高。

(9)停放

汽车停放好后,应踩住制动踏板,将选挡杆移至停车挡位置,并拉紧驻车制动,然后关闭点火开关,熄火。

1.3.2 使用自动变速器的注意事项

为了充分发挥自动变速器的性能优势,防止因操作不当而造成早期损坏。在驾驶装用自动变速器的汽车时,应注意以下几点。

1.挡位选择及其使用方法

液力自动变速器的挡位选择有拉钮式和拉杆式两种。拉钮式的布置在驾驶室的仪表板上,拉杆式的布置在变速杆上或者在驾驶室内地板上。不同汽车上的液力自动变速器的选挡位置数多少并不等,选挡杆位置数与自动变速器本身挡位数也不是一回事。轿车自动变速器的挡位通常为 3～5 挡。

在驾驶时,如无特殊需要,不要将选挡杆在 D 位、S 位、L 位之间来回拨动,特别要禁止在行驶中将选挡杆拨入 N 位(空挡)或在下坡时用空挡滑行。否则,由于发动机怠速运转,自动变速器内由发动机驱动的油泵出油量减少,而自动变速器内的齿轮等零件在汽车的带动下仍作高速旋转,就会使这些零件会因润滑不良而损坏。

在汽车行驶中若要按"L 位—S 位—D 位"的顺序进行变换(即由低挡位换至高挡位)时,可以不受任何车速条件的限制,也就是说,不论车速高低都可按此顺序改变选挡杆的位置。但是,如果要按"D 位—S 位—L 位"的顺序(即由高挡位换至低挡位)变换选挡杆的位置,必须让汽车减速至车速低于相应的升挡车速后才能进行。如果将选挡杆由高挡位换至低挡位时的车速过高,就相当于人为地手动强制低挡,这样不但汽车会受到发动机的强烈制动作用,而且相应的低挡执行元件也会因急剧摩擦而损坏。因此有些车型在进行"D 位—S 位—L 位"的降挡操作时,也必须按下锁止按钮,否则选挡杆将被锁住而无法由高挡位向低挡位移动。

2.前进挡与倒挡互换

当汽车还没有完全停稳时,不允许从前进挡换至倒挡,也不允许从倒挡换到前进挡,否则会损坏自动变速器中的摩擦片和制动带。

3.停车

一定要在汽车完全停稳后才能将选挡杆拨入停车挡位置,否则自动变速器会发出刺耳的金属撞击声,并损坏停车锁止机构。

4. 锁止按钮

为了防止不正确的操作造成自动变速器的损坏,目前大部分车型的自动变速器选挡杆上都装有一个锁止按钮。在进行下列换挡操作时,必须按下锁止按钮,否则选挡杆将被锁止而不能移动,主要有以下两种情况:

(1)由 P 位换至其他任何挡位或由其他任何挡位换至 P 位。

(2)由任何挡位换至 R 位。

5. 发动机怠速

要严格按照标准调整好发动机的怠速,怠速过高或过低都会影响自动变速器的使用效果。怠速过高会使汽车在挂挡起步时产生强烈的抖动;怠速过低在坡道上起步时,若松开制动后没有及时加油门,汽车会后溜,增加了坡道起步的难度。

6. 怠速"爬行"问题

当选挡杆在 D 位、S 位、L 位,且发动机节气门在怠速位置时,允许汽车有行驶的趋势或极其微小的向前"爬行"的感觉。在倒挡时,允许有向后的趋势。

7. 用油问题

必须使用规定品牌的液力传动油,必须按规定的方法经常检查油面高度,必须按规定的时间或里程进行换油,换油时必须同时清洗油冷却器和滤油器。

实训题

实训项目 1-1　自动变速器总体认识

1. 实训目的与要求

(1)了解自动变速器的总体构造;

(2)熟悉自动变速器的操纵方法。

2. 实训仪器设备

自动变速器整车,自动变速器台架,解剖变速器,前、后驱自动变速器总成,部件总成。

3. 实训内容与操作

(1)自动变速器结构了解;

(2)自动变速器的类型识别;

(3)自动变速器选挡杆、开关的使用。

4. 注意事项

(1)在停车上使用操作变速器应顶起驱动轮,保证可靠;

(2)在踩住刹车后,方可操作换挡杆。

复习思考题

1-1　根据轿车的驱动方式,自动变速器可分为哪几种类型? 各有哪些特征?

1-2　轿车手控连杆上的挡位标志有什么含义? 操作中应注意哪些问题?

1-3　电控自动变速器控制系统由哪几部分组成? 各部分的功用是什么?

1-4　自动变速器与手动变速器相比有哪些优缺点？

1-5　为什么在前进挡行驶时不能挂入倒挡？

1-6　在坡道行驶时，挡位杆应选择在什么位置？为什么？

1-7　模式开关和超速挡开关有什么不同？各起什么作用？

1-8　前驱和后驱自动变速器在内部结构上有什么区别？

第 2 章
液力变矩器

本章要点：

1.液力变矩器的结构和工作原理；

2.液力变矩器的增矩原理；

3.液力变矩器锁止离合器的工作原理。

2.1　液力变矩器的结构与工作原理

液力变矩器是构成自动变速器不可缺少的重要组成部分之一。它安装在发动机的飞轮上，其作用是将发动机的动力传递给自动变速器中的齿轮机构，并具有一定的自动变速功能。

2.1.1　液力变矩器的组成

汽车所用液力变矩器一般都是由钢板冲压而成的，而工程机械和一些军用车辆所用液力变矩器的工作轮则是用铝合金精密铸造而成的。普通液力变矩器由可转动的泵轮、涡轮和导轮三个基本元件组成。其基本结构如图 2-1 所示。

1.泵轮

泵轮与变矩器壳体连成一体，变矩器壳体用螺栓固定在飞轮上，由于飞轮与曲轴相连，因而泵轮总是和曲轴一起转动。泵轮的作用是把发动机的机械能转变成油液的动能，其内部沿径向装有许多较平直的叶片，叶片内缘装有让变速器油平滑流过的导环，当发动机运转时，泵轮内的工作液依靠离心力的作用从泵轮外缘向外喷出而进入涡轮。随着发动机转速的升高，油液所受的离心力也逐渐增大，从泵轮向外喷射油液的速度亦随之升高。

2.涡轮

涡轮与变速器输入轴用花键连接，其作用是把液体能量转变成涡轮轴上的机械能。与泵轮一样，涡轮也装有许多叶片，叶片呈曲线形状，方向与泵轮叶片的弯曲方向相反。涡轮叶片与泵轮叶片相对放置,中间留有一很小的间隙。

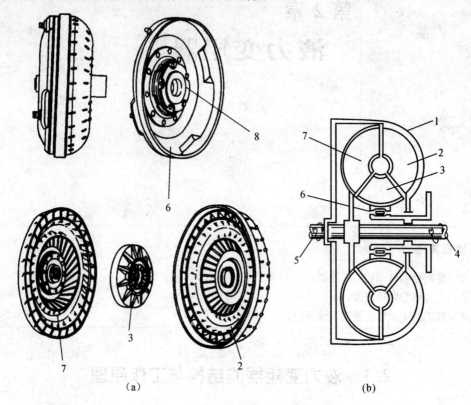

(a)　　　　　　　　(b)

1—变矩器壳;2—泵轮;3—导轮;4—输出轴;5—输入轴;6—单向离合器;7—涡轮;8—扭转减振器

图 2-1　液力变矩器结构示意图

3.导轮

导轮位于泵轮与涡轮之间,通过单向离合器安装于固定在变速器壳体的导轮轴上。其作用是改变液流方向,增加扭矩。导轮叶片截住离开涡轮的变速器油液,并改变其方向,使其冲击泵轮叶片背面,给泵轮一个额外的"助推力"。

2.1.2　液力变矩器工作原理

以三元件液力变矩器为例分析液力变矩器的工作原理,其结构与液力耦合器相似,也由3个工作元件组成,即泵轮、涡轮和导轮。泵轮和涡轮的构造与液力耦合器基本相同;导轮则位于泵轮和涡轮之间,并与泵轮和涡轮保持一定的轴向间隙,通过导轮固定套固定于变速器壳体上,如图 2-2 所示。

发动机运转时带动液力变矩器的壳体和泵轮与之一同旋转,泵轮内的液压油在离心力的作用下,由泵轮叶片外缘冲向涡轮,并沿涡轮叶片流向导轮,再经导轮叶片内缘,形成循环的液流。导轮的作用是改变涡轮上的输出扭矩。由于从涡轮叶片下缘流向导轮的液压油仍有相当大的冲击力,因此,只要将泵轮、涡轮和导轮的叶片设计成一定的形状和角度,就可以利用上述冲击力来提高涡轮的输出扭矩。为说明这一原理,可以假想地将液力变矩器的3个工作轮叶片从循环流动的液流中心线处剖开并展平,得到图 2-3 所示的叶片展开示意图,并假设在液力变矩器工作时,发动机转速和负荷都不变,即液力变矩器泵轮的转速 N_p 和扭矩 M_p 为常数。

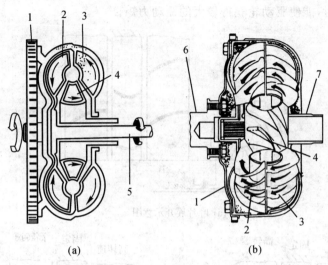

1—飞轮;2—涡轮;3—泵轮;4—导轮;5—变矩器输出轴;6—曲轴;7—导轮固定套
图 2-2 液力变矩器

在汽车起步之前,涡轮转速为 0,发动机通过液力变矩器壳体带动泵轮转动,并对液压油产生一个大小为 M_p 的扭矩,该扭矩即为液力变矩器的输入扭矩。液压油在泵轮叶片的推动下,以一定的速度,按图 2-3(b)中箭头 1 所示的方向冲向涡轮上缘处的叶片,对涡轮产生冲击扭矩,该扭矩即为液力变矩器的输出扭矩 M_t。此时涡轮静止不动,冲向涡轮的液压油沿叶片流向涡轮下缘,在涡轮下缘以一定的速度,沿着与涡轮下缘出口处叶片相同的方向冲向导轮,对导轮也产生一个冲击力矩 M_s,并沿固定不动的导轮叶片流回泵轮。当液压油对涡轮和导轮产生冲击扭矩时,涡轮和导轮也对液压油产生一个与冲击扭矩大小相等、方向相反的反作用扭矩 M_t 和 M_s,其中 M_t 的方向与 M_p 的方向相反,而 M_s 的方向与 M_p 的方向相同。根据液压油受力平衡原理,可得 $M_t = M_p + M_s$。由于涡轮对液压油的反作用,扭矩 M_t 与液压油对涡轮的冲击扭矩(即变矩器的输出扭矩)大小相等,方向相反,由此可知,液力变矩器的输出扭矩在数值上等于输入扭矩与导轮对液压油的反作用扭矩之和。显然这一扭矩要大于输入扭矩,即液力变矩器具有增大扭矩的作用。液力变矩器输出扭矩增大的部分即为固定不动的导轮对循环流动的液压油的作用力矩,其数值不但取决于由涡轮冲向导轮的液流速度,也取决于液流方向与导轮叶片之间的夹角。当液流速度不变时,叶片与液流的夹角愈大,反作用力矩亦愈大,液力变矩器的增扭作用也就愈大。一般液力变矩器的最大输出扭矩可达输入扭矩的 2.6 倍左右。

当汽车在液力变矩器输出扭矩的作用下起步后,与驱动轮相连接的涡轮也开始转动,其转速随着汽车的加速不断增加。这时由泵轮冲向涡轮的液压油除了沿着涡轮叶片流动之外,还要随着涡轮一同转动,使得由涡轮下缘出口处冲向导轮的液压油的方向发生变化,不再与涡轮出口处叶片的方向相同,而是顺着涡轮转动的方向向前偏斜了一个角度,使冲向导轮的液流方向与导轮叶片之间的夹角变小,导轮上所受到的冲击力矩也减小,液力变矩器的增扭作用亦随之减小。车速愈高,涡轮转速愈大,冲向导轮的液压油方向与导轮叶片的夹角就愈小,液力变矩器的增扭作用亦愈小;反之,车速愈低,液力变矩器的增扭作用就愈大。与液力耦合器相比,液力变矩器在汽车低速行驶时有较大的输出扭矩。而在汽车起步、上坡或遇到较大行驶阻力时,能使驱动轮获得较大的驱动力矩。

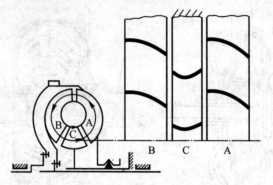

(a) 叶片展开示意图

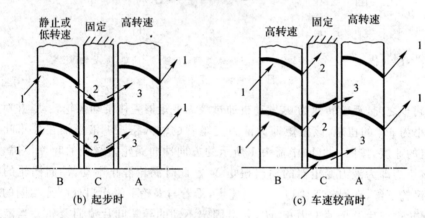

(b) 起步时　　　　　　　　　　　(c) 车速较高时

A—泵轮;B—涡轮;C—导轮
1—由泵轮冲向涡轮的液压油方向;2—由涡轮冲向导轮的液压油方向;3—由导轮流回泵轮的液压油方向

图 2-3　液力变矩器工作原理图

当涡轮转速随车速的提高而增大到某一数值时,冲向导轮的液压油的方向与导轮叶片之间的夹角减小为 0,这时导轮将不受液压油的冲击作用,因而液力变矩器也将失去增扭作用,其输出扭矩等于输入扭矩。

若涡轮转速进一步增大,则冲向导轮的液压油将继续向前斜,使液压油冲击在导轮叶片的背面,如图 2-3(c)所示。此时导轮对液压油的反作用扭矩 M_s 的方向与泵轮对液压油扭矩 M_p 的方向相反,故此涡轮上的输出扭矩为两者之差,即 $M_t = M_p - M_s$,液力变矩器的输出扭矩反而比其输入扭矩小,传动效率也随之减小。由此可见,在涡轮转速较低时,液力变矩器的传动效率高于液力耦合器的传动效率;当涡轮的转速增加到某一数值时,液力变矩器的传动效率等于液力耦合器的传动效率;若涡轮转速继续增大,液力变矩器的传动效率将小于液力耦合器的传动效率,其输出扭矩也随之下降。

2.1.3　锁止式液力变矩器

在耦合区(即没有扭矩成倍增大的情况),变矩器以接近 1∶1 的比例将来自发动机的输入扭矩传递至变速器,但在泵轮与涡轮之间存在着至少 4％～5％ 的转速差。所以,变矩器并不是将发动机的动力 100％ 地传递至变速器,而是有一定的能量损失。

为了防止这种现象发生,也为了降低油耗,当车速大于 60km/h 时,锁止离合器会通过机械机构将泵轮与涡轮相连接。这样,使发动机产生的动力几乎 100％ 的传递至变速器。

现代很多轿车的自动变速器采用一种带锁止离合器的综合式液力变矩器,这种变矩器内有一个由液压油操纵的锁止离合器。锁止离合器的主动盘即为变矩器壳体,从动盘则是一个可作轴向移动的压盘,它通过花键套与涡轮连接(见图 2-4)。压盘背面(见图 2-4(b))的液压油与变矩器泵轮、涡轮中的液压油相通,保持一定的油压(该压力称为变矩器压力);压盘左侧(压盘与变矩器壳体之间)的液压油通过变矩器输出轴中间的控制油道与阀板总成上的锁止控制阀相通。锁止控制阀由自动变速器电脑通过锁止电磁阀来控制。

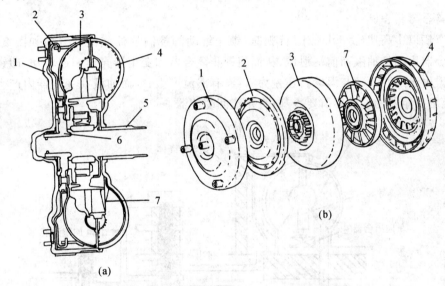

(a)　　　　　　　　　　　　(b)

1—变矩器壳;2—锁止离合器压盘;3—涡轮;4—泵轮;5—变矩器轴套;6—输出轴花键套;7—导轮

图 2-4　带锁止离合器的综合式液力变矩器

锁止离合器装在涡轮轮毂上,位于涡轮前端,如图 2-4 所示。减振弹簧在离合器接合时,吸收扭力,防止产生振动。在变矩器壳体或变矩器锁止活塞上粘有一种摩擦材料,用以防止离合器接合时打滑。

锁止离合器的接合和分离由变矩器中的液压油的流向改变来决定,其工作状态有以下两种。

1. 离合器分离时

当车辆低速行驶时,由锁止继动阀控制的油液流动方向如图 2-5 所示。加压油液流至锁止离合器的前端,锁止离合器前端及后端的压力就变得一样,锁止离合器处于脱开状态。这时由于变矩器内油液因涡流产生大量热量,流出变矩器的油液要经冷却器冷却后再送回变速器。

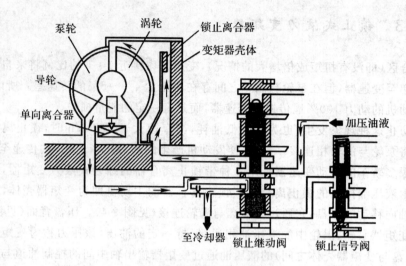

图 2-5 锁止离合器脱开时液流图

2. 离合器接合时

当车辆以中高速(≥50km/h)行驶时,锁止继动阀控制的油液流动方向如图 2-6 所示。锁止离合器后端进油液而前端泄压,从而使锁止离合器和变矩器壳体一起转动,即锁止离合器接合。由于这时泵轮与涡轮转速差为零,没有涡流产生,因而油液在变矩器内产生的热量很小,流出变矩器的油液不需要冷却,直接流回变速器。

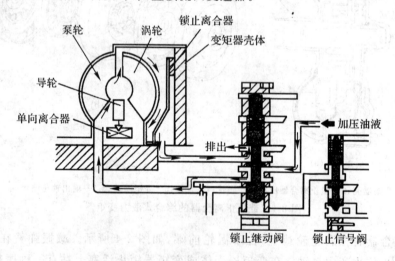

图 2-6 锁止离合器接合时的液流示意图

锁止离合器分离或接合时的动力传输过程,如图 2-7 所示。

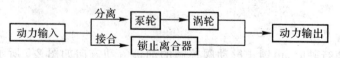

图 2-7 液力变矩器动力传输过程图

2.1.4　双导轮液力变矩器

为了进一步扩大液力变矩器的高效率范围,目前车辆上已开始采用双导轮的液力变矩器,这种液力变矩器也称为四元件液力变矩器,其结构如图 2-8 所示。

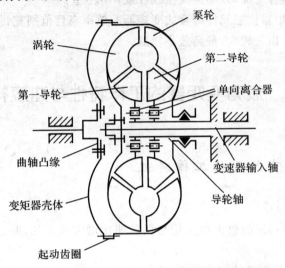

图 2-8　双导轮液力变矩器示意图

双导轮变矩器的两个导轮分别装在各自的单向离合器上。当涡轮转速较低时,涡轮出口处的液流以 v_1 的速度冲向两个导轮叶片的凹面,两导轮均被锁住,此时两导轮可视为一体,构成一个较大的叶片,变速器按变矩工况工作。当涡轮转速增加到使液流以 v_2 的速度冲向第一导轮叶片的背面时,第一导轮便因其单向离合器解脱而与泵轮同向转动,此时第二导轮仍起变矩作用。当涡轮转速增加到使液流的速度达到 v_3 时,第二导轮叶片的背面也受到液流的冲击而与泵轮及第一导轮同向转动,于是变矩器全部转入耦合工况,其液流过程如图 2-9 所示。从而构成了具有两个变矩器和一个耦合器特性的四元件单级三相液力变矩器。

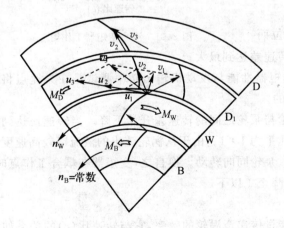

图 2-9　双导轮变矩器液流示意图

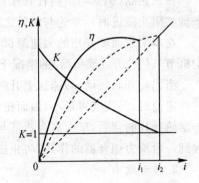

图 2-10　四元件液力变矩器特性图

图 2-10 所示为该类变矩器的特性曲线。在传动比 $i = 0 \sim i_1$ 区段,两导轮均锁住不动,组成一个弯曲较大的叶片,以保证在低传动比工况下获得足够大的变矩比来减小液流冲击;在传动比 $i = i_1 \sim i_2$ 区段,第一导轮解脱而自由转动,变矩器只有第二导轮起作用,但由于第二导轮叶片的弯曲较小,故该段的效率较三元件单级两相变矩器略有提高;当传动比 $i > i_2$ 时,变矩器完全转入耦合工况,效率曲线按线性规律增长。

四元件综合式变矩器比三元件综合式变矩器的效率高且范围宽,但由于其有两个导轮,致使其结构复杂,液力损失较大,最高效率较低。

2.2　液力变矩器的工作特性与油液补偿

2.2.1　液力变矩器的工作特性

1. 扭矩比

如前所述,变矩器扭矩的放大和泵轮与涡轮速比增大成正比,并且在涡轮停转时,涡轮输出扭矩达到最大。

如图 2-11 所示,变矩器的工作分为两个区域:一个是变矩区,扭矩成倍放大;另一个是耦合区,只传递扭矩而无扭矩增大。耦合器工作点就是这两个区域的分界线。

在图 2-11 中:

扭矩比(t)＝涡轮输出扭矩/泵轮输入扭矩

转速比(e)＝涡轮转速/泵轮转速

失速点是指涡轮停转,或转速比(e)为零时的工作状态。变矩器的最大扭矩比就在失速点,通常在 1.7～2.5。

在失速点(例如当换挡杆置于"D"挡位而车辆被阻止前进时),泵轮与涡轮之间的转速差达到最大。

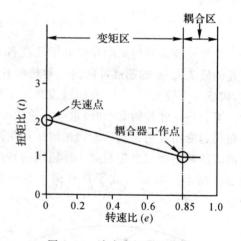

图 2-11　液力变矩器工作图

在本书后面要介绍的失速测试中,变矩器性能与发动机输出功率测试是在失速点将发动机节气门全开(满负荷)的情况下进行的。

当涡轮开始转动,转速比上升时,涡轮与泵轮之间的转速差开始下降。当转速比达到某一规定值时,涡流变得最小,因而扭矩比几乎为 1∶1。由于从涡轮流出的液流以较高速度冲击定轮叶片的背后,单向离合器就与定轮、泵轮同向转动。换言之,变矩器在耦合工作点时,起到一台液力耦合器的作用,防止扭矩比降至 1 以下。

2. 传动效率

变矩器的传动效率是指泵轮得到的能量传递至涡轮的效率,它与转速比(e)的关系如图 2-12 所示。

这里所说的能量是指发动机本身的输出功率,与发动机的转速和扭矩成正比。

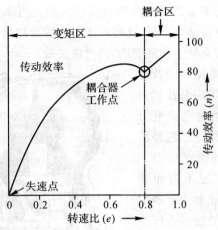

2-12　液力变矩器传动效率与转速比的关系

传动效率(η)＝涡轮输出功率/泵轮输入功率$\times 100\%$

　　　　　＝涡轮输出扭矩/泵轮输入扭矩$\times$转速比$(e) \times 100\%$

在失速点时,泵轮转动而涡轮停止不转,这时传递到涡轮的是最大扭矩,而传动效率却为零。

当涡轮开始转动时,随其转速的升高,涡轮输出功率增大,传动效率激增。在转速比达到耦合点前少许时,传动效率达到最大值,其后又开始下降,这是因为从涡轮流出的部分油液开始流到定轮叶片背面。在达到耦合点时,来自涡轮的液流,大部分冲击定轮叶片背面,定轮开始转动,使传动效率不至于进一步下降,变矩器则开始如同一台液力耦合器一样发挥作用。

由于扭矩在液力耦合器中是以接近 1∶1 传递的,所以在耦合区内的传动效率与转速比成正比例直线上升。但由于液流的摩擦及撞击,使液流温度也上升,液流的循环又使部分动能被消耗。因此,变矩器的传动效率不可能达到 100%,通常仅为 95% 左右。

2.2.2　变矩器液压油的补偿与冷却

变矩器的各工作轮在一个密闭腔内工作,腔内充满液压油,它既是工作介质,又是液力元件的润滑油和冷却剂。当变矩器工作时,泵轮高速旋转,循环圆内液流质点在沿工作轮叶片流动时受离心力的作用,叶片上各点处液流压力均不相同,在泵轮叶片出口处压力最大,而在泵轮进口处的叶片背面压力最低。在液压油流动过程中,若该处压力下降,低于该温度下工作液的饱和蒸气压时,液体便开始气化蒸发,析出气泡,这一现象称为气蚀现象。当液体中的气泡随液流运动到压力较高的区域时,气泡在周围液力油的冲击下迅速破裂,又凝结成液态,使体积骤然缩小,出现真空,于是周围的液体质点以极高的速度填充这些空间,在此瞬间,液体质点相互强烈撞击,产生明显的噪声,同时造成很高的局部压力,使得叶片表面的金属颗粒被击破。由此可见,气蚀现象将影响变矩器的工作,使其效率降低,并伴有噪声。此外,在变矩器工作时,由于能量的损失,会产生大量的热量,这种热量与变矩器传递的功率及效率有关。由于变矩器的效率是随传动比而变的,所以当传动比 $i=0$ 时,效率 $\eta=0$,此时变矩器所传递的发动机的功率全部转化为热量而损失掉。当车速低且负荷又大时,变矩器所传递的发动机的功率大但传动效率低,这时若无有效的冷却措施,则循环的工作液温度会很快升高。工作液温度过高会使工作液变质,密封件失效。

在液力变矩器中,为了避免气蚀及高温造成的不良后果,需要利用油泵及其调压阀将工作液以一定的压力输送到液力变矩器中,使其循环圆内保持一定的补偿压力,其值视变矩器而异,通常在 0.25~0.70MPa 范围内,而且随工况不同而变化,并能不断地将工作液从液力变矩器中引出,送到冷却器或变速器的油底进行冷却,如图 2-13 所示。从油泵输出的液压油有一部分经过变矩器轴套 5 与导轮固定套管 4 之间的间隙进入变矩器内,受热后的液压油经过导轮固定套管 4 与变矩器输出轴 3 之间的间隙或中空的变矩器输出轴流出变矩器,经油管进入布置在发动机水箱附近或水箱内的自动变速器液压油冷却器 7,经冷却后流回变速器的油底壳。

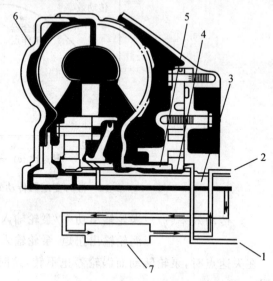

1—进油道;2—回油道;3—变矩器输出轴;4—导轮固定套;
5—变矩器轴套;6—变矩器壳体;7—液压油的冷却器
图 2-13 变矩器液压油的补偿与冷却

2.3 液力变矩器的检修

液力变矩器的外部变形、磨损会造成漏油和运转跳动,内部单向离合器、轴向间隙不良会使自动变速器运行性能变差,甚至不能运行。因此,液力变矩器的检查、维护非常重要。

2.3.1 液力变矩器的基本检查

1. 目视检查

检查液力变矩器的外部有无损坏和裂纹,是否由于油温高而导致外表发蓝,是否有明显的高温烧灼现象。检查液力变矩器的连接螺栓,如有损坏,则予以更换。检查液力变矩器的传动轴是否光滑,如有磨损,则仔细检查油泵传动并更换液力变矩器,轴表面若有轻度的擦痕或损伤可以用细砂布磨光。

2. 检查单向离合器

将专用工具插入液力变矩器壳缺口和单向离合器的外座圈中,转动定子齿面,检查单向离合器工作是否正常,在逆时针方向转动时应锁住,而在顺时针方向应能自由转动。如有异常,则说明单向离合器损坏,应更换液力变矩器,操作过程如图 2-14 所示。

3.锁止离合器的检修

变矩器内的锁止离合器的摩擦片同变速器内其他离合器的摩擦片一样,是在钢片上粘有摩擦材料而制成的。变矩器内锁止离合器的摩擦片一般都只有一块,多的也不过两三块。变速器内的摩擦片经常损坏,那么变矩器内锁止的离合器摩擦片是否也一样容易损坏呢? 变矩器内锁止离合器在变矩器的内部既无法看到,也无法摸到,那么怎样检查和判断锁止离合器的技术状况是否良好呢? 现对锁止离合器常用的检查和判断方法介绍如下。

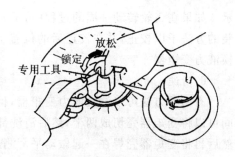

图 2-14　单向离合器的检查

(1)变矩器解体检修

这是对变矩器剖开解体,对其内部元件进行检查的方法。这种方法最彻底、最直观,但必须有专用的仪器设备才行,因而只有专业维修人员才能做到。

(2)锁止离合器扭矩能力试验

这是指模仿锁止离合器工作的情况,通入气压让锁止离合器锁止工作,并利用扭力扳手来测试不打滑的最大扭转力矩。此试验需要使用专用工具才能完成,专用工具可以购买或自行制作。

(3)经验分析判断法

在没有上述专用设备及工具的情况下,可利用一些基本现象及状况来分析变矩器是否存在故障。一般从以下几个方面进行分析判断:①是否有明显的锁止离合器故障存在。②变矩器是否已经工作了很长时间。③在自动变速器油中是否有过量的摩擦材料磨屑或其他金属磨屑与杂质。④变矩器是否有因过热而发蓝的迹象。如果没有上述情形,且变矩器中没有摩擦材料严重磨损现象,则这个变矩器可以继续使用。如果有上述现象,则应更换变矩器或送专修厂检修。

4.液力变矩器涡轮轴轴向间隙检查

涡轮轴向间隙是指涡轮前后间隙量。如果间隙值不准确,会导致液力变矩器内部元件运动干涉。将千分表固定在液力变矩器壳体上,使表头在涡轮轴上方,测量涡轮轴的轴向间隙,测量过程如图 2-15 所示。如果涡轮轴向间隙大于规定值,则应更换液力变矩器。

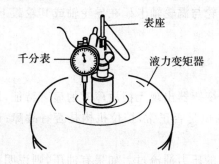

图 2-15　检查液力变矩器涡轮与导轮的轴向间隙

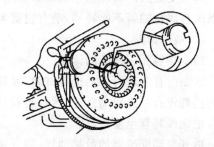

图 2-16　变矩器轴套的偏摆量检查

5.变矩器轴套的偏摆量检查

将液力变矩器安装在发动机飞轮上,用千分表检查变矩器轴套的偏摆量,如图2-16所示。如果在飞轮转动一周的过程中,千分表指针偏摆大于0.03mm,应采用转换角度重新安装的方法予以校正,并在校正后的位置上作一记号,以保证安装正确。若无法校正,就应更换液力变矩器。

6.清洗

有两种方法可以清洗液力变矩器,但必须在专业自动变速器修理厂中完成。变速器车间可以将变矩器壳切成两半,然后清洗部件,检查它们是否磨损,并更换磨损或断裂的部件,然后再将变矩器壳焊在一起做动平衡测试(专业的自动变速器修理厂)及相关的测试。用专用清洗机清洗液力变矩器,将液力变矩器安装在清洗机的固定架上,用加压的清洗剂对液力变矩器进行冲洗,清洗机的驱动装置在冲洗的同时还驱动变矩器涡轮。清洗工作大约需要15分钟,可冲洗掉绝大多数的金属颗粒,再将洗净的液力变矩器从清洗机上拆下,最后从放油螺栓孔放出残存的清洗剂。

2.3.2 常见的故障诊断与分析

1.变矩器无挡的诊断

变矩器无挡指动力在变矩器中传递中断。此故障的一个显著特征是进任何挡时都没有一点驱动反应。

(1)原因分析

导致变矩器无挡故障的主要原因有以下三方面:

1)变矩器无工作液

由变矩器结构可知,变矩器的输入元件(泵轮)与输出元件(涡轮)之间没有任何机械连接,动力是通过油进行传递的。变矩器内如果没有自动变速器油,就没有传递动力的介质,当然也就无法进行动力传递了。

2)涡轮与涡轮轴之间的连接松脱

变矩器中涡轮叶片与涡轮轴之间是机械刚性连接的,涡轮叶片与涡轮花键毂之间是焊接的,涡轮花键毂与涡轮轴之间是通过花键连接的,若焊接处裂开或连接花键损坏,均会导致动力无法通过涡轮轴传出。

3)涡轮及涡轮轴被卡死

如果变矩器内出现轴承损坏等情况,容易使涡轮与涡轮轴卡死在导轮轴或其轮毂上,这时涡轮与涡轮轴就不能转动,动力也就无法输出。

(2)故障诊断

1)变矩器无工作液的诊断

诊断时首先进行手动选挡试验,看其是否符合变矩器出现无挡故障时的显著特征,即进任何挡都没有一点驱动反应;然后再检查变速器油位是否正常,挡位机构是否有故障;最后才可把视线转移至变矩器。

拆开自动变速器的散热油管,检查是否有一定的压力油流过。如果有油压,则说明液力变矩器内有工作油液,因为一般变矩器的油液流出后就到了散热器,所以只要散热器处有油流过,就说明变矩器内一定有足够的工作油液。另外,还可说明自动变速油泵在工作。如果没有油压,则有两种可能:一是油泵及主油路系统工作不正常,不能建立正确的油路压力;二是散热器的进油管都没有油压,且变矩器内无工作油液,则故障原因可能是油道堵塞或控制阀体有故障等。

2)涡轮轴与涡轮叶片的连接松脱的诊断

在诊断时一般先对变矩器以外的故障进行检查排除,再对变矩器进行分析判断。一般先检查选挡机构有无问题,然后检查上面的散热油道油压,如果变矩器内也有油液,则需要进一步进行油压测试。如果主油路压力正常,进挡时也有相应正常变化,通过油质检查也没能发现明显变质和变速器内损坏的现象,冷态与热态时均没有任何反应,变速器内也无异响,则才能判断故障原因可能是变矩器内的涡轮轴与涡轮花键连接脱落。

3)涡轮轴卡死的诊断

变矩器的涡轮轴卡死造成的故障现象和其诊断方法与上面所讲的有所不同。上面所讲的故障原因是动力传递中断,而这类故障原因则是动力在传递过程中受阻。这类故障在操纵选挡手柄进挡时,应能够感觉到有变速器接合工作时的振动感。发动机空加速很正常,进挡后再对发动机加速时,发动机的最高转速不超过在自动变速器失速试验时的转速(因为这时与失速状况时的情况一样)。此外,还有一个重要的现象能进一步说明是变矩器的涡轮轴卡死故障:进各行驶挡后汽车像在 P 位一样,被死死卡住,使劲推车时车辆既不能前进,也不能后退,而在进空挡(N 位)后又很正常。因此,如果出现这种情况,应排除自动变速器控制系统故障的可能性,再对变速器进行解体检查,若没有发现故障,则应继续对变矩器进行检查。

2.传动效率低、油温高的诊断

(1)故障现象

发动机工作正常而油耗却增加,变速器及变速器油的温度很高,并且变速器油很容易变质,严重时还会从加油口处冒白烟。这种现象经常出现在一些老式汽车中。

(2)故障原因

传动效率低、油温高,一般有以下几种原因:

1)涡轮、泵轮及导轮间的叶片间隙过大。若止推轴承等磨损,涡轮、泵轮及导轮间的叶片间隙过大,这样在工作时一部分液流能量就会损失掉,并转化为热能,使油液温度升高。对于故障的检查与确认,可参照前面所讲的"变矩器涡轮轴向间隙检测"内容。

2)导轮的单向离合器卡滞。导轮的单向离合器卡滞,会使涡轮在转速较高时不能转动,而液流冲击导轮叶片的背面,会使能量在此消耗掉。参照前面所讲的"高速性差的判断方法"进行判断,或通过拆下变矩器,检测单向离合器。

3)锁止离合器不工作或工作不良。在变矩器中锁止离合器工作时即成为机械传动,在变矩器上的损失为零。如果锁止离合器在工作时不能正常锁止,就必然有一部分能量损失在变矩器中,进而会出现传动效率低、变速器油温过高、变速器过热的现象。

4)变矩器中的油液不足或散热油管堵塞。可通过油压测试分析,利用压缩空气检查及清通管道。

3.液力变矩器不能进入锁止工况

(1)故障判断

液力变矩器不能进入锁止工况,变速器就无法升入 4 挡,因而车速也就上不去了。

发动机冷却液温度在 55～65℃,车速在 37～75km/h(大部分汽车是 50km/h 以上)是变矩器进入锁止工况的最重要的前提条件。热车后,车速在 $80\sim90km/h$ 时轻踩制动(让制动踏板与制动灯开关相分离即可,制动开关也是变矩解除锁止的开关),发动机转速应有所提高(解除锁止后,发动机负荷变小)。若踩下制动后发动机转速没有变化,则说明变矩器没有进入锁止工况。

保持加速踏板在1/2的踩下位置上,车速稳定在 $80\sim90km/h$ 后,猛地将加速踏板踩到2/3处,如发动机转速急剧上升,说明变矩器没有进入锁止工况。反之,若此时发动机转速上升缓慢,则说明变矩器已经进入锁止工况。

(2)原因分析

液控的自动变速器变矩器的锁止主要是由离心式速度阀提供的速度油压、启动锁止信号阀、由2-3换挡阀提供的高速挡离合器或制动器的工作油压——主油压和启动锁止继动阀实现锁止。

电控自动变速器变矩器的锁止主要是由锁止电磁阀控制。变矩器不能进入锁止工况的原因有:

1)锁止信号阀卡滞在不工作的一侧;

2)离心式速度阀卡滞;

3)控制阀上下阀体之间速度油压滤网堵塞;

4)2-3换挡阀卡滞在不工作的一侧;

5)锁止继动阀卡滞在不工作的一侧;

6)锁止电磁阀失效退出;

7)发动机冷却液温度传感器信号过低;

8)自动变速器油温度传感器信号过低或过高;

9)动力控制模块损坏;

10)节气门位置传感器输出电压过高或"中段"磨损;

11)节气门拉索过紧。

液控的自动变速器的变矩器锁止是锁止信号阀和锁止继动阀一同控制的。锁止信号阀下端作用着速度油压,速度油压是锁止信号阀的工作油压,若控制阀上下阀体间的速度油压滤网堵塞或离心式速度阀卡滞,将导致速度油压过低,锁止信号阀在弹簧作用下保持在上方位置,将通往锁止继动阀下端的高速挡离合器或制动器的主油压油切断,锁止继动阀在上方弹簧作用下保持在下方位置。变矩器的离合器盘后侧油腔和来自变速器输入轴的进油道相通,锁止离合器处于分离状态。如果锁止信号阀卡滞,即使速度油压够了,它也无法移动。

如果2-3换挡阀卡滞在不工作的一侧,且变速器升不到3挡,即使锁止信号阀移到工作的一侧,也没有高速挡的主油压通往锁止继动阀下边。

如果锁止继动阀卡滞在下边,即使它的下方有了来自高速挡油路的主油压,也无法向上移动。另外,当锁止电磁阀的失效保护程序退出,发动机冷却液、自动变速器油温度过低,以及自动变速器油过高时都不会进入锁止工况。

4.液力变矩器锁止力矩不足

当变矩器锁止力矩不足、离合器盘和变矩器壳之间在锁止工况下时,变矩器会出现滑动摩擦和高频振动。前者使变矩器进入锁止工况后20min左右发动机散热器就"开锅";而后者则使变矩器在锁止工况下始终有"嗡嗡"的异响声。

造成变矩器锁止力矩不足的原因有以下几个：

(1)锁止电磁阀密封不良。大部分变矩器锁止力矩不足都是由于锁止电磁阀密封不良造成的。锁止电磁阀是常开式电磁阀,接上蓄电池电压后,应能在 0.5MPa 压缩空气压力下保持密封。

(2)变矩器内油液过脏,使离合器摩擦接触不良。

(3)变矩器的壳后平面端面圆跳动≥0.20mm,使离合器摩擦环接触不良。

(4)油面高度过低,造成工作油压过低。

实训题

实训 2-1　液力变矩器的检修

1. 实训目的与要求

(1)了解液力变矩器的结构和工作原理。

(2)熟悉并掌握液力变矩器的清洗和检修方法。

2. 实训仪器设备

(1)配套的油泵与第一轴;

(2)液力变矩器总成;

(3)解剖的液力变矩器;

(4)直尺;

(5)千分表及磁性表座;

(6)深度游标卡尺或游标卡尺;

(7)单向离合器检查专用工具;

(8)拆装工具一套。

3. 实训内容及操作

(1)变矩器结构、部件名称认识。

(2)动力传递路线认识:发动机曲轴 → 泵轮 → 自动变速器油 → 涡轮 → 变速器输入油。
　　　　　　　　　　　　　　　　 → 油泵

(3)检查

1)外部检查液力变矩器。

2)检测单向离合器。

3)检测传动板和齿圈。

4)检查液力变矩器轴套偏摆。

(4)清洗

1)车上清洗:采用自动变速器清洗机进行免拆换油清洗。

2)车下清洗:对变矩器单独进行清洗。

4. 注意事项

保持工量具清洁和零部件清洁。

5. 实训报告

阐述液力变矩器的检查内容和检修方法。

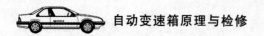

复习思考题

2-1　液力变矩器的功用是什么？它由哪些部分组成？

2-2　变矩器锁止离合器主要作用是什么？它在什么条件下起作用？

2-3　为什么变矩器能够增大输出扭矩？通常在哪种情况下能够增大扭矩？

2-4　变矩器的导轮中间为什么设置单向离合器？当它出现故障时,汽车会出现什么现象？

2-5　装备自动变速器的车辆在踩制动踏板进入动力挡时,发动机为何不熄火？

2-6　装备自动变速器的车辆在踩制动踏板进入动力挡时出现熄火现象,分析其原因。

2-7　变矩器中导轮的单向离合器打滑时有何现象,为什么？

2-8　如何检测锁止离合器是否接合？

2-9　液力变矩器与液力耦合器有什么区别？

2-10　描述锁止离合器与涡轮的连接方式,并说明理由。

2-11　单向离合器双向都卡死会产生什么后果？请说明理由。

2-12　液力变矩器中的油液为什么要进行冷却？

第3章
变速齿轮机构

本章要点：

1. 行星齿轮变速器的组成和传动原理；
2. 自动变速器换挡执行机构的工作原理；
3. 几种结构形式的三挡和四挡辛普森行星齿轮机构组成和工作原理；
4. 三挡和四挡拉维娜行星齿轮机构组成和工作原理；
5. CR-CR 行星齿轮结构机械传动原理；
6. 平行轴式变速机构和无级变速机构。

　　自动变速器中的变速齿轮机构和传统的手动齿轮变速机构一样，具有空挡、倒挡及 2～6 个不同传动比的前进挡。只不过自动变速器中的挡位变换不是由驾驶员直接控制的，而是由自动变速器的液压控制系统或电子控制系统控制换挡执行机构，从而改变齿轮机构的传动比，实现自动换挡。

　　变速齿轮机构主要包括行星齿轮机构和换挡执行元件两部分。行星齿轮机构的作用是改变传动比和传动方向，即构成不同的挡位。换挡执行元件的作用是实现挡位的变换。

3.1　行星齿轮机构传动原理

　　行星齿轮机构在自动变速器中的应用非常广泛，通过行星齿轮的不同组合，可以构建不同类型的自动变速器。

3.1.1　单排行星齿轮机构的组成

　　行星齿轮机构是由 1 个太阳轮、1 个齿圈、1 个行星架和支承在行星架上的 3～6 个行星齿轮组成的，称为单排行星齿轮机构或 1 个行星排（如图 3-1 所示）。

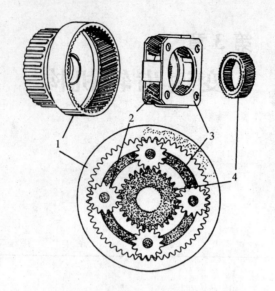

1—齿圈；2—行星齿轮；3—行星架；4—太阳轮

图 3-1 单排行星齿轮机构部件

行星齿轮机构中的太阳轮、齿圈及行星架有一个共同的固定轴线，行星齿轮支承在固定于行星架的行星齿轮轴上，并同时与太阳轮和齿圈啮合。当行星齿轮机构运转时，空套在行星架的行星齿轮轴上的几个行星齿轮一方面可以绕着自己的轴线旋转，另一方面又可以随着行星架一起绕着太阳轮公转，就像天上行星的运动那样，兼有自转和公转两种运动状态（行星齿轮的名称就是由此而来的）。在行星排中，具有固定轴的太阳轮、齿圈、行星齿轮和行星架称为行星排的 4 个基本元件。

3.1.2 单排行星齿轮机构的传动方式分析

由于单排行星齿轮机构有两个自由度，因此它没有固定的传动比，不能直接用于变速传动。为了组成具有一定传动比的传动机构，必须将太阳轮、齿圈和行星架这 3 个基本元件中的一个加以固定（即使其转速为 0，也称为制动），或使其运动受到一定的约束（即让该构件以某一固定的转速旋转），或将某两个基本元件互相连接在一起（即两者转速相同），使行星排变为只有一个自由度的机构，以获得确定的传动比。

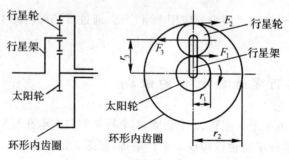

图 3-2 行星齿轮机构传动简图

行星排在运转时,由于行星齿轮存在自转和公转两种运动状态,因此其传动比的计算方法和普通定轴式齿轮传动机构不同。下面先分析单排行星齿轮机构传动比的计算方法,其他各种形式的行星齿轮机构传动比可以用同样的方法导出。图 3-2 所示为单排行星齿轮机构的示意图,图上标出了 3 个基本元件的受力。

作用于太阳轮的力矩 $\qquad M_1 = F_1 r_1$

作用于齿圈上的力矩 $\qquad M_2 = F_2 r_2$

作用于行星架上的力矩 $\qquad M_3 = F_3 r_3$

令齿圈和太阳轮的齿数比为 α,则

$$\alpha = r_2 / r_1 = Z_2 / Z_1$$

因此 $\quad r_2 = \alpha r_1$

$$r_3 = (r_1 + r_2)/2 = r_1(1 + \alpha)/2$$

式中:r_1——太阳轮的节圆半径;

$\qquad r_2$——齿圈的节圆半径;

$\qquad r_3$——行星齿轮与太阳轮的中心距;

$\qquad Z_1$——太阳轮的齿数;

$\qquad Z_2$——齿圈的齿数。

由行星轮的受力平衡条件可得

$$F_1 = F_2$$

$$F_3 = F_1 + F_2$$

因此,太阳轮、齿圈和行星架上的力矩分别为

$$M_1 = F_1 r_1$$

$$M_2 = \alpha F_1 r_1 \qquad\qquad\qquad\qquad (3\text{-}1)$$

$$M_3 = (1 + \alpha) F_1 r_1$$

根据能量守恒定律,三个元件上的输入和输出功率的代数和应等于零,即

$$M_1 n_1 + M_2 n_2 + M_3 n_3 = 0 \qquad\qquad\qquad\qquad (3\text{-}2)$$

式中:n_1——太阳轮转速;

$\qquad n_2$——齿圈转速;

$\qquad n_3$——行星架转速。

将式(3-1)代入式(3-2)得

$$F_1 r_1 n_1 + \alpha F_1 r_1 n_2 - (1 + \alpha) F_1 r_1 n_3 = 0$$

由于 $F_1 r_1 \neq 0$,因此可以写成

$$n_1 + \alpha n_2 - (1 + \alpha) n_3 = 0 \qquad\qquad\qquad\qquad (3\text{-}3)$$

式(3-3)为单排行星齿轮机构一般运动规律的特性方程式。

太阳轮、齿圈和行星架三者具有同一旋转轴线,将此三者中的任一构件与主动轴相连,第二构件与从动轴相连,第三构件被强制固定或使其运动受到一定约束(该构件的转速为某一定值),则整个系统就以一定的传动比传递动力,实现不同挡位速度的变化。

按连接和制动情况的不同可以有 6 种组合方案,加上直接传动和空挡共有 8 种组合。传动比具体变化分析如下。

1. 减速传动

(1)减速传动一(见图 3-3)

条件:主动件——太阳轮 n_1,被动件——行星架 n_3,固定件——齿圈 n_2。

$$\begin{cases} n_1 + \alpha n_2 - (1+\alpha)n_3 = 0 \\ n_2 = 0 \end{cases}$$

则传动比 $= n_1/n_3 = 1 + \alpha$。

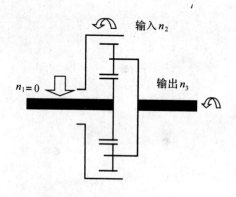

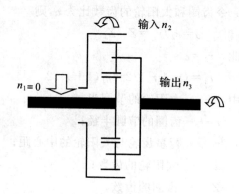

图 3-3　减速传动一　　　　　　　　　　　图 3-4　减速传动二

(2)减速传动二(见图 3-4)

条件:主动件——齿圈 n_2,被动件——行星架 n_3,固定件——太阳轮 n_1。

$$\begin{cases} n_1 + \alpha n_2 - (1+\alpha)n_3 = 0 \\ n_1 = 0 \end{cases}$$

则传动比 $= n_2/n_3 = (1+\alpha)/\alpha$。

2. 直接传动(见图 3-5)

条件:任何两元件被刚性连接。

$$\begin{cases} n_1 + \alpha n_2 - (1+\alpha)n_3 = 0 \\ n_3 = n_1 \text{ 或 } n_3 = n_2 \text{ 或 } n_1 = n_2 \end{cases}$$

则传动比 $= 1$。

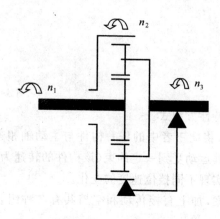

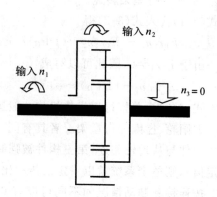

图 3-5　直接传动　　　　　　　　　　　图 3-6　减速反向传动

3.减速反向传动(见图 3-6)

条件:主动件——太阳轮 n_1,被动件——齿圈 n_2,固定件——行星架 n_3。

$$\begin{cases} n_1 + \alpha n_2 - (1+\alpha)n_3 = 0 \\ n_3 = 0 \end{cases}$$

则传动比 $= n_1/n_2 = -\alpha$。

4.增速传动

(1)增速传动一(见图 3-7)

条件:主动件——行星架 n_3,被动件——齿圈 n_2,固定件——太阳轮 n_1。

$$\begin{cases} n_1 + \alpha n_2 - (1+\alpha)n_3 = 0 \\ n_1 = 0 \end{cases}$$

则传动比 $= n_3/n_2 = \alpha/(1+\alpha)$。

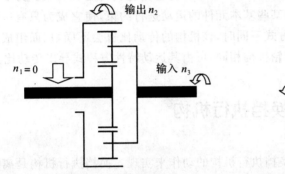

图 3-7 增速传动一

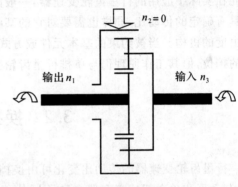

图 3-8 增速传动二

(2)增速传动二(见图 3-8)

条件:主动件——行星架 n_3,被动件——太阳轮 n_1,固定件——齿圈 n_2。

$$\begin{cases} n_1 + \alpha n_2 - (1+\alpha)n_3 = 0 \\ n_2 = 0 \end{cases}$$

则传动比 $= n_3/n_1 = 1/(1+\alpha)$。

5.增速反向传动(见图 3-9)

条件:主动件——齿圈 n_2,被动件——太阳轮 n_1,固定件——行星架 n_3。

$$\begin{cases} n_1 + \alpha n_2 - (1+\alpha)n_3 = 0 \\ n_3 = 0 \end{cases}$$

则传动比 $= n_2/n_1 = -1/\alpha$

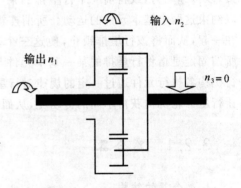

图 3-9 增速反向传动

上述多种组合方案的汇总见表 3-1。

表 3-1　单排行星齿轮机构传动方案

方案	主动件	被动件	固定件	传动比	备　注
1	太阳轮	行星架	齿圈	$1+\alpha$	减速增扭
2	齿圈	行星架	太阳轮	$(1+\alpha)/\alpha$	
3	太阳轮	齿圈	行星架	$-\alpha$	
4	行星架	齿圈	太阳轮	$\alpha/(1+\alpha)$	增速减扭
5	行星架	太阳轮	齿圈	$1/(1+\alpha)$	
6	齿圈	太阳轮	行星架	$-1/\alpha$	
7	任意两个连成一体			1	直接传动
8	既无任一元件制动又无任意两个元件连成一体			空挡	不传递动力

从单排行星齿轮机构的传动方案可见其速比范围有限,往往不能满足汽车的实际要求,因此在实际中应用的行星齿轮变速器,一般由 2～3 个单排行星齿轮机构组合而成。为了使它具有确定的传动比,同样也需要对它的某些基本元件的运动进行约束,使它成为只有一个自由度的机构。当被约束的基本元件或方式不同时,该机构的传动比也会不同,从而组成不同的挡位,但其工作原理仍与单排行星齿轮机构相同,可由其运动特性方程式导出传动比。

3.2　换挡执行机构

行星齿轮变速器的传动比变化可由换挡执行机构的动作来实现。换挡执行机构是离合器、制动器和单向超越离合器三种不同执行元件的统称。执行元件有三个基本作用,即连接、连锁和固定。所谓连接,是指将行星齿轮变速器的输入轴与行星排中的某个基本元件连接,以传递动力,或将前一个行星排的某个基本元件与后一个行星排的某个基本元件连接,以约束这两个基本元件的运动。所谓连锁是指把某个行星排的三个基本元件中的两个连接在一起,从而将该行星排锁止,使这三个基本元件以相同的转速一同旋转,产生直接传动。所谓固定是指将行星排的某一基本元件与自动变速器的壳体连接,使之不能旋转。换挡执行机构各执行元件通过一定的规律对行星齿轮机构的某些基本元件进行连接、固定或锁止,让行星齿轮机构获得不同的传动比,从而实现挡位变换。

3.2.1　离合器

1.离合器的结构

自动变速器采用的离合器是多片湿式离合器,主要起连接和连锁的作用。其通常由离合器鼓、离合器活塞、回位弹簧、弹簧座、钢片、摩擦片、调整垫片、离合器毂及几个密封圈组成,如图 3-10 所示。离合器鼓和离合器毂分别以一定的方式与变速器输入轴或行星排的某个基本元件连接。一般,离合器鼓为主动件,离合器毂为从动件。离合器活塞安装在离合器鼓内,它是一种环状活塞,由活塞内外圈的密封圈保证密封,从而和离合器鼓一起形成一个密封的环状液压缸,并通过离合器鼓内圆轴颈上的进油孔和控制油道相通。

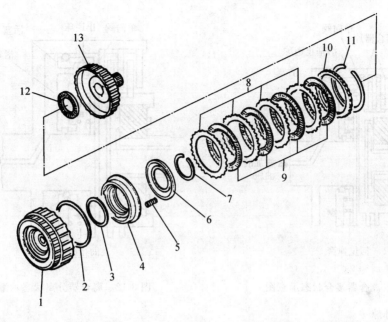

1—离合器鼓；2,3—密封圈；4—离合器活塞；5—回位弹簧；6—弹簧座；7,11—卡环
8—钢片；9—摩擦片；10—挡圈；12—止推轴承；13—离合器毂

图 3-10 片式离合器

　　钢片和摩擦片交错排列，两者统称为离合器片。钢片的外花键齿安装在离合器鼓的内花键齿圈上，可沿齿圈键槽作轴向移动；摩擦片由其内花键齿与离合器毂的外花键齿连接，也可沿齿圈键槽作轴向移动。摩擦片两面均为摩擦系数较大的铜基粉末冶金层或合成纤维层，受压力和温度变化影响很小，并且在摩擦衬面上都带有油槽，其作用是：破坏油膜，提高滑动摩擦时的摩擦系数，保证液流通过，以冷却摩擦表面。

　　有些离合器在活塞和钢片之间还有个碟形环，可以缓减离合器接合的冲击力。

　　2.离合器的工作情况

　　离合器的接合如图 3-11 所示。当加压的油液流至活塞缸，活塞止逆球关闭单向阀。此时，缸内压力升高，活塞向左运动，迫使离合器片压紧。这样离合器接合，输入轴与齿圈连接，动力从输入轴传送到齿圈。

　　离合器的分离如图 3-12 所示。当加压的油液从活塞缸被卸压时，缸内的油液压力下降，由于回位弹簧的作用，离合器活塞右移至底部。此时，钢片和摩擦片相互分离，离合器处于分离状态，输入轴与齿圈间的动力传递被切断。

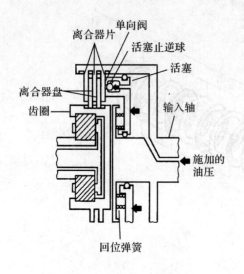

图 3-11　离合器接合状态示意图

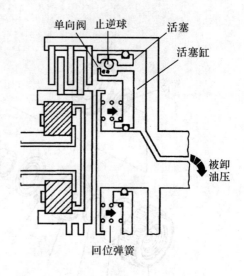

图 3-12　离合器分离状态示意图

3. 自由间隙

多片湿式离合器装配后,在卡簧和压板之间要预留一定的间隙,称为自由间隙。其间隙因片数不同而有所差异,一般为 0.5~2.0mm。多片湿式离合器在使用中必须十分注意离合器的自由间隙。间隙过小,离合器分离不彻底;间隙过大,当复位弹簧已被压紧至极限状态,而离合器仍未完全接合时,离合器将严重打滑,不能传递动力。离合器所要传递的动力越大,其摩擦片的片数就应越多。一般离合器摩擦片的片数为 2~6 片。离合器钢片的片数应等于或多于摩擦片的片数,以保证每个摩擦片的两面都有钢片。此外,同一厂家生产的同一类型的自动变速器可以在不改变离合器外形、尺寸的情况下,通过增减各个离合器摩擦片的片数来形成不同型号的自动变速器,以满足不同排量车型的使用要求。在这种情况下,当减少或增加摩擦片的片数时,要相应增减钢片的个数或调整垫片的厚度,以保证离合器的自由间隙不变。因此,有些离合器在相邻两个摩擦片之间装有两片钢片,这是为了保证自动变速器在改型时的灵活性,并非漏装了摩擦片。装好后,用力压住压板,在压板与卡簧之间用厚薄规测量。

4. 止逆球的作用

当离合器处于分离状态时,其活塞缸内仍残留有少量液压油。由于离合器鼓高速旋转,残留在活塞缸内的液压油在离心力的作用下被甩向活塞缸外缘处,并在该处产生一定的油压。若离合器鼓的转速较高,这一压力有可能推动离合器活塞压向离合器片,使离合器处于半接合状态,导致钢片和摩擦片因互相接触摩擦而产生不应有的磨损,影响离合器的使用寿命。为了防止这种情况的出现,在离合器活塞或离合器鼓的液压缸壁面上设置一个由钢球组成的单向阀,称为止逆球,如图 3-13 所示。当液压油进入液压缸时,钢球在油压的推动下压紧在阀座上,单向阀处于关闭状态,保证了活塞缸密封;当活塞缸内的油压被解除后,单向阀钢球在离心力的作用下离开阀座,使单向阀处于开启状态,残留在活塞缸内的液压油在离心力的作用下从单向阀的阀孔中流出,保证了离合器的彻底分离。

注意:制动器的活塞上没有止逆球,这是因为制动器的活塞缸不旋转,不会有由离心力引起的残压作用。

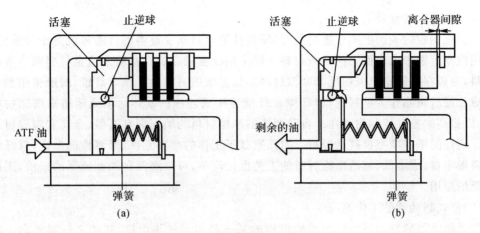

图 3-13　活塞上的止逆球

3.2.2　制动器

制动器是一种起制动约束作用的执行元件,它将行星齿轮机构中的太阳轮、齿圈和行星架这三个基本元件中的任一元件与变速器壳体相连,使该元件被约束固定而不能旋转。制动器的结构形式较多,目前最常见的有带式制动器和片式制动器两种。

1.带式制动器的结构与工作原理

带式制动器是利用围绕在鼓周围的制动带收缩而产生制动效果的一种制动器。带式制动器的优点是有良好的抱合性能、占用变速器的空间较小等。

(1)带式制动器结构组成

带式制动器主要由制动鼓、制动带、液压缸及活塞等组成,如图 3-14 所示。

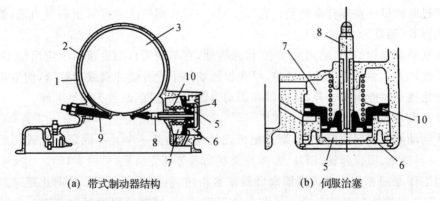

(a) 带式制动器结构　　　　(b) 伺服活塞

1—变速器壳体;2—制动带;3—制动鼓;4—活塞;5—液压缸施压腔;6—液压缸端盖;
7—液压缸释放腔;8—推杆;9—调整螺钉;10—回位弹簧

图 3-14　带式制动器

带式制动器中的制动带是制动器的关键元件之一。它是由在卷绕的钢带底板上粘接摩擦材料所制成的。钢带的厚度约为 0.76～2.64mm。厚的钢带能产生大的夹紧力,可用于发动机功率大的汽车自动变速器。薄的钢带施加的夹紧力小,但其柔性好、自增力作用强,也能够产生较大的制动力。

粘接在钢带内表面上的摩擦材料,其摩擦性能对自动变速器的性能来说是十分重要的。在商用汽车上钢带内表面上的摩擦材料一般采用硬度较高的铜基粉末冶金材料和半金属摩擦材料,一般在小客车上采用纸基摩擦材料。纸基摩擦材料由纤维素纤维、酚醛树脂和填充剂组成。酚醛树脂作为粘接剂,将纤维素纤维连接成连续的基体。填充剂用来增加材料的强度,以提高摩擦性能和耐磨性。自动变速器摩擦材料的填充剂有石墨、金属和陶瓷材料的粉末。现代的纸基摩擦材料已经可以用作重载下工作的摩擦元件,摩擦性能稳定,且纤维素纤维资源丰富、成本低、制造摩擦材料的工艺也较简单,可以降低自动变速器的造价,因而得到广泛的应用。

(2)带式制动器的工作原理

带式制动器的制动鼓与行星齿轮机构的某一基本元件相连接,并随之一起转动。制动带的一端支承在变速器壳体上的制动带支架或制动带调整螺钉上,另一端与液压缸活塞上的推杆连接。液压缸被活塞分隔为施压腔和释放腔两部分,分别通过各自的控制油道与控制阀相通。制动带的工作状况由作用在活塞上的液压油压力所控制。当液压缸的施压腔和释放腔内均无液压油时,带式制动器不工作,制动带与制动鼓之间有一定的间隙,制动鼓可以随与它相连接的行星排基本元件一同旋转。当液压油进入制动器液压缸的施压腔时,作用在活塞上的液压油压力推动活塞,使之克服回位弹簧的弹力而移动,活塞上的推杆随之向外伸出,将制动带箍紧在制动鼓上,于是制动鼓被固定住而不能旋转。在制动器处于制动状态且有液压油进入液压缸的释放腔时,由于释放腔一侧的活塞面积大于施压腔一侧的活塞面积,所以释放腔一侧的压力大于施压腔一侧的压力,因此活塞在这一压力差及回位弹簧弹力的共同作用下后移,推杆随之回缩,制动带被放松,使制动器由制动状态转成释放状态。这种控制方式可以使控制系统得到简化。当带式制动器不工作或处于释放状态时,制动带与制动鼓之间应有适当的间隙,间隙太大或太小都会影响制动器的正常工作。这一间隙的大小可通过制动带调整螺钉来调整。在装复时,一般将螺钉向内拧紧至一定力矩,然后再退回规定的圈数(通常为 2~3 圈)。

带式制动器结构简单、轴向尺寸小、维修方便,在早期的自动变速器中应用较多,但它的工作平顺性较差。为了克服这一缺陷,可在控制油路中设置缓冲阀或减振阀,使液压缸内的油压在开始接合时能缓慢上升,从而缓和制动力的增长速度,改善工作平顺性。

2.片式制动器的结构与工作原理

片式制动器主要起固定作用,把行星齿轮机构中的某一个元件固定。片式制动器由制动鼓、制动器活塞、回位弹簧、钢片、摩擦片及制动毂等部件组成(见图 3-15)。

它的工作原理和多片湿式摩擦离合器基本相同,但是活塞上不带单向止逆球。如图 3-16 所示,钢片通过外花键齿直接安装在变速器壳体上,摩擦片则通过内花键齿和行星架连接。当制动器不工作时,钢片和摩擦片之间没有压力,行星架可以自由旋转。当制动器工作时,来自控制阀的液压油进入制动器毂内的液压缸中,油压作用在制动器活塞上,推动活塞将制动器摩擦片和钢片夹紧在一起,使行星架(或与行星排某一基本元件连接的制动器毂)被固定住而不能旋转。

片式制动器的工作平顺性优于带式制动器,因此近年来在轿车自动变速器中,采用片式制动器的越来越多。另外,片式制动器也易于通过增减摩擦片的片数来满足不同排量发动机的要求。

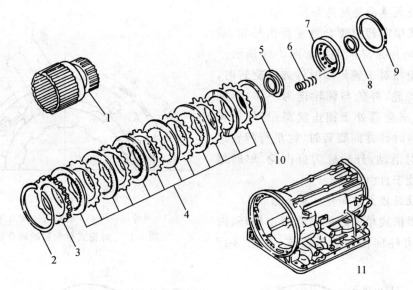

1—制动毂;2—卡环;3—挡圈;4—钢片和摩擦片;5—弹簧座;6—回位弹簧;7—制动器活塞;
8,9—密封圈;10—碟形环;11—变速器壳体

图 3-15　片式制动器结构

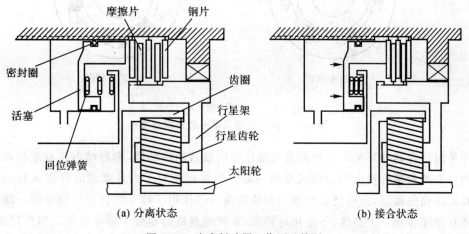

(a) 分离状态　　　　　　　　　　　　　　(b) 接合状态

图 3-16　片式制动器工作原理简图

3.2.3　单向超越离合器

　　单向超越离合器又称单向离合器,与其他离合器不同的是单向超越离合器无需控制机构,它是依靠其单向锁止原理来发挥固定或连接作用的。单向离合器力矩的传递是单方向的,其连接和固定完全由与之相连接元件的受力方向所决定的,当与之相连接元件的受力方向与锁止方向相同时,该元件即被固定或连接;当受力方向与锁止方向相反时,该元件即被释放或脱离;即在驱动轴与从动轴之间,只能使从动轴作一个方向回转,反方向具有空转机能。

单向超越离合器有多种形式,常用的有棘轮式、滚柱斜槽式和楔块式三种形式。

1. 棘轮式单向超越离合器

棘轮式单向超越离合器主要由外轮、棘轮、棘爪和叶片弹簧等组成,如图 3-17 所示。

当外轮相对于棘轮顺时针方向旋转时,棘爪卡住棘轮,外轮与棘轮连为一体,不能相对运动,离合器处于锁止状态;当外轮相对于棘轮逆时针方向旋转时,棘爪与棘轮之间产生相对滑动,外轮成为自由轮,单向超越离合器处于自由状态。

2. 滚柱斜槽式单向超越离合器

滚柱斜槽式单向超越离合器由外环、内环、滚柱、滚柱回位弹簧等组成,如图 3-18 所示。

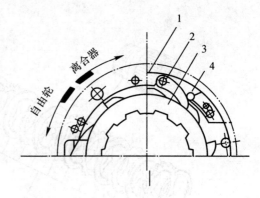

1—外轮;2—棘爪;3—棘轮;4—叶片弹簧

图 3-17 棘轮式单向超越离合器

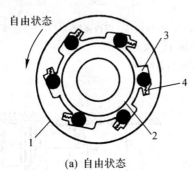

(a) 自由状态

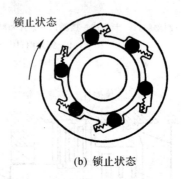

(b) 锁止状态

1—外环;2—内环;3—滚柱;4—弹簧

图 3-18 滚柱斜槽式单向超越离合器

在单向离合器外环的内表面制有与滚柱相同数目的楔形槽,楔形槽内装有滚柱和弹簧。弹簧的弹力将各滚柱推向楔形槽较窄的一端。当外环相对于内环朝顺时针方向转动时,在刚刚开始转动的瞬间,滚柱便在摩擦力和弹簧弹力的作用下被卡死在楔形较窄的一端,于是内外环互相连接成一个整体,不能相对转动,单向超越离合器处于锁止状态。当外环相对于内环朝逆时针方向转动时,滚柱在摩擦力的作用下,克服弹簧的弹力,滚向楔形槽较宽的一端,出现打滑现象,外环相对于内环可以作自由滑转,此时单向超越离合器脱离锁止而处于自由状态。

单向超越离合器的锁止方向取决于外环上楔形槽的方向。在装配时不得装反,否则会改变其锁止方向,使行星齿轮变速器不能正常工作。

有些单向超越离合器的楔形槽开在内环上,其工作原理和楔形槽开在外环上的相同。

3. 楔块式单向超越离合器

楔块式单向超越离合器的结构和滚柱斜槽式单向超越离合器的结构基本相似,也由外环、内环、滚子(楔块)等组成(见图 3-19)。不同之处在于,它的外环或内环上都没有楔形槽,其滚子不是圆柱形的,而是特殊形状的楔块。当外环相对于内环朝顺时针方向转动时,楔块在摩擦力的作用下立起,因自锁作用而被卡死在内外环之间,使内环与外环无法相对滑转,此时单向超越离合器处于锁止状态;当外环相对于内环朝逆时针方向旋转时,楔块在摩擦力的作用下倾斜,脱离自锁状态,内环与外环可以相对滑动,此时单向超越离合器处于自由状态。

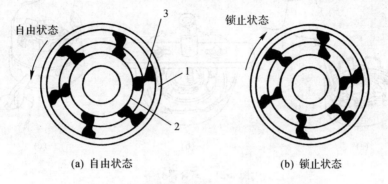

(a) 自由状态　　　　　　　　　　(b) 锁止状态

1—外环;2—内环;3—楔块

图 3-19　楔块式单向超越离合器

楔块式单向超越离合器的锁止方向取决于楔块的安装方向。维修时不可装反,以免影响自动变速器的正常工作。

3.2.4　换挡执行元件的检修

执行元件的检修包括离合器、制动器、单向离合器以及行星齿轮机构的检修,主要工作有离合器及制动器的分解、检验,离合器、制动器损坏零件的更换,以及所有 O 型密封圈和密封环的更换等。

1.离合器、制动器的检修

(1)离合器和制动器的分解

1)离合器的分解

离合器的零部件组成如图 3-20 所示。

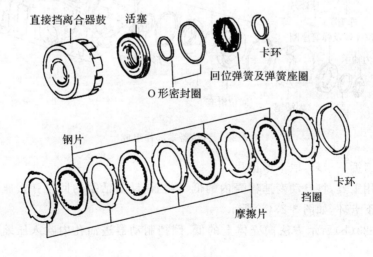

图 3-20　离合器零部件组成

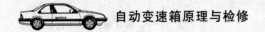

离合器的分解按以下顺序进行：

①用螺丝刀拆下卡环,取出直接挡离合器的挡圈、摩擦片、钢片,如图 3-21(a)所示。

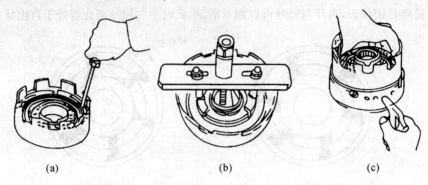

(a)　　　　　　　　　　(b)　　　　　　　　　　(c)

图 3-21　离合器分解

②使用专用工具,将直接挡离合器活塞回位弹簧座圈压下,用卡环钳或旋具拆下卡环,取出回位弹簧及弹簧座圈,如图 3-21(b)所示。

③将直接挡离合器装在超速制动器鼓上,如图 3-21(c)所示方向向油道内吹入压缩空气,取出活塞。

④取下活塞内外圆上的两个 O 形密封圈。

2)制动器的分解

图 3-22 所示为丰田轿车自动变速器低、倒挡制动器的零部件组成。

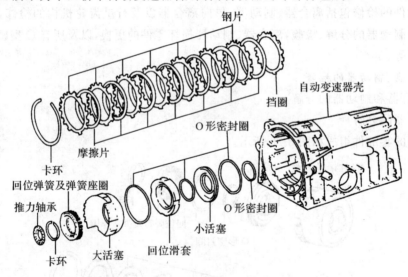

图 3-22　制动器零部件组成

①用螺丝刀拆下卡环,取下摩擦片。

②使用专用工具,将自动变速器壳内的低、倒挡制动器活塞的回位弹簧座圈压下,用旋具或卡环钳拆下卡环,如图 3-23(a)所示。

③ 按图 3-23(b)所示方法向壳体上的低、倒挡制动器进油孔内吹入压缩空气,取出大活塞。

④用专用工具取出回位滑套和小活塞,如图 3-23(c)和(d)所示。

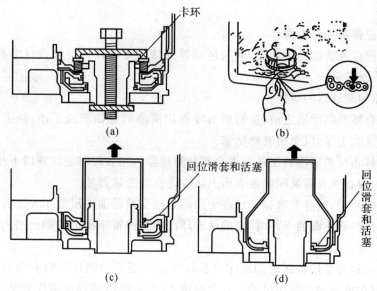

图 3-23　制动器分解

(2)离合器和制动器的检修

离合器和制动器的检修包括摩擦片、钢片、制动带的检查,离合器鼓、制动器鼓的检查,离合器和制动器活塞的检查,回位弹簧的检查等内容。

1)检查离合器、制动器摩擦片和钢片

①离合器和制动器表面若有烧焦、表面粉末冶金层脱落或翘曲变形,应予以更换。许多自动变速器摩擦片表面上印有符号,若这些符号已被磨去,说明摩擦片已磨损至极限,应马上更换;也可以测量摩擦片的厚度,若小于极限厚度,也应马上更换。

②带式制动器的制动带内表面若有烧焦、表面粉末冶金层脱落或表面符号已被磨去也应马上更换。

③检查钢片若有磨损、表面起槽或翘曲变形应马上更换。

④检查挡圈的摩擦面,如果有磨损,应马上更换。

2)检查离合器和制动器鼓

检查离合器和制动器鼓的液压缸内表面有无损伤或拉毛,与钢片配合的花键槽有无磨损,若有异常应更换新件。带式制动器鼓的外表面应无损伤、拉毛或起槽,如果有异常应更换新件。

3)检查离合器和制动器活塞

①检查离合器和制动器的活塞,其表面应无损伤、拉毛或起槽,否则应更换新件。

②检查离合器活塞上的单向阀,其阀球应能在阀座内活动自如。用压缩空气或煤油检查单向阀的密封性(从液压缸一侧往单向阀内吹气(见图3-24),密封应良好)。如果有异常应更换活塞。

③更换所有离合器、制动器及制动带液压缸活塞

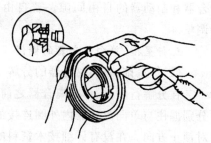

图 3-24　离合器活塞单向阀密封性检查

上的O形密封圈及轴颈上的密封环。新密封圈或密封环上应涂上少许自动变速器油或凡士林后装入。

4)检查回位弹簧和密封圈

测量活塞回位弹簧的自由长度,并与制动器维修手册比较。若弹簧自由长度过小或有变形时,应更换新弹簧。

(3)离合器和制动器的装配

在装配离合器和制动器之前,应将所有零件用清洁的煤油清洗干净,油道、单向阀孔等处要用压缩空气吹干净,以免被脏物堵塞。

按照与分解相反的顺序装配各个离合器和制动器。在装配时应注意以下几点:

1)装配前,应在所有需装配零件表面上涂少许自动变速器油。

2)更换摩擦片时,应将新摩擦片放在干净的自动变速器油中浸泡30min后安装。

3)安装回位弹簧座圈的卡环时,应确认卡环已落在弹簧座圈上的凹凸槽内,保证安装到位(见图3-25)。

4)摩擦片和钢片要按拆卸时的顺序交错排列。摩擦片和钢片原则上没有方向性,正反面都可安装,但在重新安装使用过的钢片和摩擦片时,应按拆装前的顺序安装。在安装挡圈时有台阶的一面应朝上,让平整的一面与摩擦片接触。有碟形环的离合器或制动器应将碟形环放置在下面第一片的位置上,使之与活塞接触,并让碟形的凹面向上。

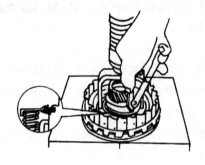

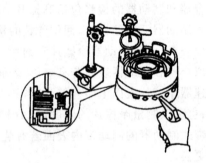

图3-25　离合器和制动器卡环的安装　　　图3-26　检查活塞移动情况

5)每个离合器或制动器装配后,都应检查活塞的工作是否正常。可按照分解时的方法,向油道内吹入压缩空气,检查活塞能否都向上移动,并将钢片和摩擦片压紧(见图3-26)。若吹入压缩空气后活塞不能移动,则应检查漏气的部位,分解修复后再重新安装。

6)用厚薄规测量离合器和制动器的自由间隙,或按图3-26所示的方法以千分表测量离合器和制动器的自由间隙。若自由间隙不符合标准,可采用更换不同厚度挡圈的方法来调整。

2.行星排、单向离合器的检修

(1)行星排、单向离合器的分解

在分解行星排、单向离合器之前,应先确认各单向离合器的锁止方向,其方法是:用双手分别握住与单向离合器内外圈连接的零件,朝不同的方向相对转动,检查并记下内外圈的相对锁止方向。在没有详细技术资料的情况下维修自动变速器时,一定要做好这一记录,以防在装配时将单向离合器装反,使自动变速器不能正常工作,而必须再次分解自动变速器,造成返工。

（2）后行星排和低挡单向离合器 F_2 的分解

1）按图 3-27 所示的方法，用左手握住后行星架，右手转动低挡单向离合器内圈，检查其锁止方向，应使内圈相对于外圈在顺时针方向锁止，在逆时针方向可以自由转动。

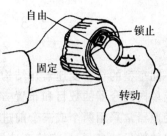

图 3-27　低挡单向离合器检查

2）按图 3-28 所示的顺序分解后行星排和低挡单向离合器。

（3）行星排、单向离合器的检验

1）检查太阳轮、行星轮、齿圈的齿面，若有磨损或疲劳剥落，应更换整个行星排。

2）检查行星轮与行星架之间的间隙（见图3-29），其标准间隙为 0.2～0.6mm，最大不得超过 1.0mm，否则应更换止推垫片、行星架和行星轮组件。

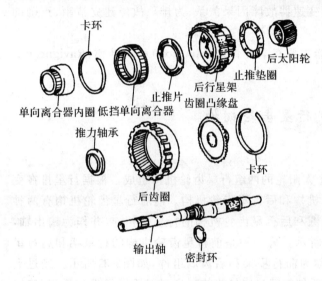

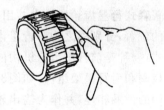

图 3-28　后行星排的分解　　　　图 3-29　后行齿轮与行星架之间的间隙检查

3）检查太阳轮、行星轮、齿圈等零件的轴颈或滑动轴承处有无磨损。如果有异常磨损应更换新件。

4）检查单向离合器，如滚柱破裂、滚柱保持架断裂或内外圈滚道磨损起槽都应更换新件。如果在锁止方向上有打滑或在自由转动方向上有卡滞，也应更换。

（4）行星排和单向离合器的装配

1）将行星排和单向离合器的所有零件清洗干净，涂上少许自动变速器油，按分解相反的顺序进行装配。

2）装好单向离合器之后应再次检查，保证其锁止方向正确，能在自由转动方向上转动灵活。

3.3 组合式行星齿轮机构

不同车型的自动变速器在结构上往往有较大的差别。如前进挡的挡数不同,离合器、制动器及单向离合器的数目和布置方式也不同,所采用的行星齿轮机构的类型也不同。早期自动变速器常采用两个或三个前进挡,新型轿车自动变速器大部分采用四个或五个前进挡。前进挡的数目越多,行星齿轮变速器中的离合器、制动器及单向离合器的数目就越多。离合器、制动器及单向离合器的布置方式主要取决于行星齿轮变速器前进挡的挡数及所采用的行星齿轮机构的类型。对行星齿轮机构类型相同的行星齿轮变速器来说,其离合器、制动器及单向离合器的布置方式及工作过程基本上是一致的。因此,了解各种不同类型的行星齿轮机构所组成的行星齿轮变速器的结构和工作原理,是掌握各种不同车型自动变速器结构和工作原理的基础,也是深入分析自动变速器故障因果关系、为排除故障建立清晰、正确的思路的前提。

目前轿车上常用的行星齿轮变速器主要有辛普森式(Simpson)和拉维娜(Ravigneaux)以及行星排组合式等几种类型。

3.3.1 辛普森(Simpson)式行星齿轮机构

1.辛普森式行星齿轮机构的特点

辛普森式行星齿轮机构由共用一个太阳轮的两组行星齿轮机构组成。根据行星排在变速器中的位置,分别称之为前行星齿轮机构和后行星齿轮机构。前后行星齿轮机构有两种连接方式:一种是前行星齿轮机构的齿圈和后行星齿轮机构的行星架相连,并作为输出轴,称为前齿圈和后行星架组件,如图3-30所示。另一种是前行星齿轮机构的行星架和后行星齿轮机构的齿圈相连,并作为输出轴,称为前行星架和后齿圈组件,如图3-31所示。经过上述组合,该机构成为一种具有四个独立元件的行星齿轮机构。通过对不同元件的连接、连锁和固定,实现不同挡位的变换。

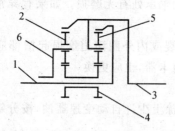

1—后齿圈;2—前行星齿轮;3—后行星架和前齿圈组件;4—前、后太阳轮;5—后行星齿轮;6—前行星架

图 3-30 前齿圈和后行星架组件

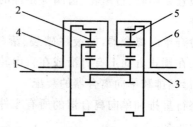

前齿圈;2—前行星齿轮;3—前行星架和后齿圈—前、后太阳轮;5—后行星齿轮;6—后行星架

图 3-31 前行星架和后齿圈组件

前齿圈和后行星架组件具体应用在如图 3-32 和图 3-33 所示的丰田 A43D 自动变速器中。而前行星架和后齿圈组件具体应用在丰田 A340E 自动变速器的行星齿轮机构中,如图 3-34 和图3-35所示。

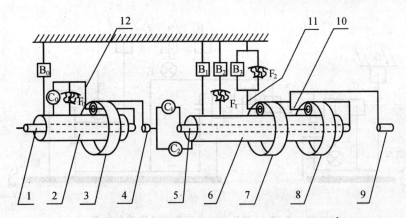

1—输入轴；2—O/D太阳轮；3—O/D齿圈；4—中间输入轴；5—中间轴；6—前后太阳轮；7—前齿圈；8—后齿圈；9—输出轴；10—后行星架；11—前行星架；12—O/D行星架　C_0—O/D离合器；B_0—O/D制动器；F_0—O/D单向离合器；C_1—前进挡离合器；C_2—高/倒挡离合器；B_1—2挡滑行制动带；B_2—2挡制动器；B_3—低/倒挡制动器；F_1—1号单向离合器；F_2—2号单向离合器

图 3-32　丰田 A43D 自动变速器传动路线原理图

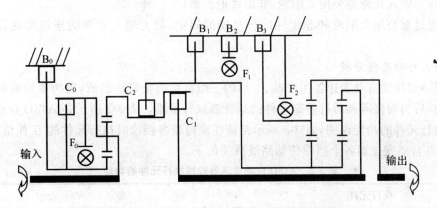

图 3-33　丰田 A43D 自动变速器传动路线结构简图

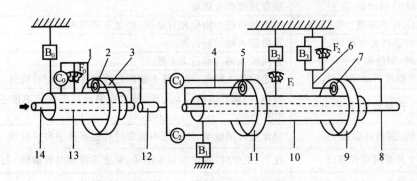

图 3-34　丰田 A340E 自动变速器传动路线原理图

1—O/D行星架；2—O/D行星轮；3—O/D齿圈；4—前行星架；5—前行星轮；6—后行星架；7—后行星轮；8—输出轴；9—后齿圈；10—前后太阳轮；11—前齿圈；12—中间输入轴；13—O/D太阳轮；14—输入轴；C_0—O/D离合器；B_0—O/D制动器；F_0—O/D单向离合器；C_1—前进挡离合器；C_2—高/倒挡离合器；B_1—2挡滑行制动带；B_2—2挡制动器；B_3—低—倒挡制动器；F_1—1号单向离合器；F_2—2号单向离合器

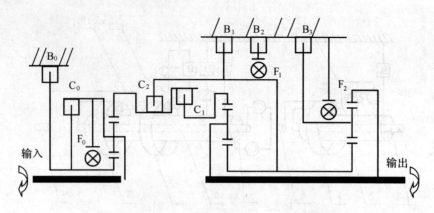

图 3-35   丰田 A340E 自动变速器传动路线结构简图

根据以上分析,典型的辛普森行星齿轮机构结构特点如下:

(1)由双排行星齿轮机构组成,共用一个太阳轮;

(2)动力输出元件是前齿圈和后行星架组件或前行星架和后齿圈组件;

(3)动力输入元件是公用太阳轮、非组件的齿圈;

(4)通过对公用太阳轮和非组件的行星架的固定、动力输入元件的连锁实现各种挡位变化。

2.动力传动路线分析

丰田 A43D 的自动变速器由一前、二后的三组行星齿轮机构组成,前为单排的超速行星齿轮机构,后为前齿圈和后行星架组件的辛普森双行星排。表 3-2 所示是 A43D 自动变速器各换挡执行元件的功能说明,表 3-3 所示是该在变速器各挡位时执行元件的 工作情况。

A43D 自动变速器各个挡位传动路线描述如下。

表 3-2   A43D 自动变速器换挡执行元件的功能

执行元件	功　　　　能
O/D 离合器(C_0)	连接超速挡行星架和太阳轮
O/D 制动器(B_0)	锁定超速挡太阳轮
O/D 单向离合器(F_0)	锁定超速挡太阳轮和行星架,使之不能顺时针转动
前进挡离合器(C_1)	连接输入轴与后齿圈
高/倒挡离合器(C_2)	连接输入轴与前后太阳轮
2 挡滑行制动器(B_1)	锁定前后太阳轮,使之既不能顺时针也不能逆时针旋转
2 挡制动器(B_2)	与 F_2 一起锁定前后太阳轮,使之在制动器工作时不能逆时针旋转
低/倒挡制动器(B_3)	锁定前行星轮架,使之既不能顺时针也不能逆时针旋转
1 号单向离合器(F_1)	在 B_2 工作时,锁定前后太阳轮,使之不能逆时针旋转
2 号单向离合器(F_2)	锁定前行星齿轮架,使之不能逆时针转动

表 3-3　A43D 自动变速器换挡执行元件的工作状况

挡位		动作的执行元件											
		C_0	B_0	F_0	C_1	C₂ 内活塞	外活塞	B_1	B_2	B₃ 内	外	F_1	F_2
P		○									○		
R		○		○		○	○			○	○		
N		○											
D	1	○		○	○							⊙	○
	2	○		○	○				○				
	3	○		○	○			○	⊙				
	4		○		○			○	⊙				·
2	1	○		○	○							○	○
	2	○		○	○			◎					○
L	1	○		○	○					◎	◎		○

注：○—元件工作；◎—发动机强制制动；⊙—接合但不起作用。

(1)D-1 挡和 2-1 挡(见图 3-36)

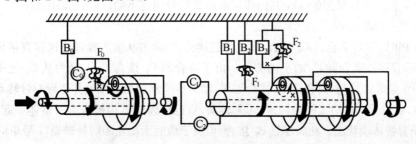

图 3-36　D-1 挡传动路线原理图

在 D-1 或 2-1 挡时,O/D 离合器 C_0,前进挡离合器 C_1 接合工作。C_0 接合使 O/D 太阳轮与 O/D 行星架连接在一起,即超速行星齿轮机构连成一整体一起转动,传动比为 1,使主动轴输入动力直接传给前进挡离合器 C_1 的主动部件。

由于前进挡离合器 C_1 接合,使动力通过中间轴传到后齿圈并使之顺时针转动;后行星架和前齿圈由于输出阻力较大,使后齿圈带动后行星轮顺时针转动,前后太阳轮逆时针方向转动,造成前行星架也有朝逆时针方向转动的趋势。由于 2 号单向离合器 F_2 的逆时针方向锁止作用,使前行星架转动受阻,固定不动。

D-1 挡的动力传动路线为:

输入轴 → O/D 行星架 → O/D 齿圈(由于 C_0 结合直接传动) → 前离合器 C_1 接合 → 中间轴 → 后齿圈 → 后行星轮 ⌐ 后行星架 → 功率输出轴
　　　　　　　　　　　　　　　　　└ 前后太阳轮 → 前行星轮(F_2 固定前行星架) → 前齿圈

输入的转矩既通过后行星架,又通过前圈传到功率输出轴上,使前后行星齿轮机构均能承受一定的负荷,减轻了齿轮的负载,以防止齿轮损伤。

(2)D-2 挡(见图 3-37)

在 D-2 挡时,O/D 离合器 C_0 接合,超速排直接传动,动力从输入轴过超速排直接传递到前进挡离合器 C_1 主动部件。由于前进挡离合器 C_1 接合,使动力通过中间轴传到后齿圈并使之顺时针转动;后行星架和前齿圈由于输出阻力较大,后齿圈带动后行星轮顺时针转动,使前后太阳轮有逆时针方向转动的趋势。2挡制动器 B_2 的接合,使1号单向离合器能够在反时针方向锁止前后太阳轮转动,使之固定不动。在后行星齿轮排中,输入为后齿圈,固定为前后太阳轮,输出为后行星架。

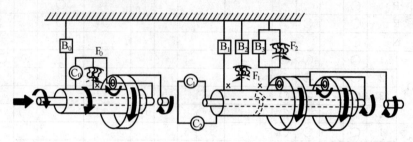

图 3-37　D-2 挡传动路线原理图

D-2 挡传动路线为:

输入轴→O/D 行星架→O/D 齿圈(由于 C_0 结合直接传动)→前离合器 C_1 接合→中间轴→后齿圈→后行星轮→后行星架(B_2 , F_1 共同作用前后太阳轮固定不动)→功率输出轴

(3)D-3 挡(见图 3-38)

在 D-3 挡时,O/D 离合器 C_0 接合,超速排直接传动,动力从输入轴过超速排直接传递到前进挡离合器 C_1 、直接挡离合器 C_2 的主动部件。由于离合器 C_1 接合工作,动力从 C_1 过中间轴传递到后齿圈并作顺时针转动,离合器 C_2 接合工作,动力传递到前后太阳轮并作顺时针转动。在后行星齿轮排中,后齿圈和前后太阳轮同速、同向转动,后行星齿轮机构被作为一整体一起转动,传动比为1,处于直接传动状况。此时尽管 B_2 接合,但由于前后太阳轮顺时针转动,1号单向离合器 F_1 不起锁止作用。

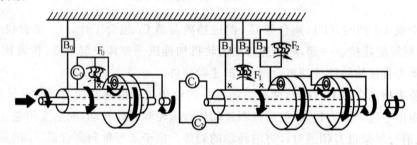

图 3-38　D-3 挡传动路线原理图

D-3 挡传动路线为:

输入轴→O/D 行星架→O/D 齿圈(由于 C_0 结合直接传动)→

$$\left.\begin{array}{l}\text{前进离合器 } C_1 \text{→中间轴→后齿圈────后行星架} \\ \qquad\qquad\qquad\qquad\qquad\text{后行星轮} \\ \text{高/倒离合器 } C_2 \text{→前后太阳轮────前行星架→前齿圈}\end{array}\right\}\text{功率输出轴}$$

(4)D-4 挡(见图 3-39)

在 D-4 挡(O/D 挡,超速挡)时,O/D 制动器 B_0 接合而 O/D 离合器 C_0 分离。在超速行星齿轮机构中,由于 O/D 太阳轮被 O/D 制动器 B_0 固定,输入为 O/D 行星架、输出为 O/D 齿圈,超速排传动比小于1。由于 C_1 , C_2 , B_2 接合状况与 D-3 挡相同,所以其后的 2 个辛普森行星排

为直接传动。

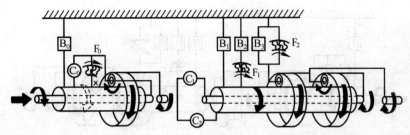

图 3-39　D-4 挡传动路线原理图

D-4 挡传动路线为：

输入轴→O/D 行星架→O/D 行星轮→O/D 齿圈（由于 B_0 结合固定 O/D 太阳轮）→

$\begin{cases} \text{前进离合器 } C_1 \rightarrow \text{中间轴} \rightarrow \text{后齿圈} \longrightarrow \text{后行星架} \\ \text{高/倒离合器 } C_2 \longrightarrow \text{前后太阳轮} \longrightarrow \text{前行星轮} \rightarrow \text{前齿圈} \end{cases}$ 功率输出轴

(5)2-2 挡（见图 3-40）

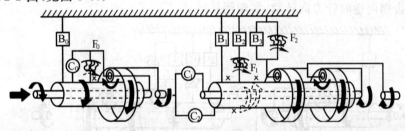

图 3-40　2-2 挡传动路线原理图

在 2-2 挡时，发动机具有强制制动作用。此挡位时 2 挡滑行制动器 B_1 接合作用，而其他执行元件 C_0，C_1，B_2 接合状况与 D-2 挡相同。当车辆加速或上坡行驶时，动力传动路线与 D-2 挡完全相同。

必须注意的是：在 D-2 挡时，由 2 号制动器 B_2 和 1 号单向离合器 F_1 共同作用，阻碍前后太阳轮逆时针转动。而在 2-2 挡时，除 B_2，F_1 外，2 挡滑行制动器 B_1 锁止前后太阳轮顺逆双向转动。当汽车下陡坡或松油门减速，且车速快于发动机输出的速度时，动力从输出轴反向输入到后行星架，后太阳轮变为顺时针转动，单向离合器 F_1 失去锁止，变速器成为空挡。但这时制动器 B_1 结合仍能可靠地固定住太阳轮，使变速器保持在 D-2 挡的传动路线。利用速度反馈作用，使发动机有效地起制动作用。

(6)L-1 挡（见图 3-41）

L-1 挡时，发动机具有强制制动作用。此挡位时，低/倒挡制动器 B_3 接合，C_0 接合。

当车辆加速行驶或上坡时，动力传动路线与 D-1 挡相同。

L-1 挡与 D-1 挡的区别是：在 D-1 挡，仅由 2 号单向离合器 F_2 阻碍前行星架逆时针转动；而 L-1 挡时，由单向离合器 F_2 和制动器 B_3 共同作用，约束制动前行星架顺逆双向转动。当汽车下陡坡或松油门减速，且车速快于发动机输出的速度时，动力从输出轴反向输入到后行星架，前行星架变为顺时针转动，2 号单向离合器 F_2 失去锁止，变速器成为空挡。但这时制动器 B_3 结合仍能可靠地固定住前行星架，使变速器保持在 D-1 挡的传动路线上。利用速

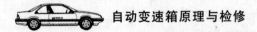

度反馈作用,使发动机有效地起制动作用。

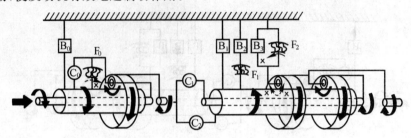

图 3-41　L-1 挡传动路线原理图

(7)R 挡(见图 3-42)

在 R 挡时,O/D 离合器 C_0 结合,超速排直接传动,动力从输入轴过超速排直接传递到直接挡离合器 C_2 的主动部件。由于直接挡离合器 C_2 接合工作,动力传递到前后太阳轮并作顺时针转动。低/倒挡制动器 B_3 结合工作使前行星架固定不动。在前行星齿轮排中,输入为前后太阳轮、前行星架被固定,输出为前齿圈。所以动力由前后太阳轮通过前行星轮传到前齿圈,并使齿圈向逆时针方向转动,实现倒挡传动。

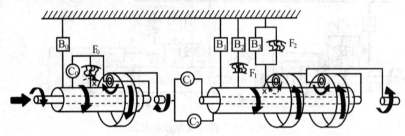

图 3-42　R 挡传动路线原理图

R 挡传动路线为:

输入轴→O/D 行星架→O/D 齿圈(由于 C_0 结合直接传动)→高/倒挡离合器 C_2 结合→前后太阳轮→前行星轮(B_3 接合,固定前行星架)→前齿圈→功率输出轴。

(8)"N"位(空挡)和"P"位(停车挡)

当换挡杆在"N"和"P"时,尽管 O/D 离合器 C_0 仍处于结合状态,但前进挡离合器 C_1、直接挡离合器 C_2 均分离,动力不可能传至功率输出轴,也即空挡。

在"P"位时,利用机械停车锁爪锁定前行星齿轮的齿圈(见图 3-43)以保证可靠停车。

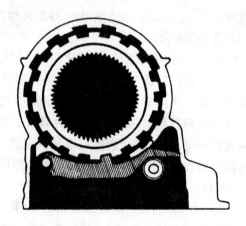

图 3-43　P 位停车锁爪机构

3.3.2 拉维娜(Ravigneanx)行星齿轮机构

1.拉维娜行星齿轮机构特点

拉维娜行星齿轮机构具有结构简单、尺寸小、传动比变化范围大、灵活多变等特点,可以组成有 3 个前进挡或 4 个前进挡的行星齿轮变速器。

拉维娜行星齿轮机构是由一个单行星齿轮式行星排和一个双行星齿轮式行星排组合而成的,大太阳轮和长行星轮、行星架、齿圈共同组成一个单行星齿轮式行星排;小太阳轮、短行星轮、长行星轮、行星架和齿圈共同组成一个双行星齿轮式行星排,如图3-44所示。

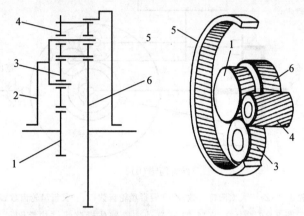

1—小(前)太阳轮;2—行星架;3—短行星轮;4—长行星轮;5—齿圈;6—大(后)太阳轮

图 3-44 拉维娜式行星齿轮机构

自 20 世纪 70 年代开始,拉维娜行星齿轮机构逐渐应用于许多轿车自动变速器,特别是前轮驱动式轿车的自动变速器。目前在奥迪、大众、三菱、现代等车型的自动变速器上均采用 4 速拉维娜行星齿轮机构组成的自动变速器。各种变速器由于换挡执行元件布置不同,在结构上有所区别。下面分别是大众、现代和三菱车系自动变速器的传动路线原理图和结构简图(见图 3-45 至图 3-48),这些变速器换挡执行元件的功能如表 3-4 和表 3-5 所示。

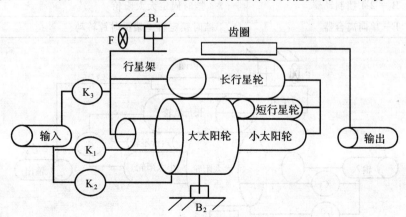

图 3-45 大众 01M,01N 自动变速器传动路线原理图

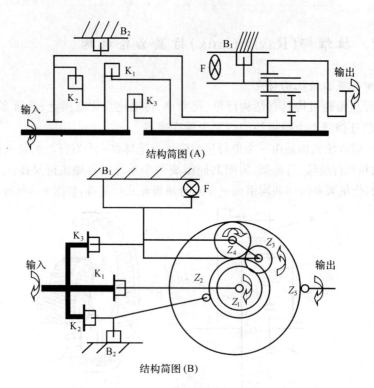

结构简图(A)

结构简图(B)

Z_1—小太阳轮齿数;Z_2—大太阳轮齿数;Z_3—短行星轮齿数;Z_4—长行星轮齿数;Z_5—齿圈数

图 3-46   大众 01M,01N 自动变速器传动路线结构简图

表 3-4   大众 01M,01N 自动变速器换挡执行元件的功能

执行元件	功　能
K_1—前进挡离合器	1-3 挡时连接输入轴与小太阳轮
K_2—倒挡离合器	倒挡时连接输入轴与大太阳轮
K_3—3-4 挡离合器	3-4 挡时连接输入轴与行星架
B_1—低/倒动器	倒挡时固定行星架
B_2—2-4 挡制动器	2-4 挡时固定大太阳轮
F—单向离合器	1 挡时锁定行星架反时针转动

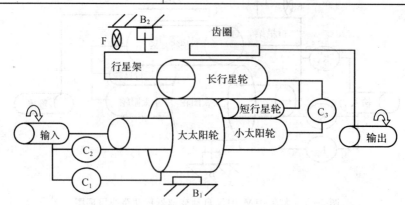

图 3-47   三菱、现代轿车拉维娜式自动变速器传动路线原理

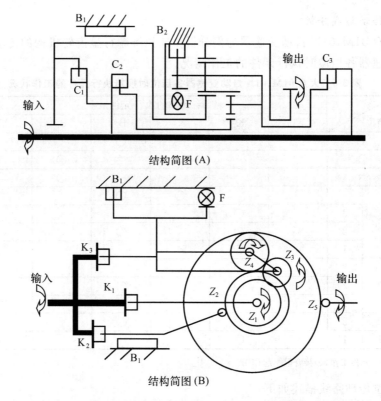

结构简图(A)

结构简图(B)

Z_1—小太阳轮齿数;Z_2—大太阳轮齿数;Z_3—短行星轮齿数;Z_4—长行星轮齿数;Z_5—齿圈数

图 3-48　三菱、现代轿车拉维娜式自动变速器传动路线结构简图

表 3-5　现代、三菱轿车用自动变速器换挡执行元件的功能

执行元件	功　　能
C_1—前离合器(倒挡离合器)	倒挡时连接输入轴与大太阳轮
C_2—后离合器(前进挡离合器)	1-3 挡时连接输入轴与小太阳轮
C_3—终端离合器(OD 挡离合器)	3-4 挡时连接输入轴与行星架
B_1—跳合制动带(2/4 挡制动器)	2-4 挡时固定大太阳轮
B_2—低/倒制动器	1-1 的 1 挡和倒挡时固定行星架
F—单向离合器	1 挡时锁定行星架反时针转动

从以上拉维娜式行星齿轮机构在自动变速器中的应用可以总结其结构特点如下:

(1)两个行星齿轮排共用一个行星架、一个齿圈;

(2)长、短行星轮装在同一个行星架上,并相互啮合;

(3)长行星轮与大太阳轮和齿圈相啮合,并与行星架一起组成单行星齿轮式行星排;

(4)短行星轮与小太阳轮啮合并通过长行星轮驱动齿圈,长、短行星轮,小太阳轮以及公用的齿圈和行星架组成双行星齿轮式行星排。

(5)行星齿轮机构中大、小太阳轮和行星架可作为动力输入元件,齿圈可作为动力输出元件,固定件分别选用大太阳轮和行星架,可以获取不同的传动比。

2.动力传动路线分析

现以大众01M,01N自动变速器为例分析4速拉维娜行星齿轮机构的传动过程。表3-6所示是该变速器各挡位时执行元件的工作情况。

表3-6　大众01M,01N自动变速器各挡位时换挡执行元件的工作状况

挡位		动作的执行元件					
		K_2	K_1	K_3	B_2	B_1	F
P					○		
R		○				○	⊙
N						○	
D_4	4			○	○		
	3		○	○			
	2		○		○		
	1						○
D_3	3		○	○			
	2		○		○		
	1		○				○
2	2		○		○		
1	1		○				○

注:○—元件工作,⊙接合但不起作用。

各个挡位传动路线描述如下:

(1)R挡(见图3-49)

R挡时,倒挡离合器K_2、倒挡制动器B_1接合工作;K_2接合使动力从输入轴传递到大太阳轮,B_1接合使行星架被固定。在单行星齿轮式行星排中,输入为大太阳轮,输出为齿圈,固定件是行星架,此时齿圈反向转动。动力经倒挡离合器K_2、大太阳轮、长行星轮、齿圈输出给驱动齿轮。

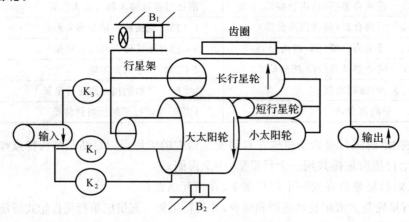

图3-49　R挡动力传动路线原理图

(2)1挡(见图3-50)

在D位1挡时,前进挡离合器K_1接合工作,动力输入到小太阳轮使小太阳轮顺时针转动。小太阳轮驱动与之相啮合的短星轮逆时针转动,并使长行星轮顺时针转动。由于起步时齿圈与驱动轮相连,起步阻力大,长行星轮顺时针转动时,具有带动行星架逆时针转动

的趋势。而单向离合器 F 阻止行星架逆时针转动,长行星轮便驱动齿圈顺时针转动,动力经前进挡离合器 K_1、小太阳轮、短行星轮、长行星轮、齿圈输出给驱动齿轮。

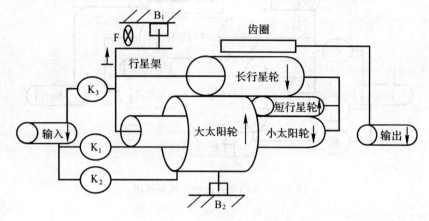

图 3-50 1 挡动力传动路线原理图

(3)2 挡(见图 3-51)

在 D 位 2 挡时,前进挡离合器 K_1、2-4 挡制动器 B_2 接合工作。离合器 K_1 结合使动力输入到小太阳轮并使之顺时针转动。小太阳轮驱动与之相啮合的短行星轮逆时针转动,并使长行星轮顺时针转动。由于制动器 B_2 固定了大太阳轮,长行星轮必须在固定的大太阳轮上顺时针滚动并驱动齿圈顺时针转动输出动力。

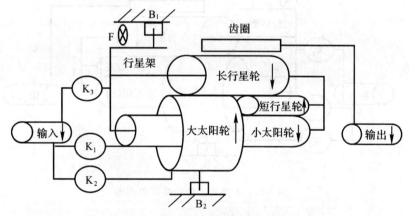

图 3-51 2 挡动力传动路线原理图

(4)3 挡(见图 3-52)

在 D 位 3 挡时,1-3 挡离合器 K_1,3-4 挡离合器 K_3 接合工作。离合器 K_1 接合使动力输入到小太阳轮并使之顺时针转动,离合器 K_3 接合使动力输入到行星架并使之顺时针转动。此时双行星齿轮式行星排中小太阳轮和行星架同速运转,长、短行星轮的自转被限制,整个行星齿轮机构一起转动,输入轴与输出轴转速一致,传动比为 1,此时为直接挡。

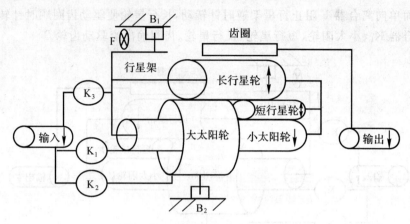

图 3-52   3 挡动力传动路线原理图

(5)4 挡(见图 3-53)

在 D 位 4 挡时,3-4 挡离合器 K_3,2-4 挡制动器 B_2 接合工作。离合器 K_3 接合使动力输入到行星架并使之顺时针转动,制动器 B_2 接合使大太阳轮固定不动。在单行星齿轮式行星排中,输入为行星架、固定为大太阳轮、输出为齿圈,齿圈以高于输入的转速运转。动力从输入轴、离合器 K_3、行星架、长行星轮、齿圈输出给驱动齿轮。

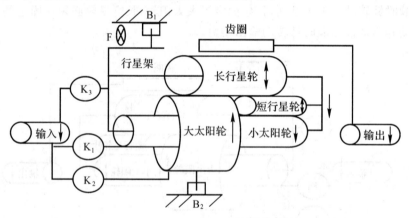

图 3-53   4 挡动力传动路线原理图

3.3.3   CR-CR 行星齿轮机构

1. CR-CR 行星齿轮机构的组成

CR-CR 行星齿轮机构由两套行星齿轮组合而成,其中前行星架和后齿圈、后行星架和前齿圈相互机械连接,动力输入可以是前太阳轮、后太阳轮或后行星架;动力输出是前行星架和后齿圈。

三菱和克莱斯勒公司的轿车装用的自动变速器采用了 CR-CR 行星齿轮机构,主要有三菱的 F4A42 和克莱斯勒的 41TE 自动变速器,其机械结构主要由一套 CR-CR 行星齿轮机构、三套离合器、两套制动器构成,如图 3-54 所示。三套离合器分别为 UD 离合器(低速挡离合器)、OD 离合器(超速挡离合器)、REV 离合器(倒挡离合器);两套制动器分别为 2ND

制动器(2 挡制动器)、L/R 制动器(低/倒挡制动器)。其传动路线简图如图 3-55 所示。

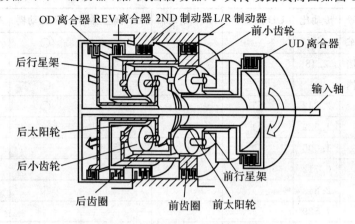

图 3-54　F4A42 变速器机械传动机构的组成

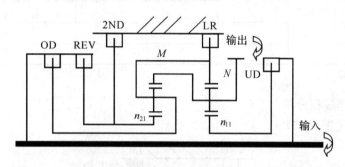

图 3-55　F4A42 自动变速器传动路线结构简图

在 F4A42 自动变速器中,前行星排传动比 $\alpha_1=1.842$,后行星排传动比 $\alpha_2=2.48$。令前行星排前太阳轮转速为 n_{11},前齿圈转速为 n_{12},前行星架转速为 n_{13},后行星排后太阳轮转速为 n_{21},后齿圈转速为 n_{22},后行星架转速为 n_{23}。由 CR-CR 行星齿轮机构的结构特点可知:$n_{12}=n_{23}$,$n_{13}=n_{22}$,令 $n_{12}=n_{23}=M$,$n_{13}=n_{22}=N$,其中 N 为输出转速,在 OD 接合时 M 为输入转速,UD 接合时 n_{11} 为输入转速,REV 接合时 n_{21} 为输入转速。根据单排行星齿轮机构一般运动规律的特性方程式得出 CR-CR 行星齿轮机构的运动规律的特性方程组如下:

$$n_{11}+\alpha_1 M-(1+\alpha_1)N=0$$
$$n_{21}+\alpha_2 N-(1+\alpha_2)M=0$$

2.各挡位动力传递路线分析

(1)F4A42 自动变速器执行元件工作及功能说明

F4A42 自动变速器在工作过程中各个执行元件所起的作用各不相同,其功能如下:

1)UD(低速)离合器——连接输入轴与前太阳轮。

2)REV(倒挡)离合器——连接输入轴与后太阳轮,用于倒挡。

3)OD(超速)离合器——连接输入轴与后行星架,用于超速挡。

4)L/R(低/倒挡)制动器——锁定前齿圈及后行星架,用于低速 1 挡和倒挡。

5)2ND(2-4 挡)制动器——锁定后太阳轮,2-4 挡时起接合作用。

在不同的挡位各个执行元件分别起不同的作用,具体见表 3-7。

表 3-7　机械执行元件工作表

换挡杆位置	传动比	UD 离合器	REV 制动器	OD 离合器	L/R 制动器	2ND 制动器
P 驻车					○	
R 倒挡	2.48		○		○	
N 空挡					○	
D　1	2.842	○			○	
2	1.529	○				○
3	1.000	○		○		
4	0.712			○		○
3　1	2.842	○			○	
2	1.529	○				○
3	1.000	○		○		
2　1	2.842	○			○	
2	1.529	○				○
L　1	2.842	○			○	

注:○—元件工作。

(2)换挡工作过程分析

1)P/N 挡(见图 3-56)

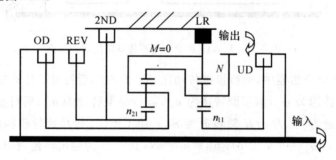

图 3-56　P/N 挡传动路线结构简图

在驻车和空挡时,除 L/R 制动器接合外所有的离合器均处于释放状态,目的是为了保证在进挡时能够快速地换到 1 挡或倒挡。由于所有的离合器均处在释放状态,来自输入轴的动力就不会传递至行星齿轮机构。

各种自动变速器在设计上,一般让在 1 挡或 R 挡时作用的一组执行元件在 P/N 档接合。这样,不仅在操作进挡时能够快速地换到 1 挡或倒挡,而且可以简化控制油路,尽量避免进挡冲击。

2)1 挡动力传输原理(见图 3-57)

在 1 挡时,UD 离合器及 L/R 制动器接合工作。来自输入轴的发动机动力通过 UD 离合器传递至前太阳轮并使之顺时针转动。在前行星齿轮排中,由于 L/R 制动器固定了前齿圈,前太阳轮使前行星轮顺时针转动并驱动前行星架顺时针转动。因此在前行星齿轮中,实现动力从前太阳轮到前行星架的传递。

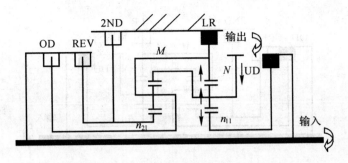

图 3-57　1 挡传动路线结构简图

1 挡传动比计算如下:

$$n_{11} + \alpha_1 M - (1+\alpha_1)N = 0$$

$$M = 0$$

　1 挡传动比 $= n_{11}/N = (1+\alpha_1)/\alpha_1 = 2.842$

3）2 挡动力传输原理（图 3-58）

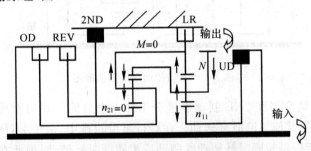

图 3-58　2 挡传动路线结构简图

在 2 挡时,UD 离合器和 2ND 制动器接合工作。来自输入轴的发动机动力通过 UD 离合器传递至前太阳轮并使之顺时针转动。由于前行星架和后齿圈输出阻力较大,因此前太阳轮使前行星轮逆时针转动,并驱动前齿圈和后行星架逆时针转动;由于 2ND 制动器固定了后太阳轮,逆时针转动的后行星架使后行星轮顺时针转动并驱动后齿圈和前行星架顺时针转动,动力从后齿圈和前行星架输出。输入的转矩既通过前行星排的前行星架,又通过后行星排的后齿圈传到输出轴上,使前后行星齿轮机构均承受一定的负荷,减轻了齿轮的负载。

2 挡传动比计算如下:

$$n_{11} + \alpha_1 M - (1+\alpha_1)N = 0$$

$$n_{21} + \alpha_2 N - (1+\alpha_2)M = 0$$

$$n_{21} = 0$$

　2 挡传动比 $= n_{11}/N = 1 + \alpha_1 - \alpha_1\alpha_2/(1+\alpha_2) = 1.529$

4）3 挡动力传输原理（见图 3-59）

在 3 挡时,UD 和 OD 离合器接合工作。来自输入轴的发动机动力通过 UD 离合器传递至前太阳轮,通过 OD 离合器将动力传递至后行星架和前齿圈。因此在前行星齿轮组中,前太阳轮和前齿圈同速作顺时针转动,前行星齿轮组成刚性连接,3 挡传动比为 1。

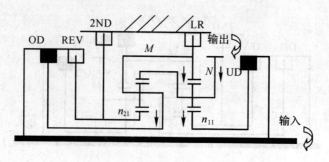

图 3-59 3 挡传动路线结构简图

5)4 挡动力传输原理(见图 3-60)

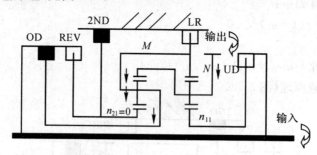

图 3-60 4 挡传动路线结构简图

在 4 挡时,OD 离合器和 2ND 制动器接合工作。来自输入轴的发动机动力通过 OD 离合器传递至后行星架并使之顺时针转动。在后行星齿轮排中,由于 2ND 制动器固定了后太阳轮,后行星架使后行星轮顺时针转动并驱动后齿圈顺时针转动,因此在后行星齿轮排实现从后行星架到后齿圈的动力传递。

4 挡传动比计算如下:

$$n_{21}+\alpha_2 N-(1+\alpha_2)M=0$$
$$n_{21}=0$$
$$M/N=\alpha_2/(1+\alpha_2)=0.712$$

6)R 挡动力传输原理(见图 3-61)

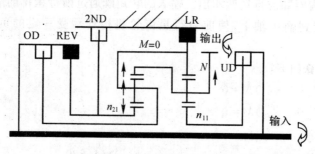

图 3-61 R 挡传动路线结构简图

在倒挡时,REV 离合器和 L/R 制动器接合工作。来自输入轴的发动机动力通过 REV 离合器传递至后太阳轮并使之顺时针转动。在后行星齿轮排中,由于 L/R 制动器锁固定了后行星架,此时输入为后太阳轮,固定件为后行星架,输出齿圈作逆时针转动。因此在后行星齿轮排实现从后太阳轮到后齿圈的动力传递。

R 挡传动比计算如下：

$$n_{21} + \alpha_2 N - (1 + \alpha_2)M = 0$$

$$M = 0$$

R 挡传动比 $= n_{21}/N = -\alpha_2 = -2.48$

在三菱等车型的 CR-CR 行星齿轮机构中，由于机械本身的工作不协调等原因，容易在 2 挡换 3 挡或 3 挡换 4 挡时产生冲击。这种情况与拉维娜行星齿轮机构中的机械不协调的故障比较类似。

3.4　其他变速齿轮机构

3.4.1　定轴式变速齿轮机构

1.结构

定轴式自动变速器的齿轮机构与手动变速器比较类似，主要在本田公司生产的轿车上使用。一般常见有两轴式和三轴式两种，图 3-62 所示为三轴式变速器，图中 1 挡离合器负责 1 挡齿轮与辅助轴的连接和释放，2 挡离合器负责 2 挡齿轮与辅助轴的连接和释放，3 挡

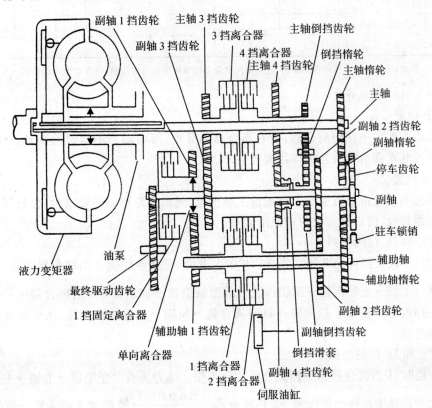

图 3-62　三轴式自动变速器

离合器负责3挡齿轮与主轴的连接和释放,4挡离合器负责4挡齿轮及倒挡齿轮与主轴的连接和释放。单向离合器负责副轴上的1挡齿轮与副轴的连接和自由转动,也即控制1挡齿轮的动力传递方向只能是由辅助轴上的齿轮传给副轴上的齿轮,否则,单向离合器打滑。1挡固定离合器负责副轴上的1挡齿轮与副轴的连接和释放,当固定连接时,单向离合器不再起作用。根据汽车是前进还是倒退,伺服油缸控制倒挡滑套选择4挡齿轮或倒挡齿轮与副轴相连接,从而获得4挡或倒挡。

表3-8所示为变速器在各个挡位时执行元件的工作状况。

表3-8　本田三轴式自动变速器各挡工作情况

排挡位置＼零件		1挡齿轮 1挡固定离合器	1挡齿轮 1挡离合器	1挡齿轮 单向离合器	2挡齿轮 2挡离合器	3挡齿轮 3挡离合器	4挡 齿轮	4挡 离合器	倒挡齿轮	F
P										
R								○	○	
N										
D₄	1挡		○	○						◎
	2挡		⊙		○					
	3挡		⊙			○				
	4挡		⊙				○	○		
D₃	1挡			○						
	2挡		⊙		○					
	3挡					○				
2		⊙		○						
1		⊙	○							◎

注:○—作动;⊙—虽然1挡离合器啮合,但当单向离合器滑动时驱动力未传输;◎作动但不起作用。

2.动力传递路线分析

(1)P位置

液压力不作用于任何离合器,所有离合器均分离,因而动力不传递给副轴。此时,依靠制动锁块与驻车挡齿轮的互锁作用实现驻车。

(2)N位置

发动机的动力由液力变矩器传递给主轴惰轮、副轴惰轮和辅助轴惰轮,但液压力没有使任何离合器接合,所以动力没有传递给副轴。

(3)D₄和D₃位的1挡

D₄和D₃位1挡传动路线是完全一样的。此时,控制系统使1挡离合器结合,动力从液力变矩器→主轴→主轴惰轮→副轴惰轮→辅助轴惰轮→辅助轴→1挡离合器 $\xrightarrow{\text{1挡离合器作用}}$ 辅助轴1挡齿轮→副轴1挡齿轮→单向离合器→副轴→最终传动齿轮,从而实现了1挡的动力传递过程。

(4)D₄和D₃位的2挡

在2挡时,1挡离合器和2挡离合器接合工作。动力从液力变矩器→主轴→主轴惰轮→副轴惰轮→辅助轴惰轮→辅助轴→2挡离合器 $\xrightarrow{\text{1挡离合器作用}}$ 辅助轴2挡齿轮→副轴2挡齿轮→副轴→最终传动齿轮,从而实现2挡的动力传递过程。由于实现2挡传动,副轴转速较高,副轴 1 挡齿轮由于单向离合器打滑而不能与辅助轴的 1 挡齿轮传递动力。

(5)D₄ 和 D₃ 位的 3 挡

在 3 挡时,1 挡离合器和 3 挡离合器接合工作。动力从液力变矩器→主轴→3 挡离合器→主轴 3 挡齿轮→副轴 3 挡齿轮→副轴→最终传动齿轮,从而实现 3 挡的动力传递过程。由于实现 3 挡传动,副轴转速较高,副轴 1 挡齿轮由于单向离合器打滑而不能与辅助轴的 1 挡齿轮传递动力。

(6)D₄ 的 4 挡

在 4 挡时,1 挡离合器和 4 挡离合器接合工作。此时,伺服油缸控制倒挡滑套选择副轴 4 挡齿轮与副轴相连接,动力从液力变矩器→主轴→4 挡离合器→主轴 4 挡齿轮→副轴 4 挡齿轮→副轴→最终传动齿轮,从而实现 4 挡的动力传递过程。由于实现 4 挡传动,副轴转速较高,副轴 1 挡齿轮由于单向离合器打滑而不能与辅助轴的 1 挡齿轮传递动力。

(7)R 挡

在倒挡时,4 挡离合器接合工作。此时,伺服油缸控制倒挡滑套选择副轴倒挡齿轮与副轴相连接。动力从液力变矩器→主轴→4 挡离合器→主轴倒挡齿轮→中间惰轮→副轴倒挡齿轮→副轴→最终传动齿轮,从而实现倒挡的动力传递过程。

(8)1 位的 1 挡

当换挡杆在 1 位时,变速器固定在 1 挡,不能升挡。控制系统使 1 挡离合器和 1 挡固定离合器都接合。当汽车在加速时,其动力传动路线与 D₄ 和 D₃ 位的 1 位基本相同,动力从液力变矩器→主轴→主轴惰轮→副轴惰轮→辅助轴惰轮→辅助轴→1 挡离合器→辅助轴 1 挡齿轮→副轴 1 挡齿轮→1 挡固定离合器和单向离合器→副轴→最终传动齿轮。

其区别仅在于 1 挡固定离合器接合,使动力分流,也即副轴上的 1 挡齿轮同时通过单向离合器和 1 挡固定离合器把动力传递给副轴。

当在汽车减速或下陡坡时,1 位的 1 挡可以实现发动机的制动作用,阻力传递路线如下:

车轮→……→最终传动齿轮→副轴→1 挡固定离合器→副轴 1 挡齿轮→辅助轴 1 挡齿轮→1 挡离合器→辅助轴→辅助轴惰轮→副轴惰轮→主轴惰轮→主轴→液力变矩器→发动机

3.4.2　无级变速机构

无级变速机构与行星齿轮式或平行轴式变速齿轮机构在结构和变速原理上有很大差异。一般装有无级变速器的轿车具有优异的燃料经济性与行驶性能,因此在轿车上的应用越来越普遍。目前国内的多款轿车配置了无级自动变速器,例如广本的飞度、日产的天籁、派力奥等。

无级变速机构先后采用了双锥体、盘、环柱体和皮带等传动形式,但由于摩擦面的摩擦系数和零件承受单位压力的限制,加之工艺和控制上的问题,不能传递较大功率,使其在汽车上的应用受到了限制。但随着金属传动带和链式传动带在无级变速机构中的应用,使无级变速器 CVT(Continuously Variable Transmission)的广泛应用成为可能。

1. 带式无级变速机构的工作原理与传动带

(1)带式无级变速机构的工作原理

带式无级传动装置的基本结构和工作原理如图 3-63 所示。与梯形带轮传动相似,每个带轮由两个锥形盘组成。传动装置中两个带轮的中心距是固定的,但组成带轮的两锥盘间的轴向距离是可变的,从而使带轮的传动直径可以改变。

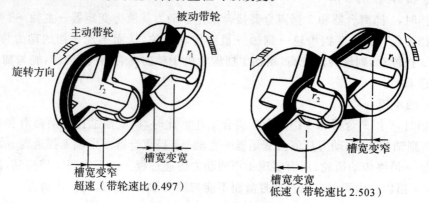

图 3-63　带式无级传动变速原理

当主动带轮的半径最小而从动带轮的半径最大时,传动装置处于低挡传动比。如果使主动带轮半径增大、从动带轮半径减小,则传动比也将随之减小。传动比 i 定义为两轮半径之比,即

$$i=r_1/r_2$$

改变带轮半径的方法是通过改变带轮锥盘的轴向宽度。根据需要在每个带轮的单边锥盘上分别作用轴向力,由于力的大小变化是可控制的,所以带轮两锥盘的宽度也是可改变的。

连续变化的力使锥盘间的轴向距离可连续变化,所以传动装置的传动比也可实现连续变化。一般无级变速器可提供的变化范围是 2.5～0.497。

（2）传动带

目前使用的传动带形式主要分为金属带式和链式。

1）金属传动带

以往的传动带使用橡胶材料,存在着可靠性和耐久性差的缺陷。荷兰的范道尔纳公司开发的金属传动带有效地克服了上述缺陷,将无级变速传动推向了实用化。范道尔纳型金属传动带如图 3-64 所示,传动带由约 2mm 厚的钢片重叠组成,钢片由富有柔性的钢带环连接支撑。

钢带环由若干条 0.2mm 的钢带环叠合而成,由外向内钢带环的长度变短。钢片侧面与带轮的锥面接触,接触表面具有一定的粗糙度,两锥形带轮夹紧钢片,280 个钢片无间隙紧密排列,受摩擦力的作用,钢片推挤前面的钢片,将作用力一片一片向前传递。这种力的传递方式改变了传统传动带内部受拉力作用,所以两组钢带环与传递动力无直接关系,而只起到对钢片的导向支撑作用。这种传动带既能保持动力传递的作用,又能保持动力传递的平顺性,结构紧凑,能承受较大的动力传递负荷。由于采用钢片叠制结构,其传动带轮的最小接触半径约有重量轻、噪声小和可高速运行的优点。其不足之处是当高速运转时,钢片上产生的离心力过大,就要求钢带环具备足够大的强度。

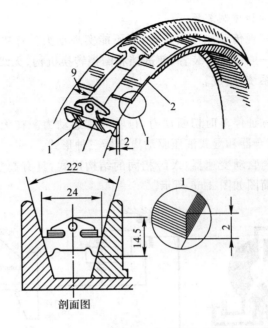

1—钢片；2—钢带圈

图 3-64　范道尔纳式金属传动带

2)链式传动带

鲍格瓦纳型链式传动带的结构如图 3-65 所示,由承载钢片、销、铰接片等连接而成,其整体结构与传动链相似;但动力传递不是使用链轮,而是使用带轮。承载钢片的作用与范道尔纳钢片的作用相同,用以与带轮的锥形盘接触,利用摩擦传递动力。承载钢片的形状如图 3-65(b)所示,两侧面为摩擦接触面,中间两个矩形孔的上下内表面形成剃刮面。铰接钢片相互交错插入承载钢片的矩形孔内,由销钉将铰接钢片连接。带轮与承载钢片摩擦的作用力经销钉传递给铰接钢片,对后面的链带形成拉力。当铰接链运动到弯曲处,由于销钉随之出现转动,可平滑吸收铰接链的角度变化。铰接片上的突起部分用于挟持承载钢片,以防止当承载钢片与带轮接触时出现倾倒。其不足之处是铰接片与销钉易出现磨损而产生较大噪声。

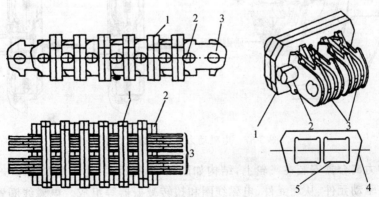

1—承载钢片；2—销钉；3—铰接钢片；4—接触面；5—剃刮面

图 3-65　鲍格瓦纳型链式传动带

2.无级变速器的结构和控制装置

无级变速机构只能实现传动比连续变化,而不能实现动力传递中断和动力传递方向的变换。因此无级变速器一般由起步装置、前进挡和倒挡转换机构、无级变速机构以及变速控制系统(电子、液压控制系统)组成。

(1)起步装置

起步装置的作用是保证停车时切断动力,行驶时传递动力。在无级变速器中一般采用液力变矩器、电磁动力离合器和湿式液压驱动离合器三种形式。

1)液力变矩器采用与自动变速器(AT)相同的结构形式,具有起步扭矩大、坡度起步性能好等优点。传动结构简图如图 3-66 所示。

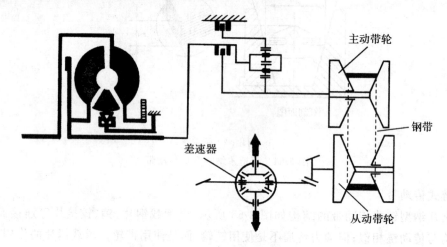

图 3-66　液力变矩器式布置结构简图

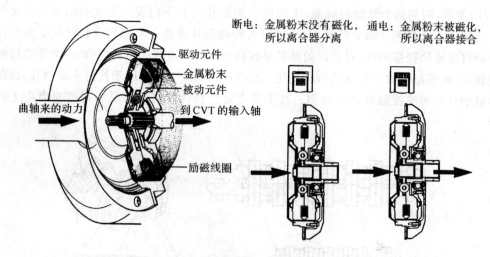

图 3-67　电磁动力离合器结构简图

2)电磁动力离合器安装在飞轮上,结构如图 3-67 所示,具体布置如图 3-68 所示。电磁动力离合器由驱动元件、从动元件、电磁线圈和扭转减振器等组成。电磁线圈置于从动元件中,在主动元件与从动元件间有电磁粉末。当电磁场线圈通电,主、从动件间的电磁粉受磁力线作用磁性固化,其固化程度随线圈励磁电流的大小变化,从而改变主、从动件的接合力,实现动力渐变传递。电流大,离合器传递转矩能力高;电流消失,接合力消失。电磁离合器的动作依汽车的设定模式变化,起步时,随加速踏板的动作,发动机转速相应增加,电磁离合器的励磁电流加大,接合力增强。由于没有蠕动,为了在缓坡上停住车,应设定仍有少量电流以维持部分转矩传递以使汽车停止或缓进。

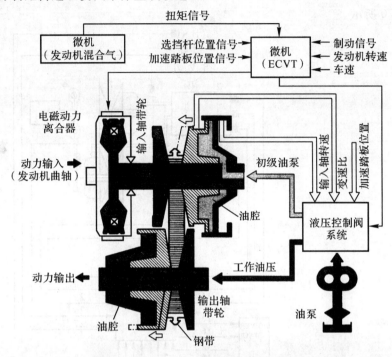

图 3-68　电磁动力离合器布置结构简图

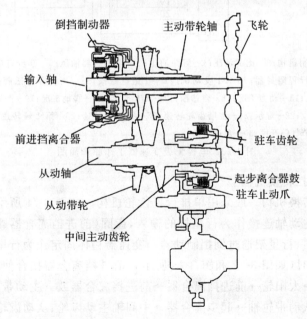

图 3-69　起步离合器布置结构简图

3)湿式液压驱动离合器也被称为起步离合器,位于变速器输出端,其结构如图3-69所示。该设计可使汽车在停止时也能自动调整变速比。在汽车急停、急减速后,带轮能迅速恢复低速大转矩状态。另外,通过采用计算机对液压系统的主油压力、控制压力和离合器工作压力进行控制,提高了自动变速器的控制自由度。带有起步离合器的无级变速器电子控制系统如图3-70所示。

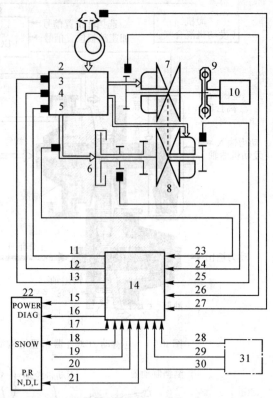

1—油泵;2—油压控制机构;3—比例油压;4—管路油压;5—23-离合器油压;6—起步离合器;7—第1棘轮;8—第2棘轮;9—长行程阻尼器;10—31-发动机;11—管道电磁阀;12—离合器电磁阀;13—比例电磁阀;14—传动系电控单元;15—动力工况;16—自诊断;17—A/C信号;18—雪地工况;19—制动开关;20—动力工况开关;21—变速挡位;22—显示;24—宝塔齿轮转速;25—第2轴转速;26—第1轴转速;27—传动系油温;28—急速开关;29—节气门开度;30—急速升高

图3-70 电控无级变速器工作原理简图

(2)前进挡和倒挡转换机构

前进挡和倒挡转换机构一般采用单排行星齿轮机构。如图3-71所示,行星齿轮机构中的太阳轮与输入的主动轴连接作为行星排的输入,齿圈(前进挡离合器毂)与主动带轮轴连接作为行星排的输出,行星架通过倒挡制动器与变速器箱体固定作为行星排固定件。

在D,S,L挡位时(如图3-72和图3-73所示),前进挡离合器接合使单排行星齿轮机构实现动力从主动轴→太阳轮→前进挡离合器→前进挡离合器鼓→主动带轮轴→主动带轮→钢带→从动带轮→从动带轮轴→起步离合器→中间轴主动齿轮、从动齿轮和主减速器输出。

在R挡位时(如图3-74和图3-75所示),倒挡制动器接合使单排行星齿轮机构实现动力从主动轴→太阳轮→行星轮→齿圈(前进挡离合器毂)→主动带轮轴→主动带轮→钢带→从动带轮→从动带轮轴→起步离合器→中间轴主动齿轮、从动齿轮和主减速器输出。

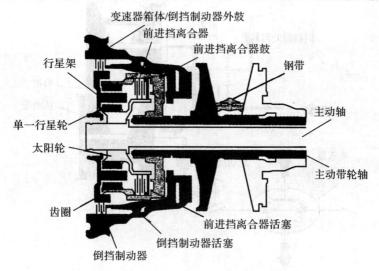

图 3-71　CVT 中前进和倒挡转换机构结构简图

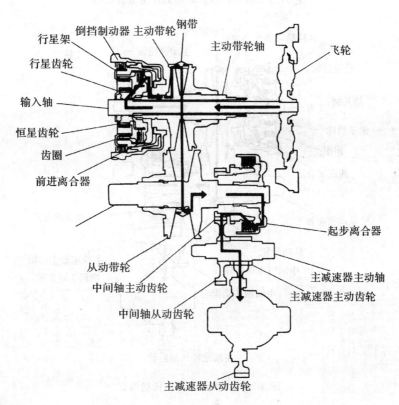

图 3-72　D,S,L 挡位时动力传递流程

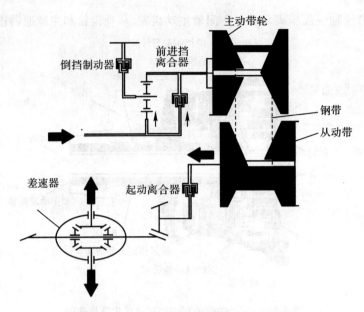

图 3-73　D,S,L 挡位时动力传递流程简图

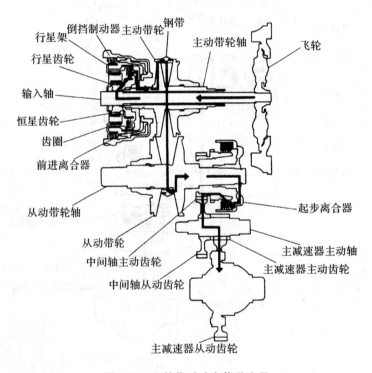

图 3-74　R 挡位时动力传递流程

（3）无级变速机构

　　无级变速机构也被称为速比变换器。其速比和传动带夹紧力的控制有两种结构形式，一是速比和夹紧力同时控制的单活塞传统结构（如图 3-76(a)所示），二是速比和夹紧力分开控制的双活塞结构（如图 3-76(b)所示）。如图 3-77 所示为 01J CVT 的速比变换器，采用了双活塞、液压—机械转矩传感器结构布置，主要由主动锥形链轮、传动金属链和从动锥形链

轮组成。图中的转矩传感器根据传递的扭矩控制压力缸的压力；压力缸用于保证传动链轮面与传动链之间的正常接触压力，使传动链不打滑；分离缸则用于调整速比变化。

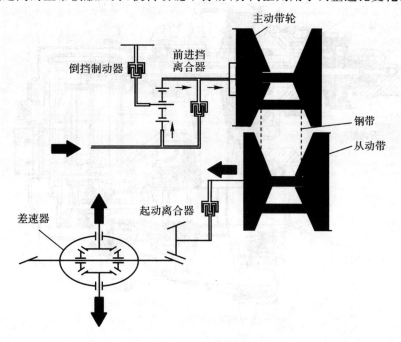

图 3-75 R 挡位时动力传递流程简图

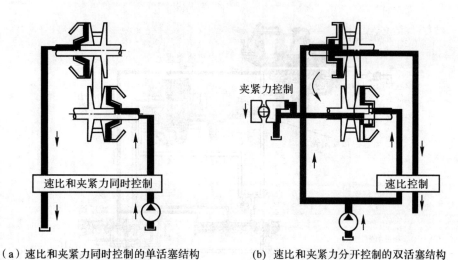

（a）速比和夹紧力同时控制的单活塞结构　　　　（b）速比和夹紧力分开控制的双活塞结构

图 3-76 速比和传动带夹紧力控制结构简图

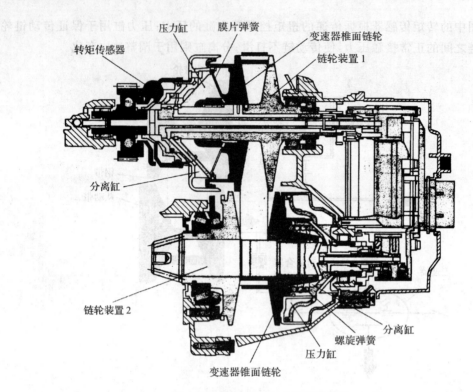

图 3-77　双活塞速比变换器结构图

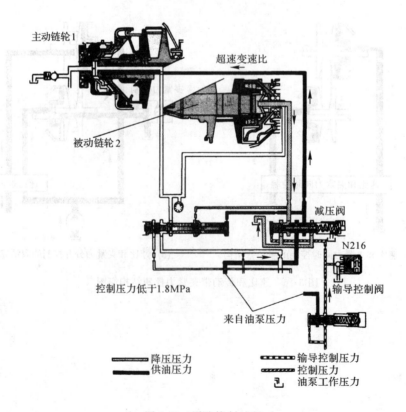

图 3-78　增速控制过程

在高速行驶时(如图 3-78 所示),变速控制系统使主动链轮 1 的分离缸增压,被动链轮 2 的分离缸泄压,因此主动链轮 1 的直径增大而被动链轮 2 的直径变小,传动比减小,实现增速。

在低速行驶时(如图 3-79 所示),变速控制系统使主动链轮 1 的分离缸泄压,被动链轮 2 的分离缸增压,因此主动链轮 1 的直径变小而被动链轮 2 的直径增大,传动比增大,实现减速。

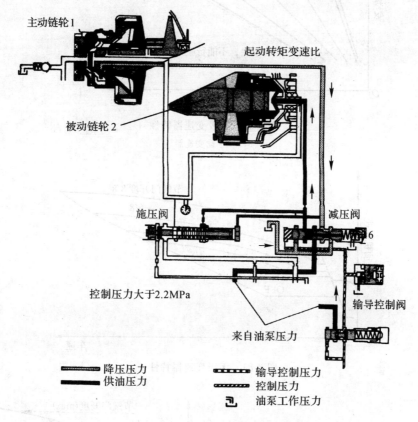

图 3-79 减速控制过程

3.无级自动变速器与有级变速器的特性比较

普通齿轮式变速器具有几个固定的变速比,发动机转速和汽车速度与各齿轮变速比成单纯的比例关系,如图 3-80 所示。

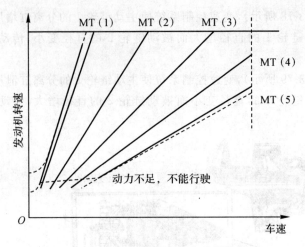

图 3-80　有级变速器特性

MT—手动变速器

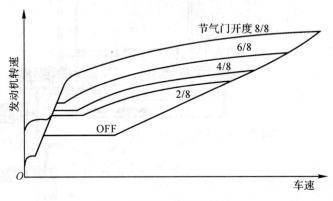

图 3-81　无级变速器特性

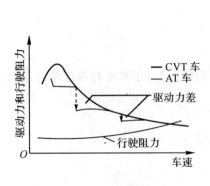

图 3-82　牵引性能的比较

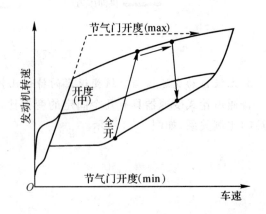

图 3-83　加速时车速的变化

　　CVT（无级变速器）只在最低速侧与最高速侧具有确定的传动比，而在中间区域可以选择任意的传动比。对于具体的运行状态，究竟选择什么传动比要根据具体的图形而确定。

　　对于有级变速器只能一步一步地升挡或降挡，发动机转速随着每个相应的挡位都会出现高、低转速的变化。而使用无级变速器的发动机转速保持在最小控制转速范围内,可使汽车速度在很宽的范围内连续变化,如图 3-81 所示。

有级变速器是切断动力换挡,换挡时离合器必须分离,油门随之减小,换入新挡后离合器再接合,油门再相应增大。这样,不仅损失了很多加速能力,而且扩大了发动机转速激烈变化的范围,加剧了非稳定工作程度,从而使发动机的动力性和经济性指标进一步恶化,换挡平顺性、舒适性下降。无级变速器则可保持在油门不变的情况下,通过调节 CVT 的传动比改变车速,必而达到道路负荷与发动机功率的平衡。在变换传动比时,随动的工作点在牵引性能图上无任何换挡跳跃点或功率损失,这一点通过如图 3-82 所示的曲线比较可得到认识。图 3-83 示出了突然加速结束,节气门开度急剧变化,发动机转速上升,而汽车速度平稳提高。

无级传动很受非职业驾驶员的欢迎,其主要原因是它总是按照驾驶员的意图,通过油门和反馈回来的转速,控制发动机在最佳工作位置工作,正常行驶时发动机转速低且稳定,在车速变化大的道路行驶时,也不会出现频繁换挡和换错挡。而当车爬坡时,只要猛踩油门,CVT 会自动增加传动比,其发动机立刻达到最大功率点,此时动力性最佳。

实训题

实训 3-1 辛普森行星齿轮机构拆检

1. 实训目的与要求

(1)了解辛普森行星齿轮机构的结构特点和传动路线;

(2)掌握辛普森行星齿轮机构拆装与检修的方法。

2. 实训仪器设备

(1)A140E 自动变速器;

(2)拆装工具。

3. 实训内容与操作

(1)分解自动变速器,认识传动机构的名称、安装位置与作用

1)拆下油盘、阀体总成等外部零部件;

2)拆下油泵;

3)按资料的内外部分解图分解零部件。

(2)根据各挡位执行元件工作情况的观察,分析传动路线

(3)检查执行元件技术状况

(4)按要求组装自动变速器

(5)按分解的相反步骤进行组装

4. 注意事项

(1)保持工量具清洁和零部件清洁;

(2)拆装时应注意顺序;

(3)单向离合器不要装反;

(4)组装时,运转部位应添加自动变速器油。

5.实训报告

(1)简述辛普森式自动变速器拆装步骤;

(2)根据自动变速器的结构,画出其动力传动路线简图。

实训 3-2 拉维娜行星齿轮机构拆检

1.实训目的与要求

(1)了解拉维娜行星齿轮机构的结构特点和传动路线;

(2)掌握拉维娜行星齿轮机构拆装与检修方法。

2.实训仪器设备

(1)F4A23,01N 或 01M 自动变速器;

(2)拆装工具一套;

(3)资料或挂图。

3.实训内容与操作

(1)分解自动变速器,认识传动机构的名称、安装位置与作用

1)拆下油盘、阀体总成等外部零部件;

2)拆下油泵;

3)按资料的内外部分解图分解零部件。

(2)根据各挡位执行元件的工作情况,观察、分析传动路线

(3)检查执行元件技术状况

(4)按要求组装自动变速器

(5)按分解的相反步骤进行组装

4.注意事项

(1)保持工量具清洁和零部件清洁;

(2)拆装时应注意顺序;

(3)单向离合器不要装反,注意单向离合器的安装要领;

(4)组装时,运转部位应添加自动变速器油。

5.实训报告

(1)简述拉维娜式自动变速器拆装步骤;

(2)根据自动变速器的结构,画出其动力传动路线简图。

实训 3-3 双行星排组合传动机构拆检

1.实训目的与要求

(1)了解双行星排组合式传动机构的结构特点和传动路线;

(2)掌握其拆装与检修方法。

2.实训仪器设备

(1)F4A4 系列自动变速器;

(2)拆装工具;

(3)资料或挂图。

3.实训内容及操作

(1)分解自动变速器,认识传动机构的名称、安装位置与作用

1)拆下油盘、阀体总成等外部零部件;

2)拆下油泵;

3)按内外部分解图分解零部件。

(2)根据各挡位执行元件的工作情况,观察、分析传动路线

(3)检查执行元件技术状况

(4)按要求组装自动变速器

(5)按分解的相反步骤进行组装

4.注意事项

(1)保持工量具清洁和零部件清洁;

(2)拆装时应注意顺序;

(3)组装时,运转部位应添加自动变速器油。

5.实训报告

(1)简述 F4A4 系列自动变速器的拆装步骤;

(2)根据自动变速器的结构,画出其动力传动路线简图。

实训 3-4　换挡执行机构的检修

1.实训目的与要求

(1)了解换挡执行机构(离合器、制动器、制动带和单向离合器)的结构与工作原理;

(2)掌握换挡执行机构拆装与检修的方法。

2.实训仪器设备

(1)离合器总成,制动器总成,制动带总成带变速箱壳体;

(2)塞尺、千分表及磁性表座;

(3)深度游标卡尺或游标卡尺;

(4)盛油盆,自动变速器油;

(5)拆装工具一套,吹尘枪,气泵。

3.实训内容及操作

(1)片式离合器结构认识与拆检

1)拆装片式离合器;

2)间隙检查与调整;

3)单向阀密封性检查。

(2)带式制动器结构认识与拆检

1)拆装带式制动器;

2)间隙检查与调整。

(3)片式制动器结构认识与拆检

1)拆装片式制动器;

2)间隙检查与调整。

(4)单向离合器结构认识与检查

1)认识单向离合器的类型:滚柱斜槽式、楔块式和棘轮式;

2)检查单向离合器。

4.注意事项

(1)保持工量具清洁和零部件清洁;

(2)注意所有O型密封圈及轴颈上的密封环应更换新件,且装入时应涂上少许液压油。

5.实训报告

(1)阐述片式离合器拆装过程和检修要点;

(2)阐述片式制动器器拆装过程和检修要点。

复习思考题

3-1 简单的行星齿轮传动机构有哪些特点?

3-2 离合器的功用是什么?它由哪些主要零件组成?简述其工作原理。

3-3 制动器的功用是什么?带式、片式制动器主要由哪些机件组成?

3-4 超越离合器的功用是什么?常见的结构形式有哪几种?

3-5 辛普森行星齿轮传动机构有哪些特点?

3-6 辛普森行星齿轮传动原理中,从动力传输流程中可以发现,B_2 制动器在 3 挡时,没有对动力传输产生影响,可是从元件工作表中又发现制动器 B_2 在 3 挡工作时是工作的。既然对动力传输没有影响,请分析制动器 B_2 在 3 挡时为什么需要工作?

3-7 辛普森行星齿轮传动原理中,根据 L 位置动力传输流程,分析汽车起步时有没有必要将挡位挂入 L 位置?若有,什么时候最好挂入 L 位置起步?

3-8 辛普森行星齿轮传动原理中,根据动力传输流程分析当离合器 C_2 打滑时,变速器出现的现象?在路试中如何判断离合器 C_2 是否打滑?

3-9 拉维娜行星齿轮传动机构有哪些特点?

3-10 片式离合器内的单向阀没有安装会产生什么不良后果?说明理由。

3-11 单向离合器打滑会产生什么后果?说明理由。单向离合器卡死呢?

3-12 组装离合器(片)时应注意哪些环节?

3-13 离合器间隙过大或过小会产生什么不良后果?说明理由。

3-14 如果离合器 C_0 不能接合,请问 A140E 变速器能传递动力吗?说明理由。

3-15 如果制动器 B_3 不能接合,请问 A140E 变速器能传递动力吗?说明理由。

3-16 如果离合器 C_0 不能接合,而制动器 B_0 一直接合,请分析 A140E 的动力传递过程。

第 4 章
液压控制自动变速器

本章要点：

1. 液控自动变速器的组成和工作原理；
2. 液压系统调压、换挡过程、换挡品质部分组成及控制原理；
3. 换挡控制过程及油路分析。

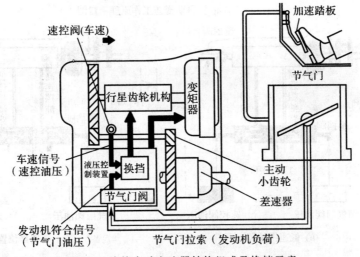

图 4-1　液控自动变速器结构组成及换挡示意

4.1　概述

　　液压控制自动变速器是将节气门开度、车辆行驶速度通过节气门阀、速控液压阀转换成液压控制信号，进而控制换挡阀变换挡位。主要由液力变矩器、传动机构（行星齿轮组）以及液压控制装置组成，如图 4-1 所示。其中液压控制装置根据其功能可分成：①供油与调压系统；②控制参数信号转换机构；③换挡控制机构；④换挡品质控制机构。

　　液控自动变速器要实现自动换挡必须符合以下三个条件：①手动阀位置；②节气门开度（负荷）；③汽车速度。手动阀位置控制主油路，节气门开度通过节气门阀转换成节气门油压，汽车速度通过速控阀转换成车速油压，分别作用在换挡阀两端（见图 4-2(a)），控制换挡阀移动，把手动阀控制的主油路油液切换进入相应的换挡执行机构，实现不同挡位的自动变换。当车速较低、节气门开度较大时，车速油压低、节气门油压高，换挡阀右移，主油路与低速挡油路接通，汽车于低速挡行驶（见图 4-2(b)）。随着车速增加、车速油压增大，换挡阀左移，主油路与高速挡油路接通，汽车行驶于高速挡（见图 4-2(c)）。

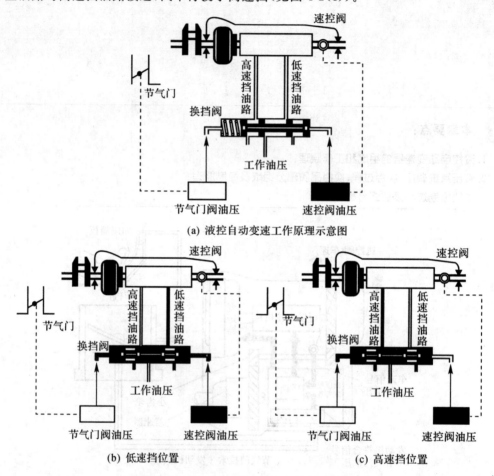

(a) 液控自动变速工作原理示意图

(b) 低速挡位置　　　　　　　　　　　　　　(c) 高速挡位置

图 4-2　液控自动变速器工作过程示意图

4.2　供油与调压系统

　　供油与调压系统主要包括液压泵、各种压力调节阀。其作用是向变速器各部件提供具有一定油压、足够流量、合适温度的液压油。

4.2.1　供油系统

供油系统的主要作用是向控制机构和换挡执行机构提供压力油以完成换挡,为液力变矩器提供传动介质,向行星齿轮机构等运动部件提供润滑油。供油系统主要包括以下几个部件:液压泵、滤清器、油箱。

1.液压泵

液压泵是变速器所有油流的动力源,一般由液力变矩器轮毂驱动。因此,只要发动机一运转,液压泵就开始泵油。液压泵根据结构可分为齿轮式、转子式和叶片式三种类型。根据输出液压油的流量是否可变,液压泵分为定量泵和变量泵。由于自动变速器的液压系统属于低压系统,其工作油压通常不超过 2MPa,所以应用最广泛的是齿轮泵。

在自动变速器中使用的齿轮式和转子式液压泵一般为定量泵。由于它们输出的油量仅与液压泵的转速成正比,因而在转速一定时其输出油量保持不变。如果液压泵的输出流量大于变速器液压系统的需要,则由调压阀泄掉多余的油液,否则油压过高将会导致变速器损坏。显然,在不需要较高油压时,如果定量液压泵仍然不断有输出,就会造成能量浪费。为此,在自动变速器中开始广泛采用变量泵。

(1)内啮合齿轮泵

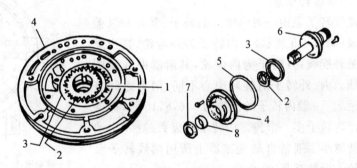

1—月牙形隔板;2—驱动齿轮(外齿轮);3—被动齿轮(内齿轮);4—泵体;5—密封环;6—固定支承;7—油封;8—轴承

图 4-3　内啮合齿轮泵结构

内啮合齿轮泵主要由外齿齿轮、内齿齿轮、月牙形隔板、泵壳、泵盖等组成,如图4-3所示。液压泵的齿轮紧密地装在泵体的内腔里,外齿齿轮为主动齿轮,内齿齿轮为从动齿轮,两者均为渐开线齿轮;月牙形隔板的作用是将外齿齿轮和内齿齿轮隔开。内齿齿轮和外齿齿轮紧靠着月牙形隔板,但不接触,有微小的间隙。泵体是铸造而成的,经过精加工,泵体内有很多油道,包括进油口和出油口,有的还有阀门或电磁阀。泵盖也是一个经过精加工的铸件,也有很多油道。泵盖和泵体用螺栓连接在一起。

内啮合齿轮泵的工作原理如图 4-4 所示。月牙形隔板将内齿轮与外齿轮之间空出的容积分隔成两个部分。在齿轮旋转时,轮齿由啮合到分离的那一部分,其容积由小变大,称为吸油腔;齿轮由分离进入啮合的那一部分,其容积由大变小,称为压油腔。由于内外齿轮的齿顶和月牙形隔板的配合是很紧密的,所以吸油腔和压油腔是互相密封的。当发动机运转时,变矩器壳体后端的轴套带动小齿轮和内齿轮一起朝图 4-4 所示的顺时针方向运转。此时在吸油腔内,由于外齿轮和内齿轮不断退出啮合,容积不断增加,以致形成局部真空,将油盘中的液压油从进油口吸入,且随着齿轮旋转,齿间的液压油被带到压油腔;在压油腔,由于外齿轮和内齿轮不断进入啮合,容积不断减少,将液压油从出油口排出,油液就这样源源不断地输往液压系统。

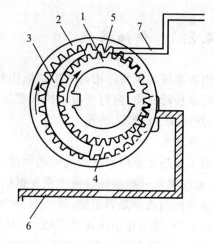

1—外齿轮;2—内齿轮;3—月牙形隔板;4—吸油腔;
5—压油腔;6—进油道;7—出油道

图 4-4　内啮合齿轮泵工作原理

油泵的理论泵油量等于油泵的排量与油泵转速的乘积。内啮合齿轮泵的排量取决于外齿齿轮的齿数、模数及齿宽。油泵的实际泵油量会小于理论泵油量,因为油泵的各密封间隙处有一定的泄漏,其泄漏量与间隙的大小和输出压力有关。间隙越大,压力越高,泄漏量就越大。

内啮合齿轮泵是自动变速器中应用最为广泛的一种油泵,它具有结构紧凑、尺寸小、重量轻、自吸能力强、流量波动小、噪音低等特点。各种丰田汽车的自动变速器一般都采用这种油泵。

（2）摆线转子泵

摆线转子泵由一对内啮合的转子、泵壳和泵盖等组成（如图4-5所示）。内转子为外齿轮,其齿廓曲线是外摆线;外转子为内齿轮,其齿廓曲线是圆弧曲线。内、外转子的旋转中心不同,两者之间有偏心距 e。一般内转子的齿数为4,6,8,10等,而外转子比内转子多一个齿。内转子的齿数越多,出油脉动就越小。通常自动变速器上所用摆线转子泵的内转子齿数都是10个齿。

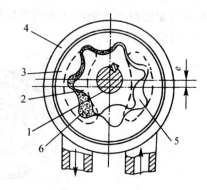

1—驱动轴;2—内转子;3—外转子;4—泵壳;
5—进油腔;6—出油腔

图 4-5　摆线转子泵

发动机运转时,带动油泵内外转子朝相同的方向旋转。内转子为主动齿,外转子的转速比内转子每圈慢一个齿。内转子的齿廓和外转子的齿廓是一对共轭曲线,它能保证在油泵运转时,不论内外转子转到什么位置,各齿均处于啮合状态,即内转子每个齿的齿廓曲线上总有一点和外转子的齿廓曲线相接触,从而在内转子、外转子之间形成与内转子齿数相同个数的工作腔。这些工作腔的容积随着转子的旋转而不断变化,当转子朝顺时针方向旋转时,内转子、外转子中心线的左侧的各个工作腔的容积由大变小,将液压油从出油口排出。这就是转子泵的工作过程。

摆线转子泵的排量取决于内转子的齿数、齿形、齿宽以及内外转子的偏心距。齿数越多,齿形、齿宽及偏心距越大,排量就越大。

摆线转子泵是一种特殊齿形的内啮合齿轮泵,它具有结构简单、尺寸紧凑、噪音小、运转平稳、高速性能良好等优点;缺点是流量脉动大、加工精度要求高。

（3）叶片泵

叶片泵由定子、转子、叶片、壳体及泵盖等组成,如图4-6所示。转子由变矩器壳体后端的轴套带动,绕其中心旋转;定子是固定不动的,转子与定子不同心,两者之间有一定的偏心距。

当转子旋转时,叶片在离心力或叶片底部的液压油压力的作用下向外张开,紧靠在定子内表面上,并随着转子而转动,在转子叶片槽内做往复运动。这样在每两个相邻叶片之间便形成密封的工作腔。如果转子朝顺时针方向旋转,在转子与定子中心连线的左半部的工作腔容积逐渐减小,将液压油从出油口压出。这就是叶片泵的工作过程。

叶片泵的排量取决于转子的直径、宽度及转子与定子的偏心距。转子的直径、宽度及转子与定子的偏心距越大,叶片泵的排量就越大。

叶片泵具有运转平稳、噪音小、泵油油量均匀、容积效率高等优点,但它结构复杂,对液压油的污染比较敏感。

(4)变量泵

为了减少发动机的负荷和油耗,自动变速器的叶片泵开始大部分都设计成排量可变的形式(称为变量泵或可变排量式叶片泵)。这种叶片泵的定子不是固定在泵壳上,而是可以绕一个销轴作一定的摆动,以改变定子与转子的偏心距,从而改变油泵的排量。具体结构如图 4-7 所示。

其工作原理分析如下:在油泵运转时,定子的位置由定子侧面控制腔内来自反馈油道 9 的反馈油压来控制。当油泵转速较低时,泵油量较小,油压调节阀将反馈油路关小,使反馈压力下降,定子在回位弹簧的作用下绕销轴向顺时针方向摆动一个角度,加大了定子与转子的偏心距,油泵的排量随之增大。当油泵转速增高时,泵油量增大,出油压力随之上升,使控制腔内的反馈油压上升,定子在反馈油压的推动下绕销轴朝逆时针方向摆动,定子与转子的偏心距减小,油泵的排量也随之减小,从而降低了油

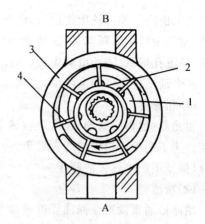

1—转子;2—定位环;3—定子;4—叶片;
A—进油口;B—出油口

图 4-6　叶片泵

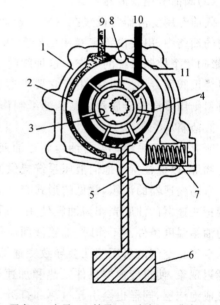

1—泵壳;2—定子;3—转子;4—叶片;5—进油口;6—滤网;7—回位弹簧;8—销轴;9—反馈油道;10—出油口;11—卸压口

图 4-7　变量泵

泵的泵油量,直到出油压力降至原来的数值。可见,变量泵的泵油量在发动机转速超过某一数值后就不再增加,保持在一个能满足油路压力的水平上,从而减少了油泵在高转速时的运转阻力,提高了汽车的燃油经济性。

2.滤清器

自动变速器由于液压系统零件的高精密度及工作性能的高灵敏度,使其对油液的清洁

程度要求极高。经过长期使用后,由于油液变质、零件磨损颗粒、摩擦衬面剥落、密封件磨损脱落、空气中的尘埃颗粒,以及其他污物都可能使油液污染,而导致各种故障的发生,如滑阀受卡、节流孔堵塞、随动滑阀失灵,因此,应采用多种措施对油液进行严格过滤。

在自动变速器供油系统中,通常设有三种形式的滤油装置。

(1)粗滤器

粗滤器(也称集滤器)通常装在油泵的吸油管端,用以防止大颗粒或纤维杂物进入供油系统。为了避免出现吸油气穴现象,一般采用 $80\sim110\mu m$ 的金属丝网或毛织物作为滤清材料,以保证不产生过大的降压。

(2)精滤器

精滤器通常设置在回油管道或油泵的输出管道上,它的作用是滤去油液中的各种微小颗粒,提高油液的清洁度,避免颗粒杂物进入控制系统。因此,要求精滤器有较高的过滤精度。例如,有的重型自动变速器的精滤器的过滤精度为 $40\mu m$,保证大于 0.04mm 的颗粒杂物不能进入控制系统。这样,油液必须在压力状态下通过精滤器,并产生一定的压降。在某些复杂的重型车辆和工程车辆中,常设计有专用的旁路式精滤器,并用一个专用的油泵来驱使油液通过精滤器。

(3)阀前专用滤清器

阀前专用滤清器常设置在一些关键而精密的控制阀前。例如,在双边节流的参数调压阀前的油路中,串接设置有专用的阀前滤清器,以防止杂质进入节流孔隙处造成调压阀失灵,影响整个控制系统的工作。这种阀前滤清器应尽量设置在接近于被保护的控制阀处,并且只为该阀所专用。通常,由于它要求通过的流量不大,这种滤清器的尺寸都做得很小,过滤材料则用多层的金属丝或微孔滤纸制作而成。

3.油箱

所有的液压系统都要有油箱储存油液,并散发油中热量,逸出混在油中的气体、沉淀油中污物等,以保证持续地向液压系统提供油液。

自动变速器的油箱,常见的形式有总体式和分离式两类。前者与自动变速器连成一体,直接把变速器的油底壳作为油箱使用。后者则分开独立布置,由管道与变速器连通。在正常的油箱温度条件下工作时,油箱液面应保持正确的高度。油面过低,则油泵在吸油时可能吸入空气。空气的可压缩性会导致变速器难以正常工作,并且使换挡过程中出现打滑和接合延迟现象,使得变速器机件发热和加速磨损。反之,若油面过高,则将因齿轮等零件搅拌而形成泡沫层,同样也会引起过热和打滑,加速油液的氧化。正确的液面高度根据冷态和热态时不同的标尺刻度进行检查。泵的吸油口应低于最低油面高度,以防吸入空气。

此外,一般油箱还应有个通气孔,以保证油箱内正常的大气压。

4.2.2 调压系统

自动变速器在不同工况下,要求供油系统能够提供不同油压和流量的油液,比如在低速时应提供足够的液压保证离合器、制动器不打滑,正常传递动力;而在高速时,防止油压过高,以减少发动机的负荷和换挡冲击。因此,要求供油系统提供给各部分的油压和流量应是可以调节的。自动变速器中需要压力调节的油路主要有主油路、变矩器补偿油路以及润滑油路。

1. 系统主油压调节

系统主油路压力调节或系统主油压调节的主要作用是按照不同的运转条件,把液压泵产生的液流压力(主油路油压)控制在一个合适的范围。按传动系统的不同设计,通常都把主油压调节在 410～1930kPa。在不同的工况下,对主油路油压的一般要求也不同,即:①主油路油压随油门(负荷)而变化,大油门(重负荷)时,主油路油压高;②随挡位而变化,倒挡时主油路油压较前进挡高。

(1)典型的系统主油压调节

图 4-8 所示为典型的系统主油压调节装置。其调压原理如下:来自油泵的压力油自 1 口导入调压阀,同时也自 2 口经过限流隙孔进入调压阀芯上端的上腔室内,此腔室内的油压产生推动调压阀芯向下移动的趋势;在滑阀芯下端的调节弹簧、倒挡油压及节气门阀油压则具有推动调压阀芯向上移动的趋势。若在某时刻调压阀芯上端腔室油压(即油泵的输出油压力)产生的推动调压阀芯下移的总力大于调压阀芯下端推动总力时,将使调压阀芯下移增大泄油口 3,油液即由此泄油,主油压降低;若某时刻的调压阀芯下端推动总力增大,将使调压阀芯向上移动,使泄油口 3 减少,油泵则输出更高的油压。图4-8中限流隙孔 2 的作用是限制液流因过猛流通产生冲击,从而起到缓冲的作用。系统主油压的大小主要由以下 3 个部分调节确定。

S_a ——调压阀芯在 a-a 处的横截面积
S_b ——增压滑块在 b-b 处的横截面积
S_c ——增压滑块在 c-c 处的横截面积

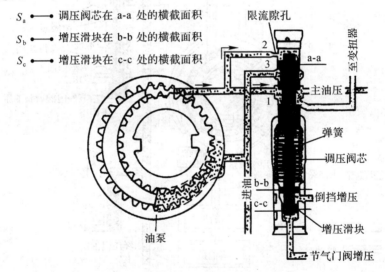

图 4-8　典型的系统主油压调节装置

1)基本油压调节

在推动滑阀芯上移的总力中,弹簧弹力是基本力,改变此弹簧的弹性刚度可以调整油泵输出的基本油压。弹簧弹力越大,系统主油压就越高。

2)节气门油压调节

节气门油压过节气门阀增压油路导入到调压阀芯的下部,在发动机负荷增大时,节气门油压也相应增大,从而使系统主油压也相应地增加,适应于置挡机构能够传输更大扭矩的需要。

3)倒挡油路调节

仅在倒车时,倒挡油路自动把主油路油压介入到调压阀芯的下部,从而自动地提高系统主油压。因为汽车在前进行驶时,发动机—液力变扭器与变速箱输出轴都是按相同方向顺时针转动的,此时与前进挡有关的置挡执行机构传输相同扭矩。例如减速比为 r 时,只需要传输$(r-1)$倍扭矩;但在倒车行驶时,因发动机—变扭器与变速箱输出轴的方向相反,其与倒车挡有关的置挡执行机构必须传输相反方向,即$(r+1)$倍扭矩,此时需要更大的液油压力来提高其传输扭矩能力。

以上节气门阀油压和倒挡油压自动调节主油压的性能,可以使油泵只在需要时才输出高油压,而在不需要时输出较低油压,这将减少油泵的大负荷运转时间,降低其所消耗的发动机功率,减少燃油消耗,并提高其耐用性和变速器的变速换挡性能。

(2)变量泵的主油压调节

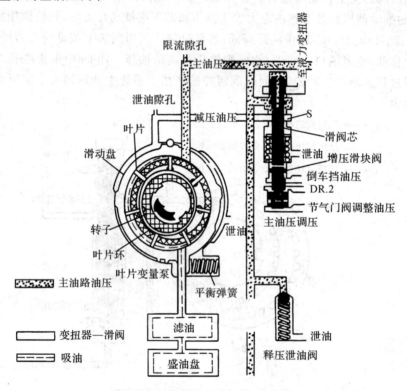

图 4-9 变量泵的主油压调压装置

图 4-9 所示为变量泵的主油压调压装置,图中的滑阀芯在油量、油压过高时下移微开 S口,使压力油进入变量泵的左部腔室,形成对抗于右部平衡弹簧的力量,从而推动变量泵滑动盘(定子)稍向右移,减少其输出油量、油压。图中的释压泄油阀(溢流阀)的作用是在油压过大、超过规定时,释压泄油阀自动打开泄油、减压。

综上所述,可将调压阀的动作归纳如下:

1)调压阀在其滑阀芯上部腔室内的油压力对抗于下部弹簧力加上节气门阀油压力和倒挡油压力的过程中,力求在调压阀 S 口若闭、若开状态下调节变量泵输出油量,维持符合于需要的输出油压。

2)当汽车在大油门开度、大负荷时,节气门阀压力增大,S 口开启小、泵输出油量增大,相应地提高了主油路油压。

3)在汽车倒挡时,倒挡油压减少了 S 口开启度、增加了泵输出油量,相应地提高了主油路油压。

4)调整调压阀中弹簧的弹力可将系统主油压调整在需要的规定值内。弹簧弹力大,系统主油压就高。

5)在主油路中的油压、油量过大时,释压泄油阀自动开启泄油,保护液压系统不致在过高油压下受到损害。

2. 液力变矩器补偿油压——润滑油压

液力变扭器正常工作时必须充满液油,而变矩器内液油在工作过程中会升温,因此内部的液油需要流到冷却器进行冷却。此外,自动变速器的一些运动部件需要压力润滑,而润滑油压一般采用经主调压阀调整输出后的补偿油压。目前,液力变矩器补偿——冷却—润滑油路通常称为变扭器油路,主要有以下两种方式:

(1)主调压阀→补偿油压→变矩器→冷却器→润滑油路→油箱

(2)主调压阀→补偿油压┌变矩器→冷却器→油箱
　　　　　　　　　　　└润滑油路→油箱

自动变速器油自主调压阀输出后分为两路,其中一路是流至手动阀的主油路,另一路则进入变扭器油路,如图 4-10 所示。由主调压阀产生的补偿油压直接进入变扭器,过冷却器进行冷却后至润滑油路润滑自动变速器的运转部件。注意,图中变扭器出口处的限流隙孔的作用是把液流压力降低后再进入冷却器,因为有些冷却—润滑油路只需要 70～100kPa 的油压。旁通阀的作用是保证冷却器即使堵塞也有液油进入润滑油路。

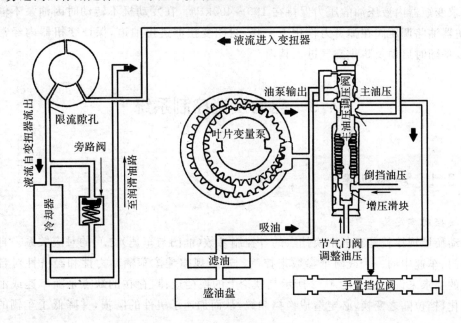

图 4-10　典型的变扭器油路

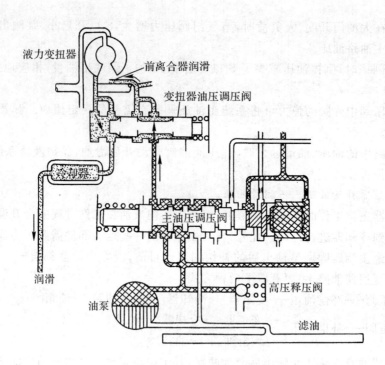

图 4-11　带变扭器油路调压阀

　　图 4-11 所示为某些变扭器油路中专门安装了一个液力变扭器油路调压阀,这个调压阀的作用是把主油压调压阀输送来的液流压力调低后再分别进入液力变扭器、冷却器和润滑油路。增加这个变扭器油路调压阀可以更可靠地把变扭器油路中的油压降低到恰当程度,一般要求变矩器内液压油的压力保持在 196~490kPa。在发动机不转动时因油泵不输出油压,变扭器油路调压阀在弹簧力作用下左移,封闭变扭器进出油道,保证变扭器内经常充满液油,以备随时启动及防止空气进入其内。

4.3　自动换挡控制系统

4.3.1　换挡规律

1.换挡规律定义

　　自动换挡规律就是在各个换挡点的各控制参数(油门与车速)之间的对应关系。自动换挡按油门、车速中的一个或两个参数来控制。这个规律是按车辆动力性和经济性对自动换挡系统的要求来设计的。图 4-12 所示是理论上的换挡规律,存在的缺点是随车速或油门的轻微变化,挡位随之变换,必定造成换挡频繁,从而加速了机件的磨损,并降低了车辆的行驶平顺性。

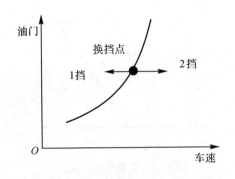

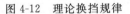

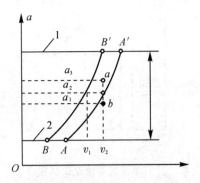

图 4-12　理论换挡规律　　　　　　　　　图 4-13　改进的换挡规律

为了保证车辆的行驶平顺性,应对换挡规律进行改进。如图 4-13 所示,曲线 AA' 为决定从 1 挡升入 2 挡的时刻,曲线 BB' 为决定从 2 挡降入 1 挡的时刻。

从图 4-13 可以看出:车辆在行驶中,如果稳定在某一油门开度下,当行驶阻力减少而车速增大至 AA' 曲线之右侧时,将实现自动升挡。反之,如果车速减小,以致进入 BB' 曲线之左侧时,将自动降挡。这样,我们可以看到在升、降挡间存在一定的重叠区。例如油门开度为 a_2 时,升挡点车速是 v_2,而降挡点车速是 v_1。车速为 $v_1 \sim v_2$,是两个排挡皆可工作的范围。车速差($\Delta v = v_2 - v_1$)称为降挡速差,意指降挡点滞后于升挡点。因此,降挡速差是自动换挡控制的一个必要条件。一般的自动变速器都有合理的降挡速差,以消除或减少不必要的换挡,提高行驶平顺性。

降挡速差的存在提供了干预换挡的可能性。例如,当油门开度为 a_3、车速在降挡速差范围内时(如图 4-13 中 a 点),假设这时变速器在 1 挡工作,如果司机急松油门,使油门开度为 a_1,这时由于惯性,车速几乎不变而油门油压已减少,换挡控制系统将自动换入 2 挡,若司机再将油门开度恢复至 a_3,则变速器将在 2 挡工作而实现干预升挡。反之,在降挡速差范围内,司机若能突然加大油门后再恢复原来油门开度则可实现干预降挡。

由此可见,在控制参数相同的情况下,升挡和降挡的换挡时刻是不同的。在同一节气门开度的条件下,降挡点的车速低于升挡点的车速,即有延迟。延迟的程度根据传动性质要求确定,由换挡机构的结构参数来保证。

2. 换挡规律类型

各种车辆的变速器,由于性能要求和设计特点不同,可以采用各种不同类型的换挡规律,主要有单参数等速差换挡、发散型换挡、收敛型换挡及组合型换挡等。采用何种换挡形式主要取决于车辆对各种性能的要求。

(1)单参数等速差换挡规律(见图 4-14)

单参数等速差换挡规律的特点是只有到达规定的车速才换挡,和油门开度无关。优点是控制系统结构较简单,但不能实现干预换挡,也难以兼顾动力性和经济性等要求,因此其只有在某些情况下才被采用。例如城市公共汽车,因行驶阻力变化不大,虽然经常改变油门开度,但也不会引起干预换挡,可减少换挡次数以改善舒适性。

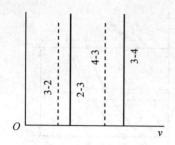

图 4-14 单参数等速差换挡规律图

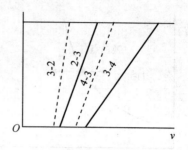

图 4-15 发散型换挡规律

(2)发散型换挡规律(见图 4-15)

发散型换挡规律的特点是降挡速差随油门开度增大而增大,呈发散型分布。这种换挡规律大多用于小客车或吨功率较高的车辆。这类车辆由于行驶阻力变化不大,故经常在小油门开度下工作,仅在起步和加速时用大油门开度。这种换挡规律的优点是:

1)可以实现干预换挡,使在小油门、低速行驶时就能用高挡工作。可降低发动机转速,有利于改善燃料经济性、减少噪声和振动,车辆行驶也比较平稳舒适。

2)在大油门时升挡车速高,发动机在高速接近最大功率点时换入高挡,动力性好。

(3)收敛型换挡规律(见图 4-16)

收敛型换挡规律的特点是降挡速差随油门开度增大而减少,呈收敛型分布。这种换挡规律比较适合于经常用大油门开度工作的重型车辆。这种换挡规律的优点是:小油门开度时降挡速差大,在好路面上以小油门开度工作时可以减少换挡次数。

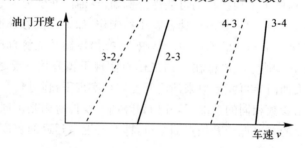

图 4-16 收敛型换挡规律

(4)组合型换挡规律(见图 4-17)

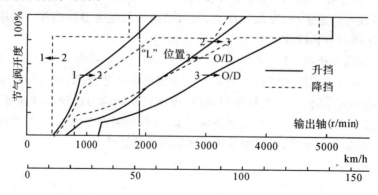

图 4-17 组合型换挡规律

组合型换挡规律由以上各种换挡规律组合而成,以便根据需要在不同油门开度下得到不同的换挡规律。一般组合型换挡规律的要求是小油门以达到舒适、噪音小、污染少为主;大油门则以动力性好为主;在中等油门下则要求有较好的经济性和满意的动力性。现代轿车自动变速器换挡规律一般都采用组合型换挡规律。

4.3.2　控制参数信号转换机构及油路

液控自动变速器由节气门开度(负荷)、汽车速度等控制参数信号转换成油压实现自动换挡,此外手动阀、超速挡选择开关等也会干预换挡。

1.油门调压阀

油门调压阀也称节气门调压阀,简称 TV 阀。把节气门开度(负荷)信号转换成油压,其控制的油路简称 TV 油路。油门调压阀按照发动机节气门阀开启程度输出相应的节气门油压,也是代表发动机扭矩负荷大小的油压信号,负荷大时,节气门油压大。其主要作用如下:

1)节气门油压信号控制主油压,使系统主油压随发动机负荷的增大而加大;

2)节气门油压信号控制自动换挡过程,与速度调压阀产生的油压一起控制变速器升挡、降挡或强行降挡的自动换挡动作;

3)节气门油压信号提高置挡或换挡动作的质量。

目前油门调压阀按其工作原理可分为真空式油门调压阀和机械式油门调压阀两种形式。

(1)真空式调压阀

真空式调压阀(TV 阀)根据发动机进气歧管内真空吸力程度输出相应大小的油压。由于进气歧管真空吸力是代表发动机负荷程度的可靠标志,这种阀输出的 TV 油压也准确地代表着发动机的负荷程度。

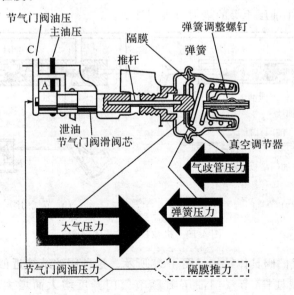

图 4-18　真空式调压阀的基本结构

图 4-18 所示为一种真空式调压阀的基本结构,图中左端是阀体和阀体中的滑阀芯,右端是真空调节器,两者之间由推杆连接。系统主油压自 A 口导入,节气门油压自 C 口输出。与主油压调压阀的动作相仿,油门调压阀也是以其滑阀芯两端受力平衡的原理运作的。滑阀芯的左端承受着腔室内的节气门油压,右端承受着真空调节器的推力,在两端受力平衡中,由左端腔室输出的总是小于主油压的节气门油压。

真空调节器内的隔膜把调节器分为两部分,隔膜左侧与大气压力连通,承受着大气压力,右侧有一个装有弹簧,并与发动机进气歧管连通的密封空间,承受着弹簧弹力和进气歧管的真空压力。隔膜左右两侧的这三种合力通过推杆传输到滑阀芯右端。在不同工况下的节气门油压调节过程如下:

1)发动机怠速时,进气歧管真空较大,推杆作用于滑阀芯右端的力较少,使滑阀芯右移,因此节气门阀的进油 A 口封闭,泄油口开启,此时输出的节气门油压为零,或接近于零。

2)在发动机增大负荷时进气歧管真空减小,使隔膜右侧空间内的压力增大,推动隔膜左移,滑阀芯也被推向左边,打开了系统主油压 A 口,使 A 口开度增大,从而提高了节气门油压。反之,使节气门油压减小。因此,节气门阀则在发动机负荷大(或小)时,成比例地输出相应大小的油压。

3)节气门油压的调整。通过调整弹簧的调整螺钉,可以调整弹簧弹力,使节气门阀输出符合规范的油压。

(2)机械式调压阀

机械式调压阀可分为机械杠杆式和机械刚绳式两种形式。

机械杠杆式调压阀具体结构如图 4-19 所示。在司机脚踩油门时,油门杠杆在加大节气门阀开启度时,也通过杠杆向节气门阀右部的弹簧施加力量,增大节气门阀的输出油压。图 4-19(a)是节气门阀处于半开状态,此时滑阀芯使 1 口开启较小,即泄油口开启,因此输出的 TV 油压也较小。图 4-19(b)所示是节气门阀处于全开状态,滑阀芯使 1 号全口,并泄油口全封闭,输出几乎与主油压相等的最大节气门油压。

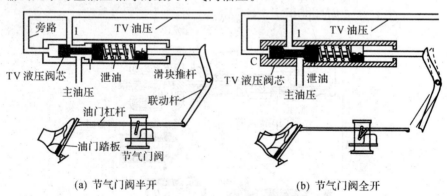

(a) 节气门阀半开　　　　　　　　　　(b) 节气门阀全开

图 4-19　机械杠杆式节气门阀

机械钢绳式节气门阀具体结构如图 4-20 所示。这种阀的结构近似于机械杠杆,所不同的是以钢绳代替机械杠杆,节气门油压 B 随节气门开度增大而增大,直到等于主油路油压 A。

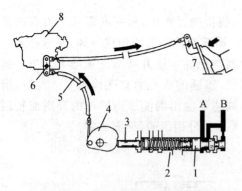

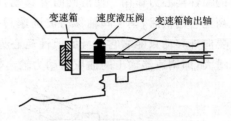

图 4-20　机械钢绳式节气门阀

1—滑阀芯；2—弹簧；3—推杆；4—偏心凸轮；

5—油门拉丝；6—转换杆；7—油门踏板；8—发动机；

A—注油路油压；B—节气门油压

图 4-21　速度调压阀安装位置

2. 速度调压阀

速度调压阀，又称调速器，安装在自动变速器的动力输出轴上（见图 4-21），与动力输出轴一起转动。调速器的作用是将主油路油压转换为与车速相对应的车速油压输出。调速器输出压力是表征车速的信息，该压力将作用在换挡阀上与节气门油压共同控制换挡。此外，还能在某些形式的自动变速器中用以调节主油压油路，即在车速增大时主油压相应地降低。

速度调压阀有很多种不同构造形式。基于离心甩块的速度调压阀主要有三种形式，即由变速器输出轴通过齿轮驱动旋转的速度调压阀、安装在变速器输出轴上直接驱动的复锤式速度调压阀和双锤式速度调压阀。所有速度调压阀的入油口都与主油压连通，作为其液流源。以下就三种形式的速度调压节阀作一介绍。

（1）由变速器输出轴通过齿轮驱动旋转的速度调压阀

如图 4-22 所示，该装置有两组离心甩块，其中较重的一组称为初级甩块，带有弹簧的、较轻的一组称为次级甩块。当速度阀转动时，甩块在转动离心力作用下向外伸张，并通过联动件把速度阀的滑阀芯向上抬升，使主油压口开启增大，速度油压随之增大。车速愈大时，离心甩块迫使滑阀芯抬升亦大，即速度油压（信号）也大（反之亦然），直至滑阀芯向上移至主油压口与速度油压口完全连通达到最大油压，即主油路油压。

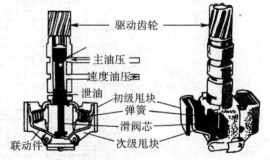

图 4-22　齿轮驱动旋转的速度调压阀

在停车时，因离心甩块不转动，也不产生离心力，滑阀芯处在最低位置，此时泄油口开通，速度阀油路的油压泄油，降低到零。

（2）复锤式速度调压阀

复锤式调速器在近代自动变速器中得到了最广泛的应用。它是由两个大小不同的重锤内外套装于同一个调速阀上，两重锤在不同的转速范围内起不同的作用。图 4-23 所示是典型的复锤式调速器的结合图，它由调速器轴、重锤、调速器滑阀、壳体和弹簧等组成。重锤 2

和滑阀 3 相当于两个大小不同的重锤。在汽车向前行驶过程中,作用在滑阀的力有向外的惯性离心力和向内的调速器油压力。当车速低时,调速器轴和滑阀构成一体,在重锤及滑阀的惯性离心力作用下使滑阀向外移动,所以调速器油压随车速升高而迅速增大。当车速升高至一定值后,调速阀轴移动被调速阀壳凸台限位,重锤的离心力被壳体承受。此时,滑阀要向外移动只能靠它本身的惯性离心力。因此,调速器输出的油压随转速的升高而较缓慢增大,即调速器输出的油压与动力输出轴转速的关系是分两级的(见图 4-24)。

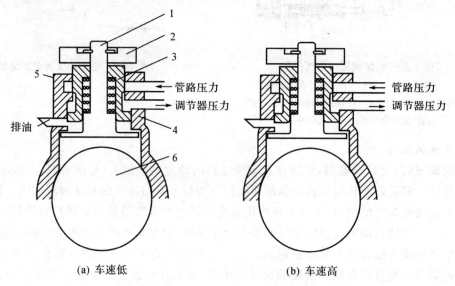

(a) 车速低   (b) 车速高

1—调速器轴;2—重锤;3—调速器滑阀;4—壳体;5—弹簧;6—输出轴

图 4-23　复锤式调速器

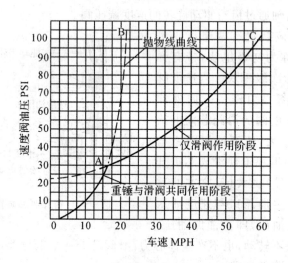

图 4-24　复锤式调速器输出特性曲线

（3）双锤式速度调压阀

图 4-25 所示是双锤式调速器的结构原理图,它实际上是两个单锤式调速器的组合,由初级和次级调速阀组成,安装在动力输出轴上,并随输出轴一起转动。

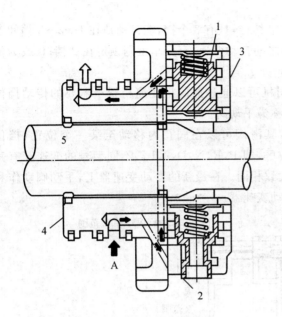

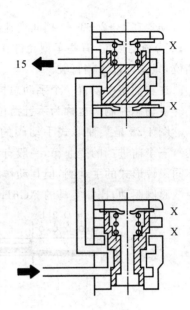

1—初级调速器;2—次级调速器;3—调速器阀体;
4—分配器;5—输出轴

图 4-25　双锤式调速器图

图 4-26　双锤式调速器工作原理

当调速器处于静止状态时,如图 4-26 所示。初级调速阀在弹簧的作用下位于最靠近功率输出轴端,而次级调速阀位于最外端。当汽车行驶时,来自手动阀的主油压经油道进入次级调速阀,由于上下阀端面积差将使次级调速阀向内移,但惯性离心力和弹簧力作用将使次级调速阀外移,当两者处于平衡状态时,液油以一定压力进入初级调速阀。初级调速阀在惯性离心力的作用下,将克服弹簧力向外甩出,与油道 15 连通,惯性离心力与弹簧力达到平衡,从而输出调速器压力。该调速器的特性如图 4-27 所示,当在较低转

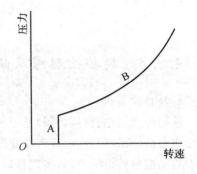

图 4-27　双锤式调速器输出特性曲线

速时,虽然次级调速阀有油压输到初级调速阀,但初级调速阀的惯性离心力不足以克服弹簧弹力而开通油道 15,故调速器无油压输出。当转速到达某一值后,调速器才输出油压,并随转速的继续升高而增大。

3.手动换挡阀

装备自动变速器的汽车,在驾驶室内有挡位选择杆,驾驶员根据各种行驶的需要把选择杆置于各个位置。挡位选择杆的动作带动变速器液压控制系统中手动阀位置的改变,从而供驾驶员根据路面情况选定不同的自动换挡范围。各种不同形式的自动变速器,虽然挡位数和有些位置的挡位范围不完全相同,但基本上相似。挡位选择杆的位置一般有如下几种:

① P,R,N,D,2,L;

② P,R,N,D_4,D_3,2,L;

③ P,R,N,D_4,D_3,2。

其中:P 为停车位;R 为倒挡位;N 为空挡位;D(或 D_4)为前进挡位,具有 4 个挡,自动变速器

能自动地在 1→2→3→4 挡间变速；D_3 为前进挡位，具有 3 个挡，能自动地在 1→2→3 挡间变速；2 为锁定挡位，有些车型允许在 1→2 挡之间自动变速，有些车型则锁定在 2 挡；L 或为低挡位，只允许以 1 挡行驶。

在主油路中安置一个手动总控制阀，司机可以通过此阀把变速箱置于需要的传动挡位区。手动总控制阀也称为手置挡位阀或简称为手动阀。

图 4-28 是某种形式手动阀的示意图，其滑阀可以在阀孔内移动至某一个位置（挡位区），三个前进挡的变速箱，一般有六个挡位区，即 P，R，N，D，2，L。不同型号的变速箱有其不同设计形式的手动阀，但其动作原理都大致相同。在最新的自动变速器上，手动阀动作利用电磁阀驱动，比如宝马的 AG6HP25Z 自动变速器。

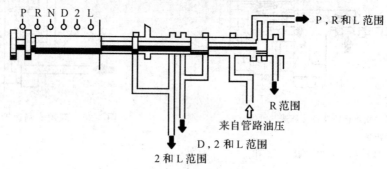

图 4-28　手动阀及油路

4.3.3　换挡控制阀及油路

1. 换挡控制阀

换挡控制阀（简称换挡阀）是一种由液压控制的 2 位换向阀，就像一个液压开关，它根据发动机负荷（节气门开度）或汽车速度的变化，控制主油路的油液流向合适的换挡执行机构，从而自动控制挡位的升降，实现自动换挡。

自动变速器用一个（1-2 挡）或几个（1-2 挡、2-3 挡等）换挡控制阀（其数目根据变速器前进挡位数而定）来实现自动换挡。图 4-29 所示为换挡控制阀的工作原理示意图。

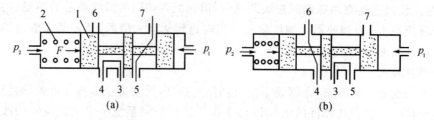

1—换挡阀；2—弹簧；3—主油路进油孔；4—至低挡换挡执行元件；5—至高挡换挡执行元件；6,7—泄油孔

图 4-29　换挡阀的工作原理示意图

在换挡阀的右端作用着来自速度调压阀的调速器油压 p_1，左端作用着来自油门调压阀的节气门油压 p_2 和换挡阀弹簧的弹力 F。换挡阀的位置取决于两端控制压力的大小。当右端的调速器油压小于左端的节气门油压和弹簧弹力之和时，换挡阀保持在右端；接通主油路 3 与低挡油路 4，低挡换挡元件接合工作，在低挡上行驶。当右端的调速器油压高于左端

的节气门油压和弹簧弹力之和时,换挡控制阀移至左端,从而使主油路 3 与高挡油路 5 接通,使之在高挡上行驶。

　　另外,在一些自动变速器中还装有强制降挡阀。强制降挡阀用于节气门全开或接近全开时,强制性地将自动变速器降低一个挡位,以获得良好的加速性能。

　　强制性降挡阀主要有两种类型:一种类似于节气门阀,由控制节气门阀的节气门拉索和节气门阀凸轮控制其工作。在节气门接近全开时,节气门拉索通过节气门阀凸轮推动强制降挡阀,使之打开一个通往各个换挡阀的油路。该油路的压力油作用在换挡阀左侧上,迫使换挡阀右移至低挡位置,使自动变速器降低 1 个挡位,降挡阀的结构如图 4-30(a)所示。

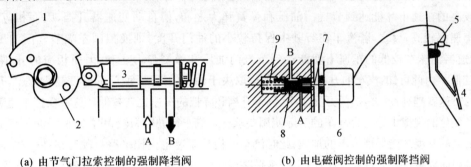

(a) 由节气门拉索控制的强制降挡阀　　　　　　(b) 由电磁阀控制的强制降挡阀

图 4-30　强制降挡阀

　　另一种是电磁阀,由安装在加速踏板上的强制降挡开关控制,如图 4-30(b)所示。当加速踏板踩到底时,强制降挡开关闭合,使强制降挡电磁阀通电,电磁阀作用在阀杆上的推力消失,阀芯在弹簧弹力的作用下右移,打开油路,使主油路压力油进入换挡阀的左端(作用在节气门油压的一端),强迫换挡阀右移,让自动变速器降低 1 个挡位。

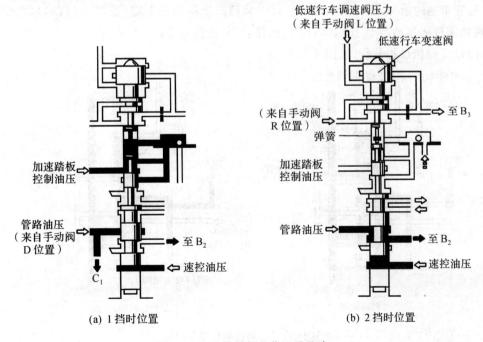

(a) 1 挡时位置　　　　　　　　　　　　(b) 2 挡时位置

图 4-31　1-2 换挡阀的位置及油路

2.换挡控制油路分析

自动变速器的升挡和降挡完全由节气门油压和调速器油压的大小来控制。节气门油压取决于发动机油门开度;油门开度越大,节气门油压也越大;调速器油压取决于车速,车速越高,调速器油压也就越高。可见在汽车行驶过程中,油门开度保持不变,则当车速较低时,自动变速器位于低挡。随着车速的提高,调速器油压逐渐增大,当车速提高到某一数值时,换挡阀右端的调速器油压增大至超过左端节气门油压和弹簧弹力之和,换挡阀移动使自动变速器位于高挡行驶。由此可知,当节气门开度不变时,汽车升挡和降挡时刻完全取决于车速。

若汽车在行驶中保持较大的油门开度,则换挡阀左端的节气门油压也较大,调速器油压必须在较高的车速下才能达到节气门油压和弹簧弹力之和,使自动变速器升挡,因而相应的升、降挡车速都较高;反之,若汽车在行驶中保持较小的油门开度,则换挡阀左端节气门油压也较小,调速器油压在较低的车速下就能达到节气门油压和弹簧弹力之和,因而相应的升、降挡车速都较低。由此可知,汽车的升挡和降挡车速取决于油门的开度,油门的开度越大,汽车升挡和降挡的车速就越高;反之,油门开度越小,汽车升挡和降挡的车速也就越低。这种换挡车速随节气门开度变化的规律十分符合汽车的实际使用要求。当汽车行驶阻力较大时,驾驶员必须将油门保持在较大的开度才能保证汽车的加速,此时汽车的换挡车速也应比平路行驶时稍高一些,以防止过早换挡而导致"拖挡"现象。相反,当汽车平路行驶或载重较小时,油门保持在较小的开度,换挡车速也可以低一些,以节省燃油。下面以丰田汽车液控自动变速器为例分析其换挡过程。

(1)1-2换挡过程分析(见图4-31)

节气门油压、速控油压分别作用在1-2挡换挡阀上下端。挂入D挡起步时,主油压过手动阀直接进入离合器C_1,此时速控油压为0,而节气门油压较大,1-2换挡阀处于最下端(如图4-31(a)所示),而3-4换挡阀也处于下端(见图4-33(a)),主油路油压过3-4换挡阀进入O/D离合器C_0,离合器C_0,C_1进油接合,以1挡传递动力。

随着车速的增加,速控油压也增大,1-2换挡阀上移到最上端(见图4-31(b)),主油压过1-2换挡阀进入制动器B_2;C_0,C_1,B_2进油接合,自动换入2挡。

(2)2-3换挡过程分析(见图4-32)

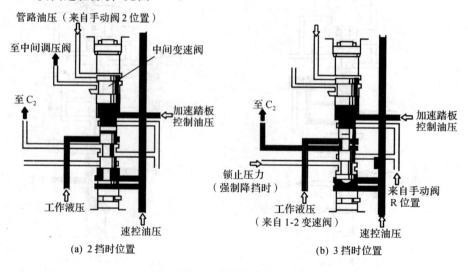

(a) 2挡时位置　　　　　　　　　(b) 3挡时位置

图4-32　2-3换挡阀位置及油路

车速继续增加,速控油压继续增大,使 2-3 换挡阀上移到最上端(如图 4-32(b)所示),来自 1-2 换挡阀的主油压过 2-3 换挡阀进入离合器 C_2;C_0,C_1,C_2,B_2 进油结合,自动换入 3 挡。

(3)3-4 换挡过程分析(见图 4-33)

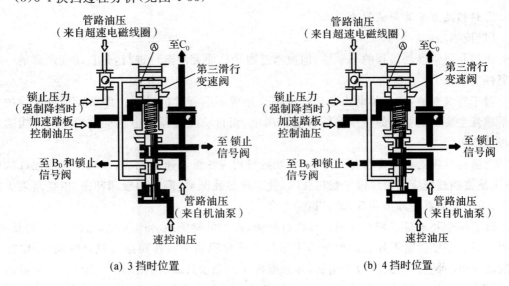

(a) 3 挡时位置　　　　　　　(b) 4 挡时位置

图 4-33　3-4 换挡阀位置及油路

车速继续增加,速控油压继续增大,3-4 换挡阀上移到最上端(如图 4-33(b)所示),切断进入 C_0 主油压并使 C_0 泄压,主油路过 3-4 换挡阀进入 B_0。此时 C_1,C_2,B_0,B_2 均充满液压油而结合,B_2 仅接合但不起动力传递作用,自动升入 4 挡。

(4)强制降挡过程分析

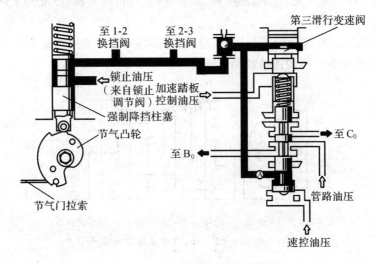

图 4-34　强制降挡过程原理简图

如图 4-34 所示,当车速在 4 挡行驶时,突然加大油门,节气门凸轮推动强制降挡柱塞上移,作用于 1-2,2-3,3-4 换挡阀上端的强制降挡油压增大,从而推动 3-4 换挡阀下移,切断主油压进入 B_0,接通 C_0,自动从 4 挡降到 3 挡,完成强制降挡功能。同样,也可以完成 3 挡降 2 挡、2 挡降 1 挡等功能。

4.3.4 换挡品质及其控制

1.换挡品质及其影响因素

(1)换挡品质

换挡品质指换挡过程的平顺性,即换挡过程平稳而无冲击地进行,是自动变速器的一项重要性能指标。

对于有级变速器,其传动比变化过程都会造成不同程度的冲击。手动换挡变速器的换挡平顺性主要由驾驶员的操作熟练程度来决定,而自动变速器则由自动换挡控制机构的完善程度来决定。

对换挡过程的具体要求有两个:一是换挡过程应尽量迅速地完成,以减少摩擦元件的磨损;二是换挡过程应尽量缓慢平稳过渡,以使车速过渡圆滑,避免颠簸和冲击,以提高乘坐舒适性,减小传动系的冲击荷载,延长机件寿命。

以上两个要求是互相矛盾的。换挡过程快,就不可避免地会产生较大的冲击和动载荷,换挡过程的平稳性就不好。而如果为了提高换挡过程的平稳性而延长过渡时间,则摩擦元件的滑转时间延长,累计滑摩功增加,导致摩擦元件温度升高、磨损增加。所以,在一般情况下,根据经验,最小滑摩时间在 0.4~1s 较为合适,在此前提下再设法提高换挡过程的平稳性。

概括来说,对换挡平顺性的具体要求是:在换挡过程中,车速变化平顺,不出现过高的瞬时加速度或瞬时减速度,以减少乘坐者的不舒服感和减少传动系统中各零件的动载荷。

(2)换挡品质影响因素

为便于分析,我们先研究一个自动变速器某一换挡过程的实例,以此来了解影响换挡平顺性的因素。

图 4-35 所示的是 Allison 公司装用于公路运输车辆的四挡变速器的传动简图,表 4-1 是该变速器各挡过程中执行机构的换挡动作表。

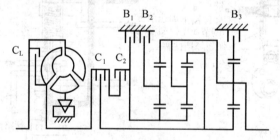

C_1,C_2—换挡离合器;B_1,B_2,B_3—换挡制动器;C_L—锁止离合器

图 4-35 Allison MT-640 自动变速器传动简图

表 4-1　Allison MT-640 型自动变速器换挡动作表

挡位	C_L	C_1	C_2	B_1	B_2	B_3	变速比 i
空挡(N)						○	—
1 挡		○				○	3.58
2 挡		○			○		2.09
3 挡	○	○		○			1.39
4 挡	○	○	○				1.00
倒挡(R)			○			○	−5.67

注：○—元件工作。

现以 3 挡升 4 挡分析其换挡过程。升挡前以 3 挡工作,变速器由离合器 C_1 和制动器 B_1 传递动力。这两个摩擦元件均被压紧而无相对滑转。当开始换挡时,制动器 B_1 卸压松开,离合器 C_2 的油路接通;在向离合器 C_2 的充油过程中,随着油压的不断升高,摩擦片间的间隙被消除,主被动片受压滑转,直至压紧、终止打滑、一体运转传递转矩为止。显然从制动器 B_1 的泄压到彻底分离,从离合器 C_2 的受压到完全接合,在这 3 挡升入 4 挡的换挡过程中,都需要经过一段打滑过程。具体分析如下：

1)换挡机构动作的定时问题

如上分析,在换挡过程中离合器 C_2 的接合和制动器 B_1 的放松,既不可能是同时的,也不可能是瞬时进行的。在实际情况下,若不是出现两者作用的交替重叠,就将是两者动作的间断。这都将产生换挡冲击。

在两个换挡的转换过程中,C_2 接合过早、B_1 放松过迟将出现交替重叠,C_1,C_2,B_1 三个执行机构的瞬时共同接合,严重情况可视若挂上双挡。这时由于 C_2 与 B_1 两个元件的互相抵制,严重时将使发动机及车辆都受到剧烈的、瞬时制动作用,变速器输出转矩急剧下降,以后 B_1 元件脱开,转矩又迅速增大造成转矩的急剧变化,使发动机受到因转速和转矩急剧变化而发生的冲击,甚至遭到损坏。

若 C_2 接合过迟、B_1 放松过早将出现动作间断,此时只有离合器 C_1 是接合的,其效果犹如挂入空挡。反映于车辆的情况将是动力中断,变速器输出转矩急剧下降,车辆减速,而发动机转速迅速增加,以后 C_2 接合使转矩又迅速增大、车辆加速,造成转矩的急剧变化而使乘坐者出现前冲、后仰的颠簸不适现象。

2)惯性能量引起的冲击

该变速器 3 挡速比为 1.39,4 挡速比为 1.0,如若变矩器已锁定而成直接机械传动状态时,则由于换挡后速比变小很多,而将使发动机转速急剧变化,若车速在此换挡瞬间基本不变,那么发动机转速在此瞬间需降低 40%。例如发动机转速在升挡前为 2500r/min,则升挡后降至 1500r/min。在瞬间内达成这么多的速降,则从发动机至变速器全部旋转零件都将释放出巨大的惯性能量。其能量将转换成巨大的反作用转矩传递给车辆,而使车辆感受到巨大的换挡冲击。

3)执行机构中摩擦力矩剧变的影响

如前所述,离合器传递转矩是依赖于足够大的摩擦力矩。摩擦力矩的数值由下式确定：

$$M_C = \mu r p S$$

式中：μ——摩擦元件的摩擦系数；p——离合器油缸的油压；S——离合器油缸活塞面积；r——摩擦面的平均半径。

从上述可以看出,除了离合器的一些结构参数外,换挡过程中摩擦力矩的增长速度及作用大小,主要与摩擦系数 μ 及油压 p 这两个参数的变动有关。

已知,从换挡控制阀接通油道开始到压力油充满离合器油缸及全部油道的过程,是一个动态的过渡过程。由于油液分子摩擦、惯性以及油缸道系统的弹性形变等影响,充油升压过渡过程中伴有一定的油压波动,当油压波动很大时,便将引起摩擦力矩的剧烈波动。此外,动摩擦系数 μ 和滑摩相对速度有关,尤其在滑摩速度为零时转为静摩擦系数,其值急剧增大使摩擦力矩产生急剧变化。由于这些原因,在摩擦元件接合过程中,传递的力矩并不是平顺地增长而是伴有一定的转矩扰动。

2.改善换挡品质的控制

(1)改善换挡品质的控制途径

改善换挡品质的控制途径主要有以下三种。

1)从执行机构外部进行品质控制

①保证执行机构平稳接合的缓冲控制;

②摩擦元件作用交替过程的定时控制;

③对执行机构油压的控制。

2)从执行机构本身设计改进的品质控制

①单向离合器代替摩擦元件,解决换挡机构动作的定时问题。主要是利用其对转矩方向的灵敏反应来限制反方向负转矩的产生,又同时自动适时地发出正转矩,这就保证了换挡瞬间既不会发生功率中断,也不会出现"双锁止"现象。转矩扰动减至最小,换挡速度和平顺性都比液压同步措施更为理想,但为保证摩擦元件接合平稳,仍需在充油路上有缓冲措施。

②采用分阶段作用液压缸,减少执行机构中摩擦力矩剧变的影响。开始由小液压缸施加执行力,继之由大活塞作用增加执行力或采用双离合器等。如丰田 A34D 变速器的后离合器 C_2 和倒挡低挡制动器 B_3,都是具有内外两个活塞的。

③采用锁定离合器的液力变矩器,可减少惯性能量引起的冲击。在换挡过程中使其为非锁定工况,可大大改善换挡过程的品质。

3)从动力源进行控制

换挡冲击主要发生在惯性能量方面,在换挡过渡过程中,反馈控制发动机,通过减少油门,或点火滞后,或停止向部分气缸供油等方法,自适应地降低转矩,从而控制了自动变速器的输入转矩和输出转矩,并可将发动机转速和变速器输出转速控制在最佳值上,以实现平稳换挡。在汽车行驶中,驾驶员可通过控制油门开度来进动力源控制,可使换挡更平顺。

(2)从执行机构外部进行换挡品质控制的方法

从改善换挡品质的控制途径来看,从执行机构本身设计改进和动力源控制换挡品质主要与自动变速器的本身结构和功能设计有关,在使用中不会产生性能状况的变化而影响换挡品质;而从执行机构外部进行品质控制的具体方法很多,在使用过程中其性能状况产生变化就会影响换挡品质,下面对此进行重点分析。

先从离合器接合过程进行分析,由于转矩波动与摩擦元件的接合过程密切相关。由图4-36 可以看出,整个充油升压过程有下述四步:

①充油开始阶段(线段 12)。接通液压缸的油道,向液压缸及油道充油,该段时间短,油压很低。

②初步升压阶段(线段 23)。液压缸剩余空间充油完成后,油压突然上升,直到活塞开始压缩回位弹簧为止。一般瞬时完成,时间可略。

③自由行程阶段(线段 34)。活塞克服弹簧张力开始移动,直到消除摩擦片间隙为止,该段压力变化不大,时间由相应容积与供油流量确定。

④升压接合阶段(线段 45)。活塞停止移动,油压不断升高,摩擦片逐渐压紧,直到最后闭锁为一体,完成接合。此过程增压很猛,是动态过程,最后往往出现摩擦转矩超调整,造成换挡冲击。该阶段是品质控制的重点。

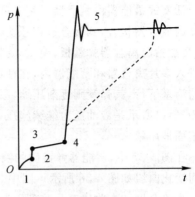

图 4-36　摩擦元件的接合过程

如果能将其调制成如图 4-36 中虚线所示,则可缓解升压速度,也可避免最后的油压与摩擦转矩超调整,从而降低转矩的扰动。基于这种思想,最常见的控制措施有增加节流孔、限流阀、蓄能器与缓冲阀等。

1)蓄能器缓冲控制

蓄能器缓冲控制的主导部件是蓄能缓冲器,简称蓄能器。它的作用是使液压油较为缓和地施加到换挡执行机构上,使其接合平缓,提高换挡品质。目前有两种不同构造形式的蓄能器:活塞式和阀式。前者使用较普遍,后者主要使用在某些名牌车型上。

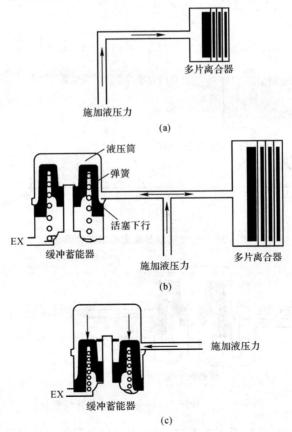

图 4-37　蓄能器工作原理

活塞式蓄能器由蓄能器活塞和弹簧组成,其工作原理见图 4-37。图 4-37(a)所示是无蓄能器的离合器接合,其接合过程压力增加过猛,汽车将产生突然抖动,就像司机驾驶技术不佳,突然抬起离合器脚踏板,使汽车抖动那样;图 4-37(b)所示是置入蓄能器后,液油压力同时进入多片离合器和蓄能器内,在使原来松弛相间的各离合器片立即收拢的同时,也压迫蓄能器活塞下行,其弹簧则逐渐压缩,吸收能量,缓冲了液油压力施加于离合器片的过猛力量。图 4-37(c)所示是液油压力继续施压,使活塞下行到最下端时刻,油压达到最大值,把离合器片牢固地压紧。

在图 4-37 中,蓄能器弹簧侧的液油油压为 0,即无蓄能器背压控制。其离合器压紧力随时间变化曲线如图 4-38 所示。图中 A 是在起始时液油压力克服离合器片放松弹簧的弹力,使众多离合器片在收拢时承受到逐渐增大到 B 的压紧力,C 表示离合器片已经收拢,承受了骤增的、但尚未达到最大值的压紧力,D 是液油压力在迫使蓄能器活塞下移中继续加大对离合器片的压力直至最大值 E。由于以上蓄能器吸收了一部分的能量,所以缓和了液油压力对离合器片施加压力过猛,即克服了多片离合器接合过"硬"的缺陷。

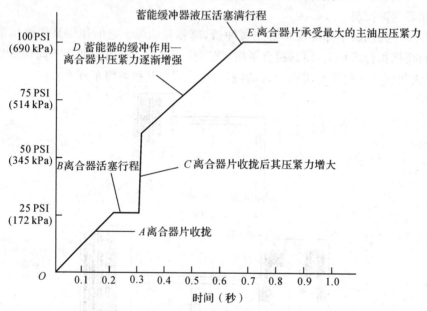

图 4-38　无背压控制的离合器压紧曲线

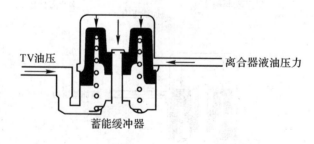

图 4-39　采用节气门油压的蓄能器背压控制

为了使蓄能器控制换挡品质更加理想,可以在蓄能器弹簧侧施加节气门油压(如图 4-39 所示)或主油路油压(如图 4-40 所示),实现了蓄能器背压控制。在图 4-39 中,因为节气门油压是随着发动机节气门阀开启程度而增大的,所以能使蓄能器在不同的节气门开启程度下相应地改变其缓冲作用。例如,当发动机负荷程度不大时节气门油压也小,此时蓄能器使离合器的接合较为缓和;若在发动机扭矩较大的重负荷时,因节气门油压较大,降低了蓄能器的缓冲作用,使离合器得到了较"硬"的接合,能防止其"打滑"。此时的离合器压紧力随时间变化关系如图 4-41 所示。将图 4-41 与图 4-38 相比较,显然离合器的接合较为快速、牢固。

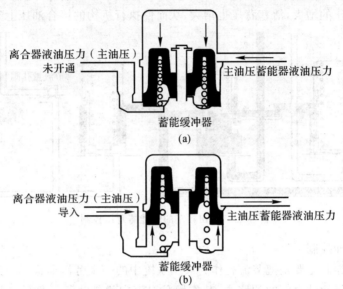

图 4-40　采用主油路油压的蓄能器背压控制

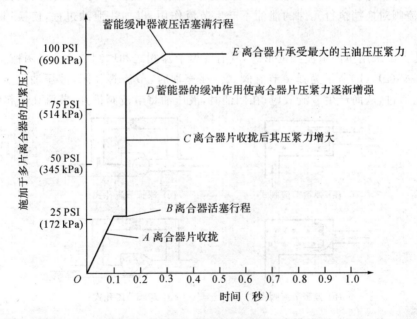

图 4-41　采用背压控制的离合器压紧曲线

　　在丰田轿车的自动变速器中,一般在通向执行机构油缸(前离合器 C_1、后离合器 C_2 和制动器 B_2)的通道中并联相应的蓄能器。蓄能器活塞的下端端面与执行机构油缸油道相通,活塞中间作用了主油路油压,作为蓄能器的背压控制油压,但作用面积远小于活塞端面面积。当执行机构油缸通泄油口时,活塞在背压控制油压和弹簧张力作用下降,如图 4-42 所示的 B_2 和 C_1 蓄能器活塞处于最下端位置。当向执行机构油缸充油时,待充满油缸和克服执行机构的自由行程后,油压升高,该油压作用在蓄能器活塞端面使活塞克服弹簧张力和活塞背压油压力上移,如图中的 C_2 蓄压器。由于活塞的上移使油路中的体积增大,从而使油压缓慢上升,使执行机构平顺地接合。蓄压器活塞的背压油压是来自油泵的系统油路压力,随着系统油路油压的增大,活塞背压也增大,从而使执行机构的接合油压上升得也快。

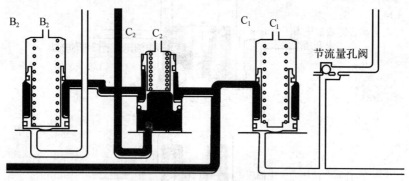

图 4-42   丰田轿车的蓄能器背压控制

2)节流孔缓冲控制

节流孔缓冲控制主要是把节流孔作为液压系统中的一条旁流通道。一般节流孔布置在换挡阀至换挡执行元件之间的油路中,其作用是对流向换挡执行元件的液压油产生节流作用,在换挡执行元件接合时延缓油压增大的速率,以减小换挡冲击。在换挡执行元件分离时,单向节流阀对换挡执行元件的泄油不产生节流作用,以加快泄油过程,使换挡执行元件迅速分离。

节流孔大都采用单向节流阀的形式,其有弹簧节流阀式和球阀节流孔式两种。

如图 4-43(a),(b)所示为弹簧节流阀式。在充油时,节流阀关闭,液压油只能从节流阀中的节流孔通过,从而产生节流效应;在回油时,液压油将节流阀推开,节流孔不起作用。

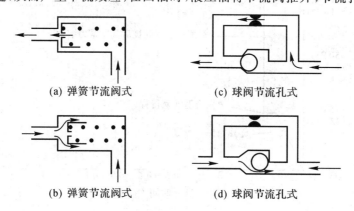

(a) 弹簧节流阀式   (c) 球阀节流孔式

(b) 弹簧节流阀式   (d) 球阀节流孔式

图 4-43   单向节流阀

如图 4-43(c),(d)所示为球阀节流孔式。在充油时,球阀关闭,液压油只能从球阀旁的节流孔经过,减缓了充油过程;回油时,球阀开启,加快了回油过程。

3）定时控制

换挡过程实际上是离合器或制动器接合与分离的交替过程,两个离合器之间或离合器与制动器之间接合与分离的替换,总会出现或多或少的重叠不足或过多,而产生不应有的换挡冲击。

重叠不足是指待分离的离合器过快地泄油分离,使待接合的离合器未能建立足够的油压,因而出现两个离合器传递扭矩间断的现象。在这个重叠不足的时间内,输出扭矩先是下降过多,随后又急剧上升,形成了较大的扭矩扰动。与此同时,发动机的转速也得不到平稳地过渡,先是因负荷减少而增速,后又因负荷急剧增大而降速。

重叠过多是指在待接合的离合器已经能够传递很大的扭矩时,应分离的离合器还没有很好地泄油分离,因而出现两个执行机构同时工作的情况。在这一短暂的时间内,两个挡位重叠工作,使发动机和输出轴都受到制动作用,因而输出轴有很大的扭矩扰动。随后,又因为应分离的离合器分离,使变速器输出轴的扭矩又急剧升高。重叠过多的扭矩扰动比重叠不足时更严重。同时发动机的转速先是急降,后有回升,表现出不稳的情况。重叠过多的升挡最不平稳。

所以,要对两个交替换挡的执行元件的泄油充油过程进行控制,以得到最满意的交替衔接,这就是定时控制。对定时控制的元件有定时阀、单向定时阀等。

①定时阀

图 4-44 所示是一种由速度调节油压控制的定时阀的结构简图。它由阀芯 1、弹簧 2 和节流孔 3 等组成。

速度调节油压由油道 c 进入,作用在阀芯的阶梯形环面上。当速度调节油压较小时,阀芯 1 在弹簧 2 的作用下,处于左端位置,定时阀接通油道 a 和油道 b。当速度调节油压增加至其对阀芯的作用力超过弹簧弹力时,阀芯 1 被推到右端位置,油道 a 与油道 b 间通路被阀芯切断,通过节流孔 3 控制进油时间。

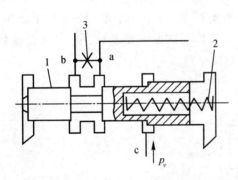

1—阀芯;2—弹簧;3—节流孔;a—主压力油进油道;
b—执行元件输油道;c—速度调节压力油进油道

图 4-44　定时阀结构简图

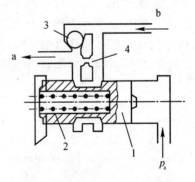

1—阀芯;2—弹簧;3—单向阀;4—节流孔

图 4-45　单向定时阀结构简图

②单向定时阀

图 4-45 所示为一种单向定时阀的结构简图。它与图 4-44 所示的结构不同之处仅仅是增加了一个单向阀,使其在油液流动的一个方向上起定时作用;反向时,油液经单向阀顺利通过,不起定时作用。

当油液从油道 b 流向 a 时,单向阀关闭,油液必须从定时阀和节流孔流过,其工作原理与图 4-44 所示的定时阀相同。当油液从油道 a 向油道 b 流动时,单向阀打开,油液经单向阀顺利地通过,此时,无定时作用。

4)其他换挡品质控制机构

①倒挡顺序动作阀

倒挡顺序动作阀的作用是延迟通往第三制动器 B_3 内活塞上的油液,使倒挡接触平稳、无冲击。倒挡顺序动作阀由柱塞和弹簧组成,如图 4-46 所示。

油泵过来的管路压力油经低压滑动换挡阀到倒挡顺序动作阀的进油口,分成两路,一路流向第三制动器 B_3 外活塞,另一路进入阀体。当柱塞下端的油压超过弹簧张力时,阀体上行,B_3 内活塞油路接通,使 B_3 内活塞的工作时间滞后于外活塞。

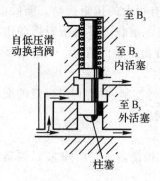

图 4-46 倒挡顺序动作阀的结构和工作原理

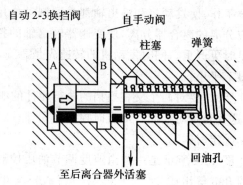

图 4-47 倒挡离合器顺序动作阀的结构和工作原理

②倒挡离合器顺序动作阀

倒挡离合器顺序动作阀的作用是延迟挂倒挡时通往后离合器 C_2 外活塞上的油液,使倒挡接合平稳、无冲击。其结构如图 4-47 所示。

在挂倒挡时,动作阀上同时作用两个油压,一个来自 2-3 换挡阀,另一个来自手动阀。当 A 和 B 的压力超过弹簧的张力时,出油口打开,离合器外活塞开始动作,使 C_2 外活塞的作用时间滞后于内活塞,这样就可以使倒挡接合时更加平稳。

③低压随动阀

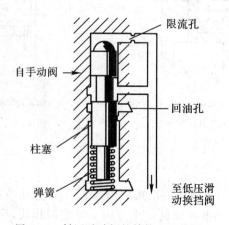

图 4-48 低压随动阀的结构和工作原理

　　图 4-48 所示是自动变速器中所用的低压随动阀,它主要由柱塞和弹簧组成。随动阀的进油口压力油来自于手动阀的管路压力油,并经随动阀减压后由随动阀出油口至低压滑动换挡阀,再送到第三制动器的外活塞。低压随动阀的作用是降低通往自动变速器的第三制动器 B₃ 的油压,减少制动器 B₃ 外活塞的冲击,使制动器 B₃ 接合平稳。

4.3.5　变矩器的锁止控制

　　当汽车达到一定车速行驶后,要求锁止离合器锁止,这样发动机动力就可由泵轮以机械的方式直接驱动变速器输入轴;而在车速降低或加速时又自动使锁止离合器分离。因此,液力变矩器的锁止控制与调速器油压、节气门油压以及工作的挡位有关。如图 4-49 所示,当车速较低时,TV 油压高、速度油压低,切换阀左移,主油液从变扭器锁止离合器端进入,锁止离合器处于分离状态;如图 4-50 所示,当车速较高时,速度油压增高,接合阀左移,跛行安全阀右移,切换阀右移,变扭器锁止离合器端油液卸油,锁止离合器处于接合锁止状态。

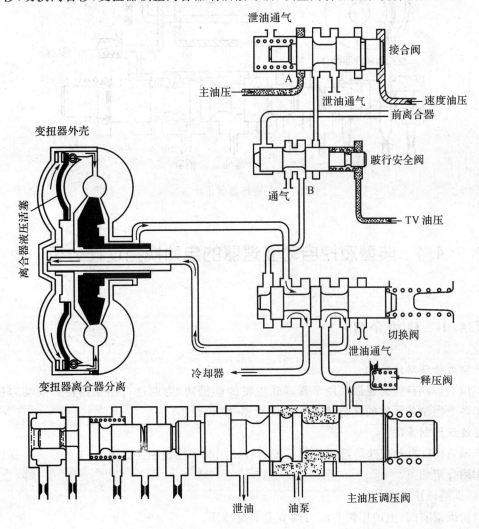

图 4-49　变矩器未锁止状态

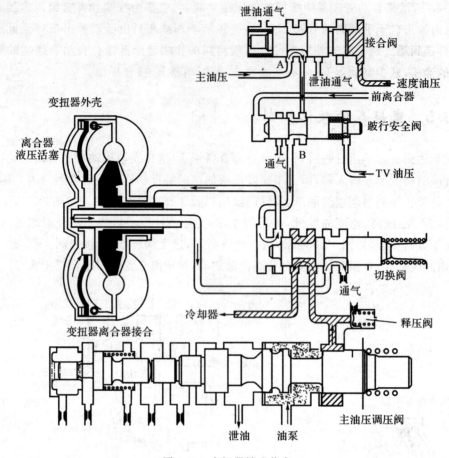

图 4-50　变矩器锁止状态

4.4　典型液控自动变速器的自动换挡过程分析

4.4.1　结构介绍

1.动力传递路线结构

丰田 A43D 自动变速器采用辛普森式齿轮传动机构,为四速自动变速器。其动力传动路线和各个挡位各元件的接合状况见图 3-32、3-33 和表 3-3。

2.液压控制系统

丰田 A43D 自动变速器液压控制系统的各控制阀和控制油路如图 4-51 所示。各部件名称与作用介绍如下:

(1)供油调压系统

1)初级调节阀(主油压调节阀):调节主油路油压。

2)卸压阀:保证主油路油压不超高。

3)次级调节阀(变矩器油路调压阀):把从主油压调节阀的油压调整为变矩器的补偿油压和变速器的润滑油压。

4)冷却器旁通阀:保证冷却器堵塞时,油液旁通。

(2)换挡参数信号

1)节气门阀(油门调压阀):产生节气门油压,作用在 1-2,2-3 和 3-4 换挡阀的上侧。

2)调速器(速度调压阀):产生调速油压,作用在 1-2,2-3 和 3-4 换挡阀的下侧。

3)反锁阀、节气门反馈调节阀:手动阀在 D,2,L 位时,根据调速器产生的油压,控制调整节气门油压,使节气门油压随调速油压增加而变小。

(3)换挡控制部分

1)换挡阀:1-2 换挡阀,2-3 换挡阀,3-4 换挡阀,切换主油路,实现挡位的变换。

2)低倒挡阀、低滑行调制器阀:保证手动阀在 R 和 L 位时,可靠地让 1-2 换挡阀固定在最下端位置。

3)强制降挡阀、强制降挡调压阀:在急加油门时,把主油路油液连通到 1-2,2-3 和 3-4 换挡阀的中上侧,促使换挡阀下移,实现强制降挡。

4)降 2 挡换挡阀、中间调压阀:保证手动阀在 2,L 位时,可靠地让 2-3 换挡阀固定在最下端位置。

5)螺线阀(超速(O/D)电磁阀):O/D 开关 ON 时,允许从 D-3 进入 D-4。

(4)换挡品质控制部分

1)倒挡制动器顺序阀:控制进入 B_3 制动器内外活塞的液油时间。

2)倒挡离合器顺序阀:控制进入 C_2 离合器内外活塞的液油时间。

3)中间调节阀(缓冲控制阀):手动阀在 2 位时,保证油液定时进入 B_1 制动器,实现平稳入 2-2 挡。

4.4.2　各挡位工作油路分析

1.P/N 挡控制油路(见图 4-51)

当手动选挡杆置于 P 或 N(空挡)位时,除超速离合器 C_0 接合之外,其他离合器和制动器都不工作。执行器工作油路如下:

油泵──→初级调压阀(主油路油压)──→过 3-4 换挡阀──→超速离合器 C_0。

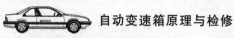

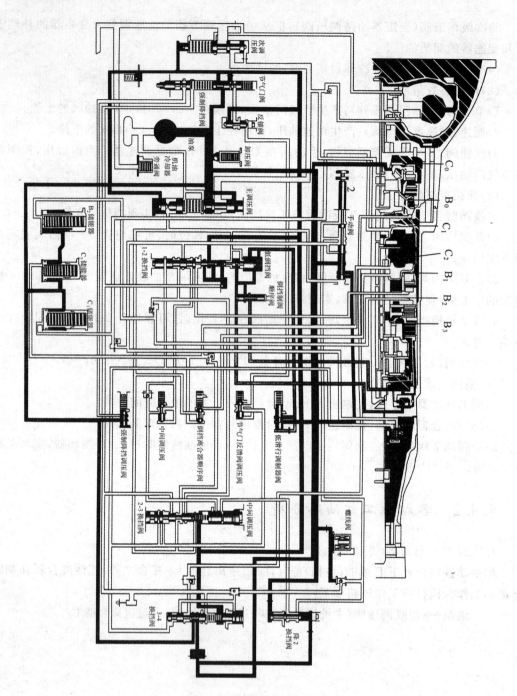

图 4-51　A43D "P" 挡位油路

2. D-1 挡油路（见图 4-52）

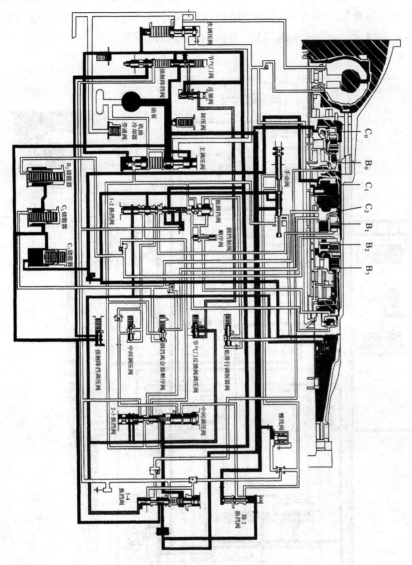

图 4-52　A43D D-1 挡油路

当手动选挡杆置于 D 位置时即以 D-1 挡起步,这时超速离合器 C_0 和前离合器 C_1 接合,按 D-1 挡传动路线传递动力。此外,经手动阀有一油路通向调速器,汽车起步后即有调速器压力输出,分别作用在 1-2,2-3 和 3-4 换挡阀的下端。D-1 挡执行器工作油路如下:

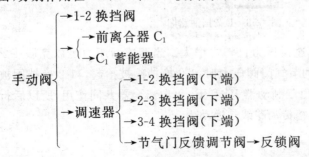

119

其中,C_1 蓄能器的作用使离合器 C_1 柔和地接合,以避免起步和换挡时的冲击。节气门反馈调节阀的作用是使作用于反锁阀一端的压力保持在一定的水平,使反锁阀移动,并开通节气门阀的另一路背压,使汽车起步后,主油路压力有所下降。

3.D-2 挡油路(见图 4-53)

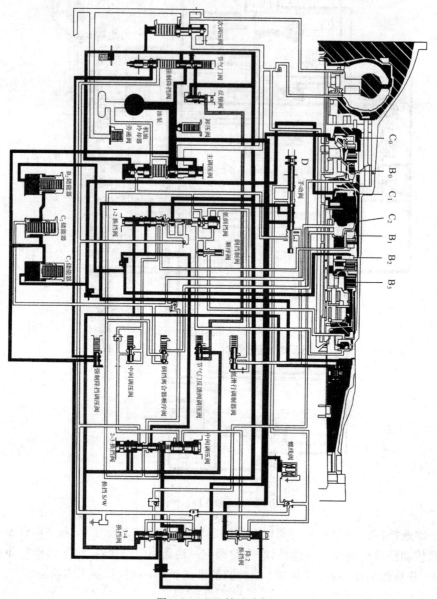

图 4-53 D-2 挡油路图

汽车起步后将逐渐加速,调速器压力也随之增大。当调速器压力足以克服 1-2 换挡阀上端弹簧的压力和作用于上端的节气门阀压力时,1-2 换挡阀被抬起。1-2 换挡阀被抬起后开通了通往制动器 B_2 的油路,由于制动器 B_2 和 F_1 单向离合器共同作用,所以后行星齿轮的太阳轮被锁定,于是就按 D-2 挡传动路线传递动力。

D-2 挡具体油路如下:

$$手动阀 \rightarrow 1\text{-}2 换挡阀 \begin{cases} \rightarrow 2\text{-}3 换挡阀 \\ \rightarrow 制动器 B_2 \\ \rightarrow B_2 蓄能器 \end{cases}$$

由于 1-2 换挡阀被抬起后,其上端就仅有弹簧力的作用,因此只有在更低的调速器压力下才能被压下降回 D-1 挡,所以 D-1 挡升 D-2 挡的升挡点高于 D-2 挡降回 D-1 挡的降挡点。

4.D-3 挡油路(见图 4-54)

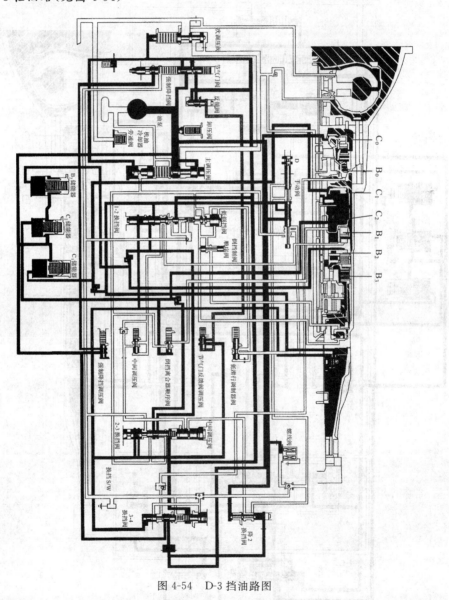

图 4-54　D-3 挡油路图

汽车在 D 挡行驶并继续加速时,当调速器压力增大到足以克服 2-3 换挡阀上端的弹簧力和节气门阀的压力时,2-3 换挡阀被抬起,开通了通往离合器 C_2 的油路。由于前后离合器 C_1,C_2 共同作用使后行星齿轮系处于锁定状态,成为直接传动。

D-3 挡具体油路:

121

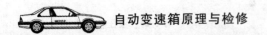

手动阀→1-2换挡阀→2-3换挡阀 $\begin{cases} →后离合器C_2 \\ →C_2 蓄能器 \end{cases}$

由于2-3换挡阀抬起之前调速器压力的有效作用面积较小,而抬起后有效作用面积就增大,所以D-2挡升D-3挡升挡点高于D-3挡降回D-2挡的降挡点。

5. D-3挡油路,O/D处于OFF时(见图4-55)

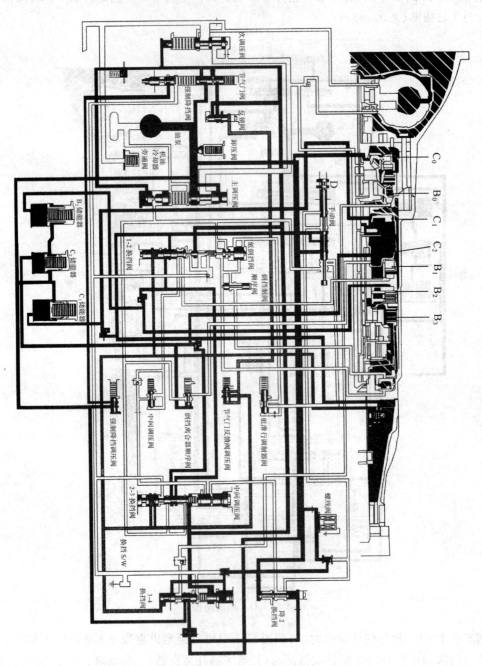

图4-55 O/D开关处于OFF时,D-3挡油路图

当 O/D(超速)开关处于 OFF 时,超速电磁阀断电使针阀闭合,主油路油压作用在 3-4 换挡阀上端。因此不管车速多快,调速器压力都不足以克服 3-4 换挡阀上端的弹簧力、节气门阀压力和主油路压力;3-4 换挡阀始终被压制在最下端,不可能升入 D-4 挡。

6. D-4 挡油路(见图 4-56)

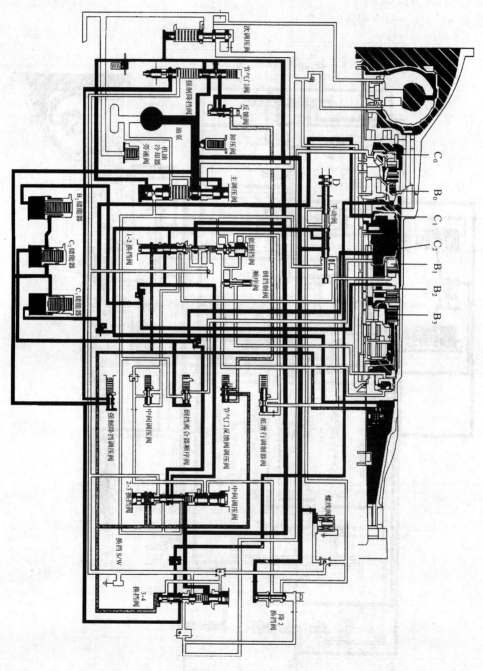

图 4-56　D-4 挡油路图

当 O/D(超速)开关处于 ON 时,超速电磁阀通电使针阀升起,泄出作用在 3-4 换挡阀上

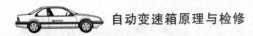

端的油压,允许换挡阀从 D-3 挡升入 D-4 挡。当车速达到一定数值,调速器压力足以克服 3-4 换挡阀上端的弹簧力和节气门阀压力时,3-4 换挡阀被抬起,切断通往超速离合器 C_0 的油路,开通通往超速制动器 B_0 的油路。由于 B_0 的作用使超速行星齿轮的太阳轮制动,超速行星齿轮处于增速减扭状态。

D-4 挡具体油路如下:

油泵→3-4 换挡阀→超速制动器 B_0

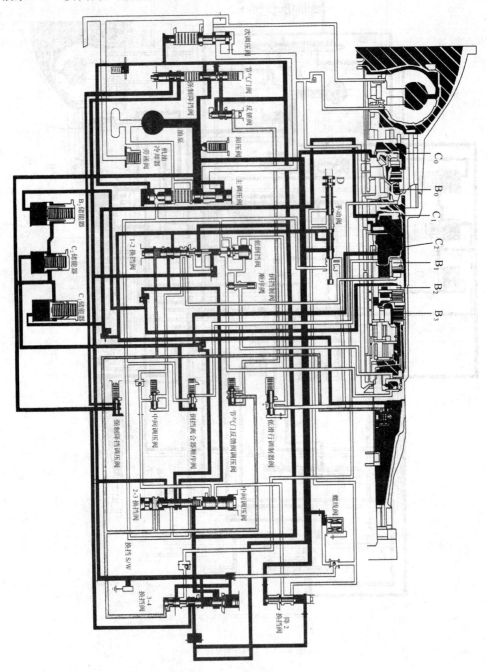

图 4-57　D-4 挡强制降 D-3 挡油路图

7. 强制降挡油路

当节气门开度大于 86％时,强制降挡阀上移,接通了来自强制降挡调压阀的油路,使经过强制降挡调压阀调整后的主油路油压作用在 1-2,2-3 和 3-4 换挡阀上端,强迫各换挡阀下移,实现 4→3→2→1 的降挡。图 4-57 所示为汽车在 D-4 挡行驶经强制降挡为 D-3 的油路图。过强制降挡阀的压力油作用在 3-4 换挡阀上端,与弹簧力、节气门阀压力一起作用,从而克服作用于下端的调速器压力,使 3-4 换挡阀下移,切断到超速制动器 B_0 的油路,接通倒超速离合器 C_0 油路,实现 D-4 挡降到 D-3 挡。

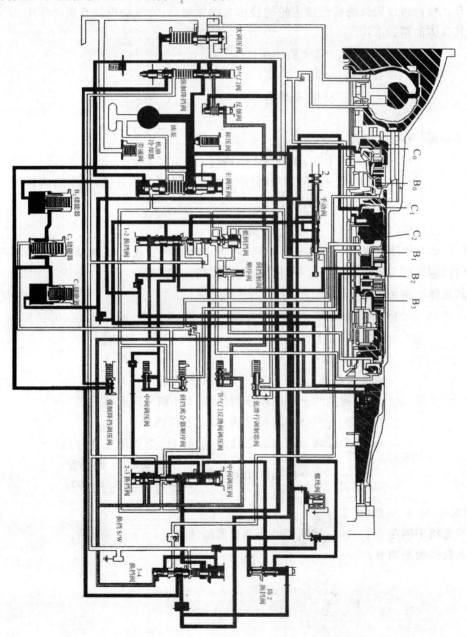

图 4-58　2-2 油路

其油路如下：

$$主油路油液 \rightarrow 强制降挡调压阀 \rightarrow 强制降挡阀 \begin{cases} \rightarrow 3\text{-}4\ 换挡阀（上端） \\ \rightarrow 2\text{-}3\ 换挡阀（上端） \\ \rightarrow 1\text{-}2\ 换挡阀（上端） \end{cases}$$

8. 2-1 和 2-2 挡油路（见图 4-58）

在 2-1 挡时，其动力传动路线与 D-1 挡完全相同。

在 2-2 挡时，其动力传动路线与 D-2 挡基本相同，两者之间的区别仅仅在于制动器 B_1 是否接合。接合可以确保前后行星齿轮的公用太阳轮制动，使发动机具有制动作用。

其具体油路如下：

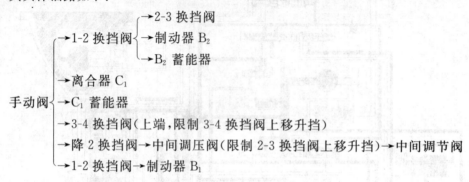

9. L 挡油路（见图 4-59）

L 挡动力传动路线与 D-1 挡基本相同，两者之间的区别仅仅是制动器 B_3 是不否接合。接合可以制动前行星齿轮的行星架，使发动机具有制动作用。

其具体油路如下：

$$手动阀 \begin{cases} \rightarrow 1\text{-}2\ 换挡阀 \\ \rightarrow 前离合器\ C_1 \\ \rightarrow C_1\ 蓄能器 \\ \rightarrow 3\text{-}4\ 换挡阀（上端，限制\ 3\text{-}4\ 换挡阀上移升挡） \\ \rightarrow 降\ 2\ 换挡阀 \rightarrow 中间调压阀（限制\ 2\text{-}3\ 调压阀上移升挡）\rightarrow \\ \qquad\qquad \rightarrow 中间调节阀 \rightarrow 1\text{-}2\ 换挡阀 \\ \rightarrow 低挡滑行调节阀 \rightarrow 低倒挡阀（限制\ 1\text{-}2\ 换挡阀上移升挡）\rightarrow \\ \qquad \rightarrow 倒挡制动器顺序阀 \begin{cases} \rightarrow 制动器\ B_3\ 外活塞 \\ \rightarrow 制动器\ B_3\ 内活塞 \end{cases} \end{cases}$$

10. R（倒挡）油路（见图 4-60）

当选挡手柄在 R 位置时，切断了通往调速器的油路。

其具体油路如下：

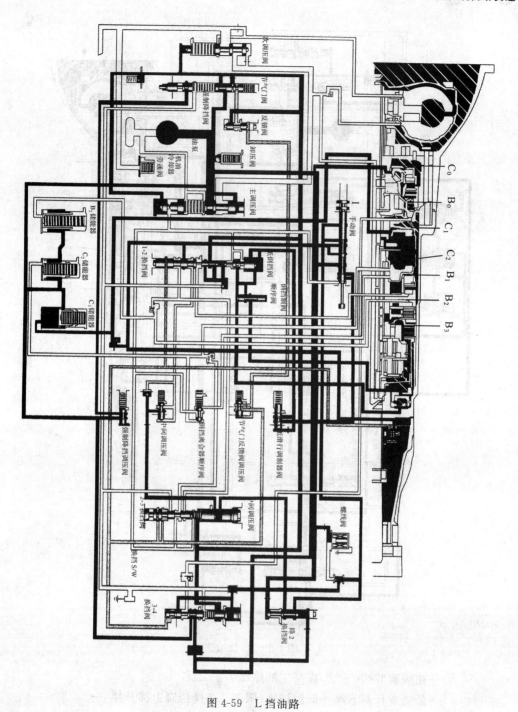

图 4-59　L 挡油路

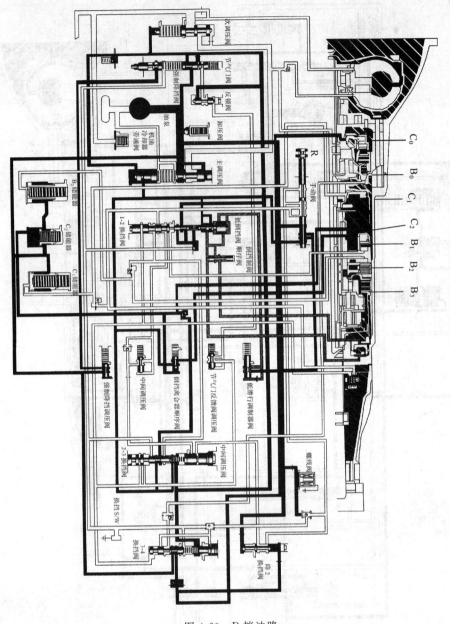

图 4-60　R 挡油路

手动阀 {
　　→初级调节阀(下端,提高主油路压力)
　　→低挡滑行调节阀→低倒挡阀(限制 1-2 换挡阀上移升挡)→
　　　　　　　　　　　　　　　　→制动器 B_3 外活塞
　　　　　　→倒挡制动器顺序阀 {
　　　　　　　　　　　　　　　　→制动器 B_3 内活塞
　　→2-3 换挡阀 {
　　　　　　→后离合器 C_2 外活塞(先)
　　　　　　→C_2 蓄能器
　　　　　　→倒挡离合器顺序阀→后离合器 C_2 内活塞(后)
}

4.5　液压控制系统的检修

4.5.1　供油系统的检修

供油系统的检修主要是指对油泵和散热器进行检修。

1.油泵的检修

(1)油泵的分解

油泵的分解如图 4-61 所示。

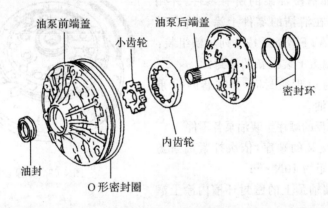

图 4-61　油泵的分解

1)拆下油泵后端轴颈上的密封环。

2)按照对称交叉的顺序依次松开油泵的连接螺栓,打开油泵。

3)用油漆在小齿轮和内齿轮上作一记号,取出小齿轮及内齿轮。

4)拆下油泵前端盖上的油封。

在分解油泵时应注意不要损坏油泵前端盖,不可用冲子在油泵齿轮和油泵壳上做记号。

(2)油泵零件的检查

1)如图 4-62 所示,用塞尺分别测量油泵内齿轮外圆与油泵壳体之间的间隙、小齿轮及内齿轮的轮齿与月牙板之间的间隙、小齿轮及内齿轮端面与端盖平面的端隙。将测量结果与表 4-2 的数值对照,如不符合标准,应更换齿轮、泵壳或油泵总成。

2)检查油泵小齿轮、内齿轮,泵壳端面有无肉眼可见的磨损痕迹,如有,应更换新件。

表 4-2　油泵各间隙标准

检 查 项 目	标准间隙(mm)	最大间隙(mm)
油泵内齿轮外圆与油泵壳体之间	0.77～0.15	0.3
齿轮与月牙板之间	0.11～0.14	0.3
齿轮端面与端盖平面	0.02～0.05	0.3

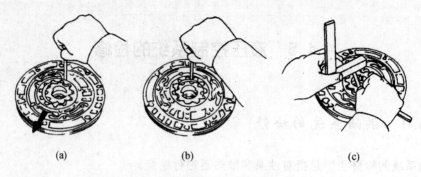

(a)   (b)   (c)

图 4-62　油泵各间隙的检查

（3）油泵的组装

用干净的煤油清洗油泵的所有零件，并用
压缩空气吹干，再在清洁的零件上涂少许自动
变速器用液压油（ATF），然后按下列步骤组装：

1）在油泵前端盖上装入新的油封。

2）更换所有的 O 形密封圈，并在新的 O 形
密封圈上涂 ATF 油。

3）按分解时相反的顺序组装油泵各零件。

4）按照对称交叉的顺序，依次拧紧油泵盖
紧固螺栓，拧紧力矩为 10N·m。

图 4-63　油泵性能检查

5）在油泵后端轴颈上的密封环槽内涂上润
滑脂，安装新的密封环。

6）检查油泵运转性能。将组装后的油泵插入液力变矩器中，转动油泵，油泵齿轮转动应
平顺、无异响，如图 4-63 所示。

2．散热器的检修

液压油散热器检修时一般无需从汽车上拆下，便可直接在车上进行检修。

（1）检查液压油散热器及油管各接头处有无漏油。如果漏油，应更换相应接头处的 O 形
密封圈。

（2）如果液压油散热器或油管破裂，应更换或拆下焊修后装回。

（3）用专用清洗设备清洗液压油散热器内部，或者从散热器进出油管内吹入压缩空气，
将残留在散热器及油管内的旧液压油清除掉，然后向油管内加入一定数量（0.5～1L）的液压
油，吹入压缩空气，进行清洗。

4.5.2　阀体的检修

阀体内的各种滑阀都是精密的部件，其性能的好坏直接影响自动变速器的换挡规律。
一般不要拆检阀体，只有在判断是阀体故障时才对阀体进行拆检，以免无谓拆检造成装配精
度的破坏。不论是液控自动变速器还是电控自动变速器，其阀体的检修方法基本上是相
同的。

1. 阀体的分解

阀体分解时应特别小心，不能丢失或分散小的节流阀、安全阀、随动阀和有关的弹簧。具体分解顺序如下。

(1)按图 4-64 所示的顺序，拆下阀体上的手动阀阀芯及电磁阀等零件。

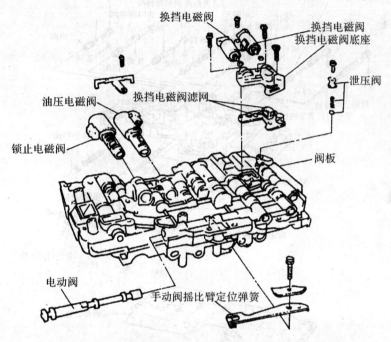

图 4-64　阀体分解

(2)松开上下阀体之间的固定螺栓，将上下阀体分开（见图 4-65）。在拿起上阀体时，为了防止阀体油道内的单向节流阀阀球掉落，应将上下阀体之间的隔板和上阀体一同拿起（图 4-65(b)），并将上阀体油道一面朝上放置后再取下隔板。特别是在没有详细技术资料的情况下检修自动变速器时，更要注意。如果阀体油道内的某个阀或其他小零件掉出，由于阀体油道的形状十分复杂，往往因找不到这些小零件的原有位置而不能正确安装，导致修理后的自动变速器工作异常。

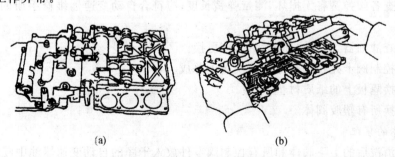

(a)　　　　　　　　　　　　(b)

图 4-65　上下阀体的分解

(3)从上阀体一侧取下隔板，取出上阀体油道内的所有单向阀阀球。

(4)如图 4-66 所示，拆出上阀体中的控制阀。在拆出每个控制阀时，应先取出琐销和挡塞,再让阀芯和弹簧从阀孔中自由落出。若阀芯在阀孔中有卡滞,不能自由落出,则可用木锤或橡胶锤敲击阀体将阀芯振出;不能用铁丝或钳子伸入阀孔去取阀芯,以免损坏阀孔内表面或阀芯。

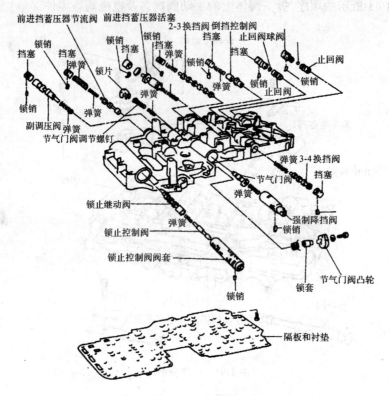

图 4-66　上阀体的分解

(5)按图 4-67 所示的顺序拆出下阀体上所有的控制阀。

2.阀体零件检修

(1)将上下阀体和所有控制阀的零件用清洁的煤油清洗干净。

(2)检查控制阀阀芯表面,如有轻微刮伤痕迹可用金相砂纸抛光。

(3)检查各阀弹簧有无损坏,测量弹簧长度,应符合自动变速器维修手册的要求,如不符合,应更换。

(4)检查滤油器,如有损坏或堵塞,应更换。

(5)如控制阀卡死在阀孔中应更换阀体总成。

(6)更换隔板上的纸质衬垫。

(7)更换所有塑胶阀体。

3.阀体的装配

(1)将清洗后的上下阀体和所有控制阀零件放入干净的自动变速器油中浸泡几分钟。

(2)按图 4-66 和图 4-67 相反的顺序安装上下阀体各控制阀,注意各控制阀弹簧的安装位置,切不可将各控制阀的弹簧装错。必要时可参考自动变速器维修手册,以区分各个控制阀的弹簧。

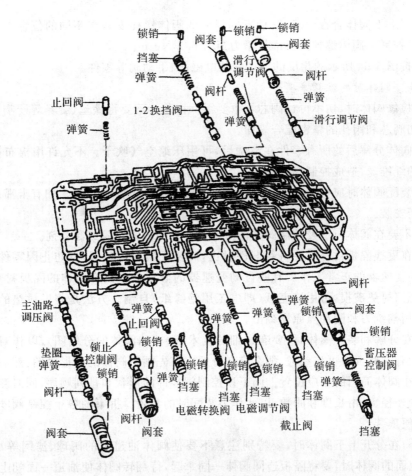

图 4-67　下阀体的分解

(3)按图 4-68 所示位置,将上阀体油道内的阀球装入。

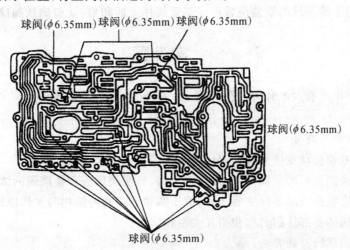

图 4-68　自动变速器球阀安装位置

(4)用螺钉将隔板衬垫固定在上阀体上。

(5)将上下阀体合在一起,三种不同规格的阀体螺栓安装在不同的位置上,分2～3次将所有螺栓拧紧。阀体螺栓的标准拧紧力矩为 $6.1\,\text{N}\cdot\text{m}$。

(6)按图4-64所示的相反的顺序安装电磁阀、手动阀等零件。

4.检修阀体时的注意事项

(1)检修阀体时,切不可让阀芯等重要零件掉落。不要将铁丝、旋具等硬物伸入阀孔中,以免损伤阀芯和阀孔的精密配合表面。

(2)阀体分解后的所有零件在清洗后,可用压缩空气吹干。不允许用棉布擦拭,以免沾上细小的纤维丝,造成控制阀卡滞。

(3)装配阀体时应检查各控制阀阀芯是否能在阀孔中活动自如。如有卡滞应拆下,经清洗后重新安装。

(4)不要在阀体衬垫及控制阀的任何零件上使用内密封胶或黏合剂。

(5)在更换隔板衬垫时要将新旧件对比,确认无误后再装入,以防止因零件规格不符而影响自动变速器的正常工作。有些自动变速器的修理包中没有阀体的隔板衬垫,在维修中如果发现旧衬垫破损,可用清亮纸(即电工用绝缘纸)自制。方法是将旧衬垫的形状画在青稞纸上,用割纸刀和圆冲照原样刻出。

(6)在分解和装配阀体时,要有详细的技术资料(如阀体的分解图),以作对照。如果在检修时没有这些资料可作参考,那么应在分解之前先画出阀体的外形简图,然后每拆一个控制阀,就在阀体简图的相应位置上画下该控制阀零件的形状和排列顺序,同时测量并记下各个弹簧的外径、自由长度和圈数,以此作为装配时的参考。拆下的各个控制阀零件要按顺序排放,以便重装。

另外,在分开上下阀体时,要特别注意不要使阀体油道中的阀球、滤网等小零件掉出。在拿起上面的阀体时,要将隔板连同阀体一同拿起,待翻转阀体使油道一面朝上后再拿开阀体。认清上下阀体油道中所有阀球等零件的位置,并画在简图上,同时测量并记下不同直径的阀球的位置,然后才能取出阀球等零件,做进一步分解及阀体清洗工作。如果阀球脱落,导致安装时记不清阀球的安装位置可仔细看阀体上的印痕,从而确认阀球安装位置。

实训题

实训 4-1 液控自动变速器液压控制系统的检修

1.实训目的与要求

(1)了解液控自动变速器供油调压系统的结构与工作原理;

(2)了解换挡过程的主要部件:油门调压阀、速度调压阀和换挡阀的结构与工作原理;

(3)了解影响换挡品质的主要部件:蓄压器和节流阀的结构与工作原理;

(4)熟悉阀体各部件的名称和相互关系和作用;

(5)掌握油泵的检修方法。

2.实训仪器设备

(1)速度调压阀;

(2)A43D 自动变速器阀体;

(3)拆装工具一套;

(4)维修资料或挂图。

3. 实训内容与操作

(1)按系统拆装,熟悉各部件结构

1)供油调压系统

①油泵拆装;

②滤清和冷却装置拆装;

③油路板拆装:初级调节阀(主油压调节阀)、卸压阀、次级调压阀、冷却器旁通阀(保证冷却器堵塞时,旁通油液)。

2)换挡过程控制零部件

① 节气门调压阀:节气门阀、反锁阀(节气门反馈调节阀);

② 速度调压阀;

③ 换挡阀:1-2 换挡阀,2-3 换挡阀,3-4 换挡阀;

④ 其他:低倒挡阀、低滑行调制器阀、强制降挡阀、强制降挡调压阀、降 2 挡换挡阀、中间换挡阀、螺线阀。

3)换挡品质控制零部件

① 蓄能器:B_2,C_2,C_1;

② 各种顺序阀:倒挡制动器顺序阀、倒挡离合器顺序阀、中间调节阀(缓冲控制阀);

③ 各种单向阀。

(2)操作步骤要点

• 油泵的检修要点

1)分解油泵。

2)检查:①泵体间隙的测量;②端间隙的测量;③侧间隙的测量。

3)装复:用干净的煤油清洗油泵的所有零件,并用压缩空气吹干,再在清洁的零件上涂少许自动变速器用的液压油,按步骤组装。

4)检查油泵运转性能:将组装后的油泵插入液力变矩器中,转动油泵,齿轮转动应平顺、无异响。

• 阀板的检修要点

1)在分解、装配阀板时,应有阀板分解图,以作为对照;或记录所拆卸控制阀的形状和排列顺序,作为装配时的参考。

2)将上下阀板的所有控制阀的零件用清洁的煤油或酒精清洗干净。

3)检查控制阀阀芯表面,如有轻微刮伤痕迹,可用金相砂纸抛光。

4)检查各阀弹簧有无损坏,测量各阀弹簧的长度,如不符合规定要求,则应更换。

5)检查滤油器,如有损坏或堵塞,则应更换。

6)检查隔板,如有创伤或损坏,则应更换。

7)更换隔板上的纸质衬垫,更换所有塑胶球阀。

8)如控制阀卡死在阀孔中,则应更换阀板总成。

4. 注意事项

(1)保持工量具清洁和零部件清洁。

(2)拆装时应注意顺序。

(3)在分开上下阀板时,要特别注意不要使阀板油道中的球阀、滤网等小零件掉出。

(4)锁销、挡塞和球阀应作好记号,以免装错。

5.实训报告

(1)阐述油泵的拆检过程与方法。

(2)根据拆检阀体主调压阀、节气门阀,分析主调压阀与节气门的工作过程。

复习思考题

4-1 节气门调压阀产生压力较低而速度调压阀的压力正常时,自动变速器会产生什么样的故障现象? 请说明理由。

4-2 速度调压阀因滤网堵塞造成压力降低,其他正常,试问会产生什么样的故障现象?

4-3 在不同汽车的行驶状况下,对主油路压力有什么样的要求? 并简单说明。

4-4 丰田液控自动变速器的强制降挡是如何实现的,请分析说明。

4-5 ATF温度过高,会产生什么样的后果? 分析其可能原因。

4-6 丰田液控自动变速器换挡品质不良主要与哪些因素有关?

4-7 如何检测锁止离合器是否接合?

4-8 换挡规律是什么? 液控自动变速器的换挡规律能否根据驾驶需要进行调节? 以丰田液控自动变速器为例分析影响换挡规律的可能因素? 简单说明理由。

4-9 自动变速器实现自动换挡需要哪几个条件?

4-10 自动变速器液力变矩器锁止条件主要是几个? 如果不能锁止则可能的原因有哪些? 请简单分析。

4-11 蓄能器功用是什么? 简述其工作原理。

4-12 在自动变速器换挡期间,对卸油、进油两执行元件间的重叠时间有什么样的要求? 说明理由。简述重叠时间主要由哪些液压元件控制。

第 5 章
电子控制自动变速器

**本章要点：**

1. 电控自动变速器与液控自动变速器的区别；

2. 电控自动变速器的组成和工作原理；

3. 电控系统输入装置、控制单元、执行器的电路和原理；

4. 电控自动变速器换挡控制功能分析；

5. 换挡控制过程及油路分析。

5.1　概　述

电子控制自动变速器通过节气门位置传感器、车速传感器以及其他传感器输出的电信号一起，送到电子控制单元（TCM 或 ECT ECU）。输入信号与事先存储在电子控制单元中的参数进行比较，并由电子控制单元向相应的若干个电磁阀发出指令，接通或切断流向执行机构各离合器和制动器的压力油，从而精确地控制换挡和锁止。

一般电子控制自动变速器主要由液力变矩器、传动机构（行星齿轮组）、液压控制装置、电子控制系统组成（见图 5-1）。

电控自动变速器换挡的工作原理如图 5-2 所示，它主要是利用节气门传感器信号与车速信号输入控制单元，由控制单元精确控制换挡电磁阀而实现换挡。当车速较低、节气门开度较大时，电控单元使换挡阀 B 通电泄压，从而使换挡阀右移到最右端，使工

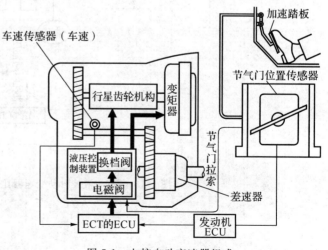

图 5-1　电控自动变速器组成

137

作油压与低速挡油路接通,汽车于低速挡行驶(见图5-2(a))。随着车速增加,电控单元使换挡阀 B 断电,换挡阀移动到最左端,使工作油压与高速挡油路接通,汽车于高速挡行驶(见图5-2(b))。

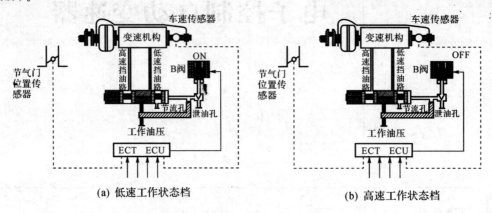

(a) 低速工作状态档   (b) 高速工作状态档

图 5-2　电控自动变速器换挡的基本原理

电控与液控自动变速器相比较,主要是控制手段有所不同,而本质上没有区别,以至于从整体结构到外观,两者都相差无几。控制手段的具体差异比较如图5-3所示。

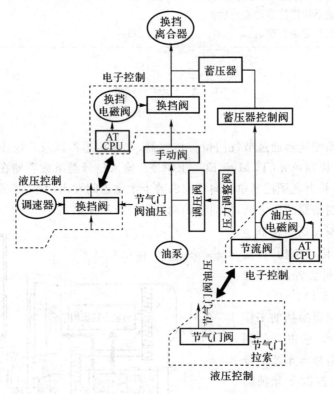

图 5-3　电控与液控自动变速器比较互换框图

5.2　电子控制系统

电控自动变速器的电子控制系统主要由输入装置(各种传感器、开关信号)、电子控制单元和输出装置(执行器即各种电磁阀)组成,如图 5-4 所示。

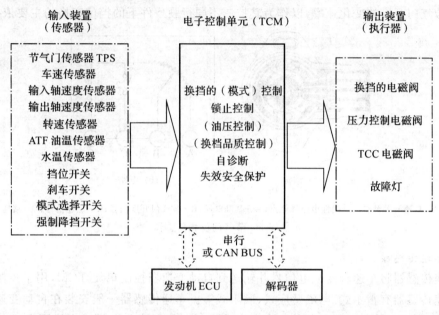

图 5-4　电子控制系统组成

电子控制装置是控制系统的核心,它利用自动控制原理,主要通过车速传感器和节气门开度传感器将汽车行驶速度和发动机负荷等参数转变为电信号,电脑再根据这些电信号作出是否需要换挡或锁止的判断,并按照设定的控制程序发出换挡、锁止指令,通过控制各种电磁阀(换挡电磁阀、锁止电磁阀、油压电磁阀等通断电),进而控制油路以驱动离合器、制动器、变矩器的锁止离合器等液力执行元件,从而实现对自动变速器的全面控制。

在现代汽车上,自动变速器的控制单元和发动机的控制单元有公用和分开两种。电子控制装置都需要汽车上的各种传感器信号才能获得汽车参数信息,因此,为了更加方便地获取汽车参数信息,往往汽车上的各个电子控制装置按一定的规则相互通信传递信息。

5.2.1　传感器(输入装置)

自动变速器电子控制系统中常用的传感器有节气门位置传感器、车速传感器、输入轴转速传感器、液压油温度传感器以及各种开关信号等。

1. 节气门位置传感器

利用发动机节气门体上的节气门位置传感器来测得节气门的开度和开闭速度,以便控制自动变速器的换挡正时和锁止正时,从而使自动变速器的换挡规律在任何行驶条件下都能满足汽车的实际使用要求。该传感器与发动机电控系统共用。

节气门位置传感器有多种类型,目前汽车上通常采用的是线性可变电阻型的节气门位置传感器,有4线式带怠速开关和三线式不带怠速开关两种节气门位置传感器。图5-5所示是带怠速开关的节气门位置传感器,由节气门轴带动线性电位计及怠速开关的滑动触点。节气门关闭时,怠速开关接通;节气门开启时,怠速开关断开。当节气门处于不同位置时,电位计的电阻也不同。这样,节气门开度的变化被转变为电阻或电压信号输送给电脑。电脑通过节气门传感器可以获得表示节气门由全闭到全开的所有开启角度的连续变化的模拟信号以及节气门开度的变化速率,以作为其控制不同行驶条件下的挡位变换的主要依据之一。

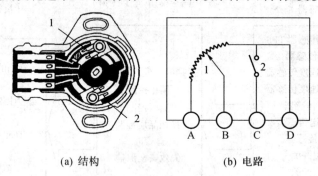

(a) 结构　　　　(b) 电路

1—怠速开关触点;2—线性电位计触点;A—基准电压;B—节气门开度信号;C—怠速信号;D—接地

图5-5　节气门位置传感器

2. 车速传感器

车速传感器将车速转变成电信号并输送到自动变速器控制单元TCM,用于控制换挡过程。车速传感器有霍尔式、电磁感应式、磁阻式等。车速传感器一般安装在自动变速器输出轴附近,如图5-6所示。电磁感应式转速传感器由永久磁铁和电磁感应线圈组成,如图5-7(a)所示。

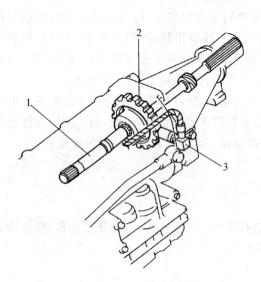

1—输出轴;2—停车锁止齿轮;3—车速传感器

图5-6　车速传感器

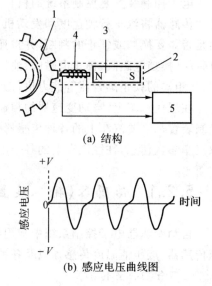

(a) 结构

(b) 感应电压曲线图

1—停车锁止齿轮;2—车速传感器;3—永久磁铁;
4—感应线圈;5—电脑

图5-7　车速传感器工作原理示意图

它固定在自动变速器输出轴附近的壳体上,安装在靠近输出轴上的停车锁止齿轮或感应转子。当输出轴转动时,停车锁止齿轮或感应转子的凸齿不断地靠近或离开车速传感器,使感应线圈的磁通量发生变化,从而产生交流感应电压,如图 5-7(b)所示。车速越高,输出轴的转速也越高,感应电压的脉冲频率也越大。电脑根据感应电压脉冲频率的大小计算出车速。

3.输入轴转速传感器

输入轴转速传感器的结构、工作原理与车速传感器相同。它安装在行星齿轮变速器的输入轴或与输入轴连接的离合器毂附近的壳体上(见图 5-8),用于检测输入轴转速,并将信号送入电脑,使电脑更精确地控制换挡过程。此外,电脑还将该信号和来自发动机控制系统的发动机转速信号进行比较,计算出变矩器的传动比,使油路压力控制过程和锁止离合器控制过程得到进一步的优化,以改善换挡感觉,提高汽车的行驶性能。

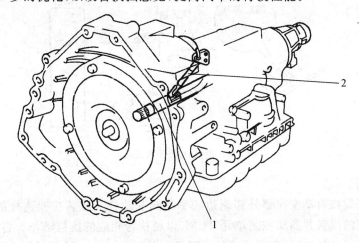

1—行星齿轮变速器输入轴;2—输入轴转速传感器

图 5-8　输入轴转速传感器

4.液压油温度传感器

液压油温度传感器安装在自动变速器油底壳内的阀板上,用于检测自动变速器的液压油温度,以作为电脑进行换挡控制、油压控制和锁止离合器控制的依据。液压油温度传感器是一个负温度系数半导体热敏电阻。温度越高,电阻越低,电脑根据其电阻的变化测出自动变速器的液压油温度。

除了上述各种传感器之外,自动变速器的控制系统还将发动机控制系统中的一些信号,如发动机转速信号、发动机水温信号、大气压力信号、进气温度信号等,作为控制自动变速器的参考信号。

5.其他控制开关信号

电子控制装置中的控制开关有模式开关、挡位开关、自动跳合开关(强制降挡开关)、制动开关、超速挡(O/D OFF)开关、手动换挡开关以及巡航控制信号等。

(1)模式选择开关

模式选择开关一般安装在变速杆附近,用于驾驶员选择驾驶模式,以满足不同的使用要求。所谓驾驶模式主要是指自动变速器的换挡规律。模式选择开关与电脑的连接,如图 5-9

所示,一般有两个驾驶模式供选择,分别为 PWR(POWER,动力模式)和 NOR(NORMAL,常规模式)。开关的两个输出端与各自的指示灯连接,但只有动力模式的输出端与电脑的 PWR 端子连接。驾驶员通过两挡按键开关控制两个模式的选择。选择动力模式时,电脑的 PWR 端子有 12V 电压输入;而选择常规模式时,电脑的 PWR 端子的电压为 0V。电脑根据 PWR 端子是否有 12V 电压输入判定驾驶员对行驶模式的选择:电压为 12V 时是动力模式,电压为 0V 时是常规模式。开关在通知电脑行驶模式选择的同时,还使仪表盘上的指示灯点亮,提示驾驶员对驾驶模式的选择。有些车型还有 E(ECONOMY,经济模式)、S(SPORT,运动模式)、W(WINTER,冬季模式)可供选择。现在的自动变速器具有智能化驾驶模式自动选择功能,自动变速器电脑能根据驾驶员的驾驶状况和行驶条件自动选择行驶模式,不再设置单独的模式选择开关。

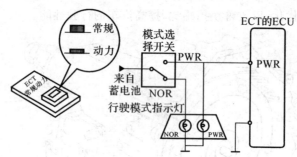

图 5-9　模式选择开关及线路

（2）挡位开关

挡位开关安装在自动变速器外部侧边的手动阀联动杆上或装在变速杆的下面,用于检测变速器变速杆的位置并通知控制单元 TCM,以便执行相应的换挡动作。各车型挡位开关的控制线路有以下几种方式:①单线式挡位开关(见图 5-10(a)),目前已很少采用;②复合式挡位开关(见图 5-10(b));③电阻式挡位开关(见图 5-10(c));④数位式电子开关(见图 5-10(d))。就复合式挡位开关而言,其内部有各挡位的固定触点,活动触点臂也与液压控制系统手动阀的控制轴联动,而且变速杆、手动阀和挡位开关三者之间的位置是一致的。挡位开关只有 N 和 P 挡时,起动机的控制线路才能接通,发动机才能起动,避免了变速杆在行驶挡位启动发动机时可能造成的危险。随着变速杆位置的改变,挡位开关除了接通变速杆位置的指示灯外,还在各挡位分别向 TCM 的输入端子输入电压信号,TCM 根据上述信号便知道自动变速器所处的挡位。

（3）强制降挡开关

强制降挡开关又称为自动跳合开关,安装在加速踏板的后面或节气门体上,用来检测加速踏板打开的程度。强制降挡开关与电脑连接如图 5-11 所示。当加速踏板超过节气门全开位置时,强制降挡开关接通,并向电脑输送信号,这时电脑按其设置的程序控制换挡,并使变速器降一个挡位,以提高汽车的加速性能。

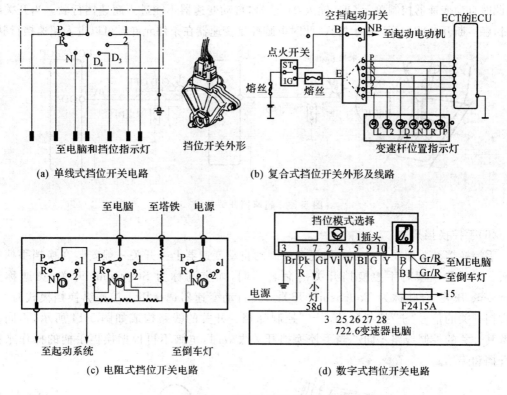

(a) 单线式挡位开关电路　　　　　(b) 复合式挡位开关外形及线路

(c) 电阻式挡位开关电路　　　　　(d) 数字式挡位开关电路

图 5-10　挡位开关控制电路

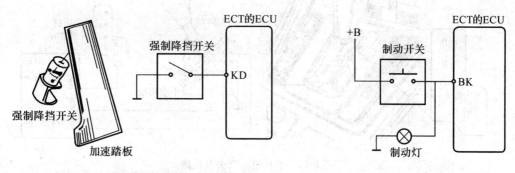

图 5-11　强制降挡开关及线路图　　　　图 5-12　制动开关及线路

（4）制动开关

制动开关安装在制动踏板支架上，用于判断制动踏板是否被踩下。如果踩下，则该开关便将信号输送给电控单元，以解除锁止离合器的接合，防止突然制动时发动机熄火，保证车辆稳定行驶。制动开关与电脑连接如图 5-12 所示，当踏板被踩下时，制动开关输送信号到变速器电脑。在采用模糊逻辑控制的电控自动变速器中，当制动开关闭合时，电脑会控制变速器降挡或延迟变速器升挡，即电脑起动下坡控制程序。

（5）超速挡（O/D OFF）开关

超速挡开关一般安装在变速杆或仪表台上，用于控制变速器是否可以进入超速挡行驶。超速挡开关与电脑连接如图 5-13 所示。当开关接通时，触点闭合，仪表板上 O/D OFF 指示灯亮,此时自动变速器控制单元 OD_2 输入 0V 信号,自动变速器不能进入超速挡行驶。当开关断开时,触点断开,O/D OFF 指示灯灭,此时电脑控制变速器在条件允许时可以进入超速挡行驶。

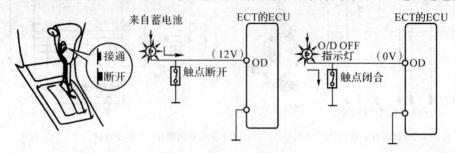

图 5-13　超速挡开关及线

(6)手控换挡开关

手控换挡开关用在手—自一体混合控制的自动变速器上。开关一般安装在换挡手柄的下面。不同的车型对手控换挡开关的命名不同,如宝马称为 Steptronic 开关,奥迪称为 Tiptronic 开关,奔驰称为 Touchshift 开关。当自动变速器选择用手控操纵换挡模式时,手控换挡开关的信号"+"控制升挡,"-"控制降挡。开关的线路构成如图 5-14 所示,不同的车型其开关的控制线路不同。当手控换挡开关失效时,电脑不再根据换挡手柄的操作来控制升挡和降挡。

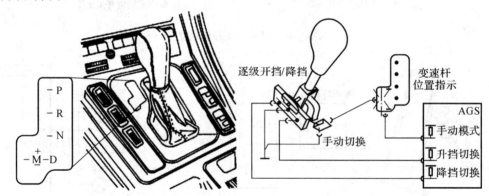

图 5-14　手控换挡开关及线路

(7)巡航控制信号

有些车辆设有巡航控制系统。在交通情况较好的情况下启动巡航控制系统可以减轻驾驶员的劳动程度。巡航控制系统与自动变速器 ECU 的连接情况如图 5-15 所示。

如果车辆在动力(PWR)模式下行驶,启动巡航控制系统后自动变速器控制单元 TCM 自动将行驶模式转变为常规(NOR)模式。在车辆行驶正常时,TCM 的 OD_1 端子电压为 12V(或 5V)。车辆上坡时会引起车速的下降,如果车速下降的幅度超过

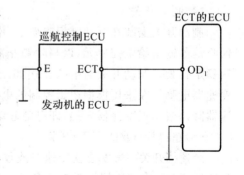

图 5-15　巡航控制信号线路

10km/h(因车而异,高档车此值较小),TCM 的 OD$_1$ 端子的电压会变为 0V。此时控制单元 TCM 将进行两个操作,分别为解除 OD 挡和解除锁止。解除 OD 挡是为了在 D-3 挡更好地加速;解除锁止是为了防止发动机熄火。因此,由于某些故障原因使 TCM 的 OD$_1$ 端子电压为 0V,则自动变速器无超速挡。

5.2.2　电子控制单元

电控自动变速器电子控制单元简称为 TCM 或 AT ECU 或 ECT ECU。在结构上可分为一体式和独立式两种,一体式就是和发动机控制单元连在一起。由于自动变速器和发动机控制单元间共用的传感器信息较多,一般采用一体式,而采用独立式的控制单元相互间信息交换则采用数据线或总线通信方法。例如大众车系的自动变速器控制单元是独立的,信息交换采用 CAN BUS 总线方法,广本、上海通用车系则是组成一体的。

1.自动变速器控制单元 TCM 的结构特点和工作原理

与发动机电子控制单元类似,自动变速器电子控制单元 TCM 由电源、输入电路、输出电路、信号转换器和微处理器等组成。

TCM 根据传感器输送的信号确定换挡点和变矩器锁止时机,并控制相应电磁阀工作。当换挡杆处于"P"位或"N"位时,才能启动发动机。起动后换入前进挡位便进入自动换挡控制。TCM 的微处理器 CPU 每隔一定时间收集、处理输入信号(车速、节气门开度等),并从存储器中读出预置的该节气门开度下的最佳换挡点速度,与当时采样的输入信号比较后,判断是否换挡。如果需换挡则通过接口发出换挡指令给换挡电磁阀实现升挡或降挡。当路况需人为干预时,可松开加速踏板提前换高挡,踩加速踏板提前换入低挡,或将变速杆置于低挡,系统则退出自动控制。

2.自动变速器控制单元 TCM 的控制内容

不同车型自动变速器电子控制系统的控制范围和功能有所不同,有的功能多一些,有的功能少一些,现将电控系统的有关功能简述如下:

(1)换挡正时控制

换挡正时控制即换挡点(变速点)控制,它是 TCM 最基本的控制功能。在自动变速器中,挡位(速比)自动进行切换的点称为换挡点,换挡点由节气门开度和车速决定。换挡(升挡或降挡)车速与节气门开度的关系通常称为换挡规律。如图 5-16 所示为变速杆处于"D"位,模式选择开关处于标准"N"或动力"P"时的换挡规律图。

当换挡手柄在前进挡位"D",且节气门开度相同时,动力型换挡规律的各挡升挡车速以及降挡车速都要比经济型换挡规律的升挡及降挡车速高,这样升挡车速越高,加速动力性越好,降挡时亦然。反之,升挡车速越低则燃油经济性就越好。

在选定换挡模式后,TCM 按照换挡模式的程序,根据速度传感器信号和节气门位置传感器信号控制 1、2 号换挡电磁阀线圈电流的通断,进而控制换挡阀实现油路切换,保证油液进入相应行星齿轮装置中的离合器、制动器,实现升挡或降挡。图 5-17 所示为丰田 A140E 型自动变速器(四速)换挡正时的控制。

(2)变矩器锁止正时控制

在 TCM 存储器中,已存入了不同挡位、不同换挡模式下的锁止离合器工作程序。依照

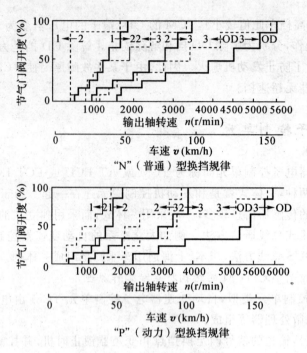

图 5-16　换挡规律图

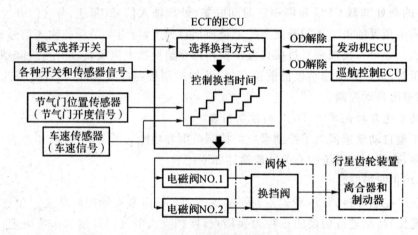

图 5-17　丰田 A140E 自动变速器换挡正时控制图

这种程序,TCM 可根据车速信号和节气门开度信号使锁止电磁阀接通或断开,从而控制锁止时刻。同时在换挡时,通过控制锁止离合器的接合与分离,减小换挡冲击,改善换挡品质。图 5-18 所示为丰田 A140E 电控变速器的锁止正时控制框图。

　　变矩器锁止除受车速信号和节气门开度信号影响外,在以下任何一种情况发生时,都将切断锁止电磁阀电路,强制锁止离合器分离:①制动开关接通;②节气门位置传感器的"IDL"触点接通(节气门全闭);③冷却液温度低于 70℃;④巡航控制系统正在工作,且实际车速低于其预置车速 10 km/h 以上。

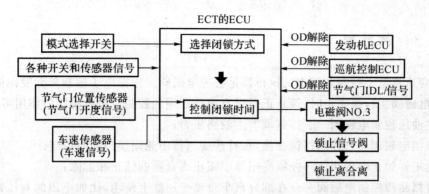

图 5-18　丰田 A140E 自动变速器锁止正时控制框图

（3）换挡品质的控制

换挡品质的控制是自动变速器的主要控制之一，也是最难的一种控制。换挡品质控制不良，将影响换挡平顺性、乘坐的舒适性。控制内容包括以下几个方面：

1）工作油压控制

电控单元 TCM 根据节气门开度、选挡杆位置、车速等信号，控制油压电磁阀的通电和断电时间比，从而控制执行元件油路压力。保证在换挡期间的油压由小增大使离合器或制动器接合更为柔和、平顺，以减轻换挡冲击。换挡结束后能根据车辆行驶状况控制最佳油压。

2）发动机转矩控制

当电控单元 TCM 判断需要换挡时，发动机 ECU 会使点火时间暂时延迟少许，用以控制发动机输出转矩，从而使换挡的动作更加平稳。

3）N-D 控制

N-D 控制又称为车体摆动控制，即当操纵手柄由空挡挂入 D 挡位置时，通过调整发动机喷油量，将发动机的转速变化减至最小程度，以改善换挡感觉。同时，TCM 控制自动变速器先入 3 挡或 2 挡，再回到 1 挡，以减小从 N 挡到 D 挡的入挡冲击。

4）蓄能器背压力控制

当电控单元 TCM 判断需要换挡时，在向换挡电磁阀发出控制信号的同时也向蓄能器背压电磁阀输出控制信号，用来调节蓄能器活塞背压，使换挡时离合器和制动器的接合更加柔和，从而使换挡动作更加平稳。

（4）故障自诊断功能

电控单元 TCM 在工作时不断地检查各传感器、执行器和 TCM 本身。当检测到故障时，TCM 自动作出判断，并点亮仪表板的故障指示灯，同时把故障以代码形式记忆在存储器中，以便检修时读取。由于有备用电源，即使发动机熄火也不会消失。所以在故障排除后，要使用消除故障码的专门程序才能将故障码从存储器中抹掉。

（5）失效保护功能

失效保护功能的目的是为了在传感器或电磁阀出现故障时仍可使汽车继续行驶。例如，换挡电磁阀出故障时，TCM 可以让自动变速器处于某一固定挡位（比如 2 挡或 3 挡），使汽车继续行驶。失效保护功能起作用时，通常称为锁挡。

5.2.3 执行器

自动变速器电子控制系统中的执行器是各种电磁阀。根据电子控制单元发出的控制指令对各种电磁阀实行换挡正时、锁止正时以及换挡品质的控制。按电磁阀的作用可分为:

(1)主油压控制电磁阀——控制调节主油路压力;

(2)换挡电磁阀——控制挡位变换,在有些变速器中兼用换挡品质控制;

(3)变矩器锁止电磁阀——控制变矩器中锁止离合器的锁止和解除;

(4)换挡品质控制电磁阀——在部分汽车自动变速器上使用,比如丰田的蓄压器背压控制、三菱 F4A2 系列自动变速器上的工作压力调节电磁阀等。

自动变速器采用的电磁阀通常有开关式电磁阀和脉冲线性式电磁阀两种。按照通断电时,电磁阀控制油路通道的开闭状况可分为常开型和常闭型两种。根据电磁阀工作时是否直接控制置挡离合器的工作油路又可分为直接控制油路电磁阀和间接控制油路电磁阀。

1.开关式电磁阀

开关式电磁阀是指仅有通电、断电两种控制状态的电磁阀。根据通断电时油道开启状况又可分常开型和常闭型两种。一般用作换挡电磁阀和变矩器锁止电磁阀;图 5-19 和图 5-20所示为常闭和常开型电磁阀。常开型在断电时油路接通,通电时油路切断;常闭型在断电时油路切断,通电时油路接通。

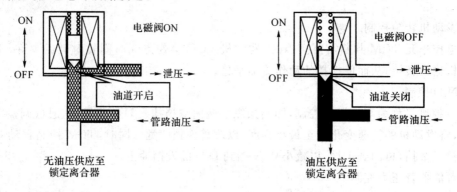

图 5-19　常闭型电磁阀

2.脉冲线性式电磁阀

脉冲线性式电磁阀又可称为脉宽调制型电磁阀,由占空比(流过线圈的电流大小)控制电磁阀的开闭程度,可用作主油压控制电磁阀、变矩器锁止电磁阀、换挡电磁阀以及换挡品质控制电磁阀。

占空比定义为每一周期内有电流流过电磁阀时间所占的百分比。不同车型的电磁阀的控制频率(周期)是不同的。比如,通用公司的压力控制电磁阀采用295.5Hz 频率控制,锁止离合器控制电磁阀采用 30Hz 频率控制。

脉冲线性式电磁阀根据是否带调压控制阀又可分成滑阀式和独立式脉宽调制电磁阀;根据占空比大小与输出压力关系又可分为正比例电磁阀和负比例电磁阀(见图 5-21 和图 5-22)。

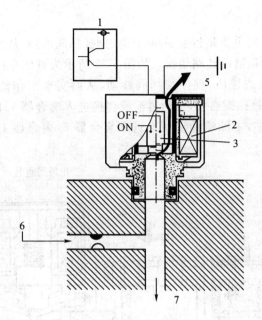

1—TCM；2—线圈；3—阀芯；4—节流孔；5—泄油孔；6—主油道；7—控制油道

图 5-20　常开型电磁阀

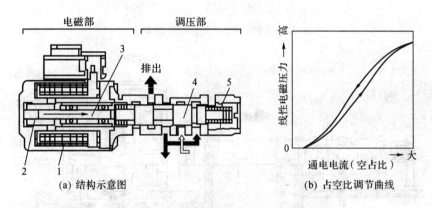

图 5-21　正比例滑阀式脉宽调制电磁阀

1—电磁线圈；2—滑阀；3—滑阀轴；4—控制阀；5—弹簧

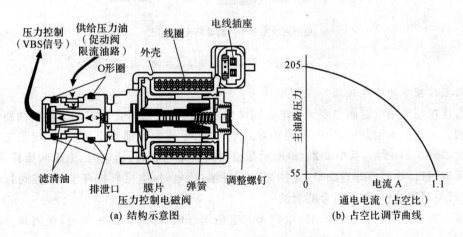

图 5-22　负比例独立式脉宽调制电磁阀

3.间接控制油路电磁阀

间接控制油路电磁阀主要是指电磁阀动作控制换挡阀油路,从而控制换挡阀的移动,间接控制置挡离合器或制动器的油路切换。如图5-23所示为常闭型间接控制油路电磁阀,电磁阀通断电使油路泄油或建压,促使换挡阀移动,从而实现工作油路切换。通电时(见图5-23(a)),电磁阀泄压,换挡阀右移,主油道油液切换进入离合器1;断电时(见图5-23(b)),电磁阀保压,换挡阀左移,主油道油液切换进入离合器2,离合器1泄压,从而实现挡位的变换。

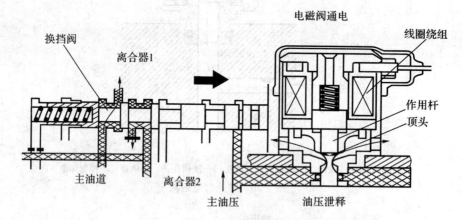

(a) 电磁阀通电时换挡阀油路流通情况

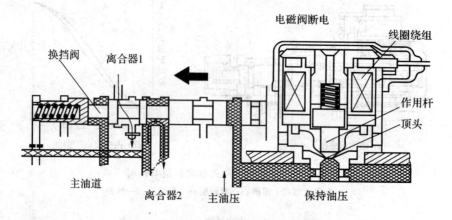

(b) 电磁阀断电时换挡阀油路流通情况

图5-23 间接控制油路电磁阀

4.直接控制油路电磁阀

直接控制油路电磁阀主要是指电磁阀动作直接控制置挡离合器或制动器的油路。这种电磁阀安装在液压油路中,控制油路的导通或泄油;电磁阀的通断电,直接实现了工作油路切换。如图5-24所示,其中5-24(a)所示是控制式油路电磁阀,通电时,电磁阀推杆下移,锥阀关闭泄油口,球阀打开进油口,置挡离合器进油;断电时,电磁阀推杆上移,锥阀打开泄油口,球阀关闭进油口,置挡离合器泄油。

图5-24(b)所示为开关式油路电磁阀。电磁阀通电,球阀关闭主油道,置挡离合器无油

压;电磁阀断电,球阀开启主油道,置挡离合器建立油压。

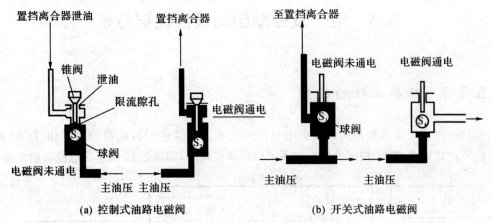

(a) 控制式油路电磁阀　　　　　(b) 开关式油路电磁阀

图 5-24　直接控制油路电磁阀

5.电磁阀通断电控制方式

　　自动变速器控制单元控制电磁阀的方式是通过电子开关使电磁阀电路连通或断路。在此开关连通(或断开)时,电磁阀置于通电(或断电)位置,由此对液压油路进行控制。电磁阀的通断电控制方式一般有接地端控制和火线端控制两种,如图 5-25 所示。接地端控制就是控制电磁阀对地间的通断;火线端控制就是控制电磁阀与电源间的通断。

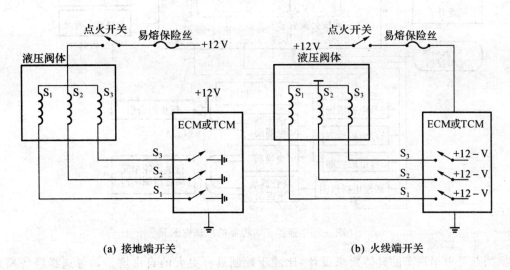

(a) 接地端开关　　　　　　　　(b) 火线端开关

图 5-25　电磁阀通断电控制方式

5.3 电一液控制自动换挡过程分析

5.3.1 换挡正时的控制

换挡正时主要是指换挡时对应的节气门开度和汽车速度。自动换挡主要由 TCM 根据输入的各种传感器信号,控制换挡电磁阀通断电来实现的,如图 5-26 所示。电控自动变速器

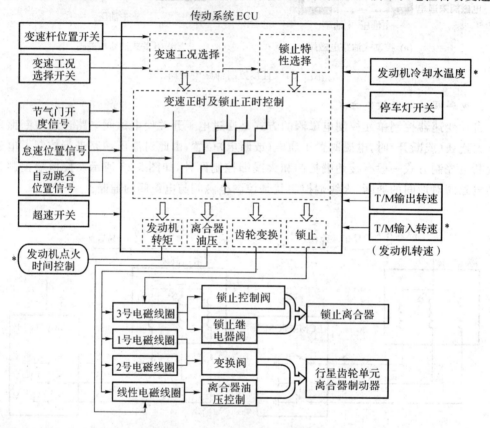

图 5-26　换挡正时控制的原理框图

的换挡点可根据汽车的具体要求设计,比液压控制具有更大的自由度。如可选择经济模式以节省燃料,也可选择运动模式以提高汽车的加速性能。有些车型的自动变速器采用智能化的换挡控制模式,能够依照路面状况和驾驶员的操作条件,自动选择合适的换挡模式。比如广本所用的自动变速器采用坡度逻辑控制工作程序,即能够将输入的实际行驶条件进行运算并与存储在 PCM 中的行驶条件进行比较,自动选择正常模式、上坡模式、下坡模式、减速模式,从而控制车辆在爬坡、下坡或减速时的换挡规律,如图 5-27 所示。在 F4A42 自动变速器中,采用了智能化车辆控制系统(简称 INVECS-Ⅱ),使换挡选择具有以下特点:(1)具有自学习或自适应换挡控制规律的能力(具有修正换挡点的功能)。对于喜欢开猛车的驾

驶员,换挡点提高即升挡延迟;反之,升挡提早;(2)能防止在上坡过程中,突然松油门而产生升挡;(3)在下陡坡过程中(常踩刹车)会提早降挡;反之,降挡延迟。如图 5-28 所示,阴影部分是 INVECS-Ⅱ视实际情况而智能化地改变换挡点。

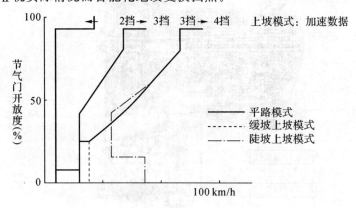

图 5-27　广本自动变速器上坡换挡控制模式

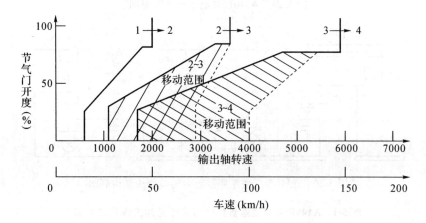

图 5-28　INVECS-Ⅱ智能化换挡图

　　换挡控制主要是电控单元对换挡电磁阀实行通断电进行控制。在不同的自动变速器中,换挡电磁阀的类型和数量各不相同,早期传统的自动变速器一般采用 2 个开关式换挡电磁来实现 4 挡变换;而现代的自动变速器换挡电磁阀除作为换控制外,还兼顾换挡品质的控制,一般选用脉冲线性式电磁阀,采用电磁阀的数量可以是 3 个、4 个,甚至更多个。

　　电控系统通过控制电磁阀的通断电的不同组合来组成不同的挡位。不同厂家生产的自动变速器换挡电磁阀的工作组合与挡位关系略有不相。下面以丰田 A140E 自动变速器为例分析电—液控制换挡过程。A140E 电子控制自动变速器是一种前置、前驱动四速电子控制自动变速器,如图 5-29 所示。其传动机构采用四挡辛普森行星齿轮,动力传递路线如图 5-30 所示。各挡位与执行元件、电磁阀工作关系见表 5-1 和 5-2。

自动变速箱原理与检修

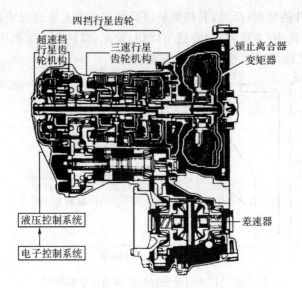

图 5-29　A140E 自动变速器剖面图

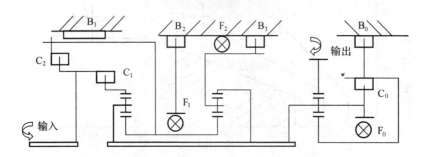

图 5-30　A140E 自动变速器动力传递路线结构简图

表 5-1　A140E 自动变速器挡位与执行元件工作状态关系

挡位	离合器	超速排			辛普森						
		C_0	B_0	F_0	C_1	C_2	B_1	B_2	B_3	F_1	F_2
D	1	O			O					⊙	O
	2	O			O			O		O	
	3	O			O	O		⊙			
	4		O		O	O		⊙			
2	1	O			O						
	2	O			O		◎	O		O	
L	1	O			O				◎		⊙
R	R	O				O			O		⊙

注:O—结合;⊙—结合但不起作用;◎—发动机强制作用。

表 5-2　A140E 自动变速器挡位与电磁阀关系表

电磁阀 \ 挡位	1挡	2挡	3挡	4挡
NO.1	ON	ON	OFF	OFF
NO.2	OFF	ON	ON	OFF

　　如图 5-31 所示，A140E 自动变速器液压控制系统的主油路压力、液力变矩器油压和润滑油压分别由主调压阀和辅助调压阀进行调节。主油路压力油不经手控阀，直接过 3-4 换挡阀来控制超速挡排离合器 C_0 和 B_0；除超速挡外，其他任何挡位离合器 C_0 都接合。ECT 的 ECU 接受挡位开关、节气门位置传感器、车速传感器等各种信号，根据变速杆位置、节气门开度和车速不同来控制换挡电磁阀和锁止电磁阀的通断电，使自动变速器实现自动换挡和变矩器的锁止。1 号电磁阀控制 2-3 换挡阀；2 号电磁阀控制 1-2 和 3-4 换挡阀；3 号电磁阀控制锁止继动阀。

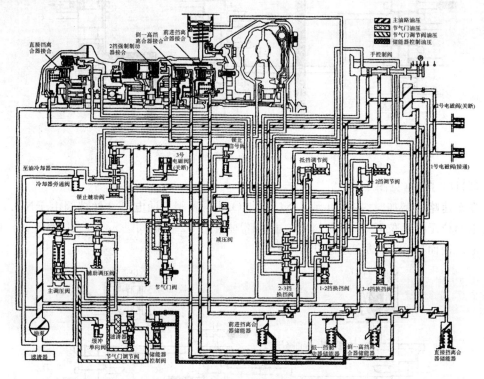

图 5-31　A140E 自动变速器油路图

　　对换挡杆在 D 挡位时的自动换挡过程进行分析，结果如下：

　　(1)D-1 挡时(见图 5-32)

　　手动阀处于 D 位时，主油路直接过手动阀，使离合器 C_1 充油接合。由于车速较低，控制单元使 NO.1 电磁阀通电、NO.2 电磁阀断电，1-2 换挡阀由于 NO.2 电磁阀断电而位于最下位置，2-3 换挡阀由于 NO.1 电磁阀通电位于最上位置，主油路油压过 2-3 换挡阀进入 3-4 换挡阀下部使其位于最上位置，因此主油路油压过 3-4 换挡阀进入 C_0。此时 C_0，C_1 接合以 1 挡传递动力。

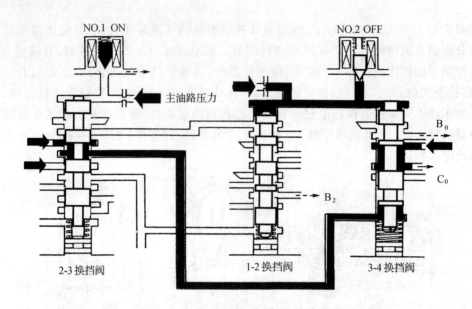

图 5-32　D-1 挡时电—液控制换挡过程

（2）D-2 挡时（见图 5-33）

在车速略有增加时，控制单元使 NO.1，NO.2 电磁阀均通电，1-2 换挡阀由于 NO.2 电磁阀通电而位于最上位置，从手动阀来的主油路油压过 1-2 换挡阀进入 B_2。此时 C_0，C_1，B_2 均充满液压油而接合，自动变速器升入 2 挡。

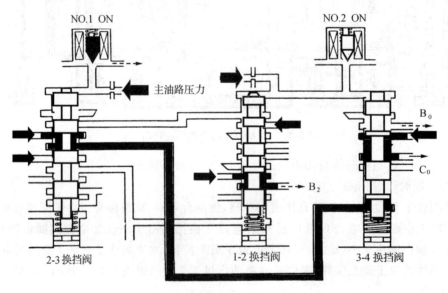

图 5-33　D-2 挡时电—液控制换挡过程

（3）D-3 挡时（见图 5-34）

随着车速的提高，控制单元使 NO.1 电磁阀断电、NO.2 电磁阀通电，2-3 换挡阀由于 NO.1 电磁阀断电而位于最下位置，从手动阀来的主油路油压过 2-3 换挡阀进入 C_2，并切断了进入 3-4 换挡阀下端的主油压，3-4 换挡阀在弹簧的作用下仍处于最上端位置。此时 C_0，

C_1,C_2,B_2 均充满液压油,自动变速器升入 3 挡。

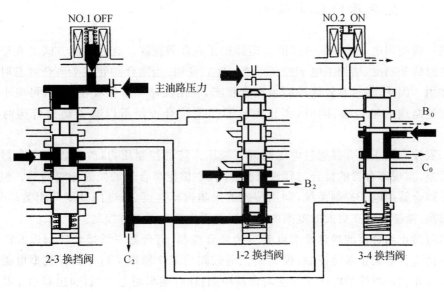

图 5-34　D-3 挡时电—液控制换挡过程

(4)D-4 挡时(见图 5-35)

当车速继续提高时,自动变速器达到升入四挡的要求时,控制单元使 NO.1,NO.2 电磁阀均断电,这时 1-2 换挡阀、2-3 换挡阀、3-4 换挡阀上端都作用有主油道油压。由于 1 号电磁阀关断,2-3 换挡阀体处于下端位置,切断了通往 3-4 换挡阀下方的油路而接通了 1-2 换挡阀下端的油路,因而 1-2 换挡阀处于上位,3-4 换挡阀处于下位。从主油路油压过 3-4 换挡阀进入制动器 B_0,C_0 离合器过 3-4 换挡阀卸油。此时 C_1,C_2,B_0,B_2 均充满液压油,B_2 仅接合但不起动力传递作用。因此自动变速器升入 4 挡。

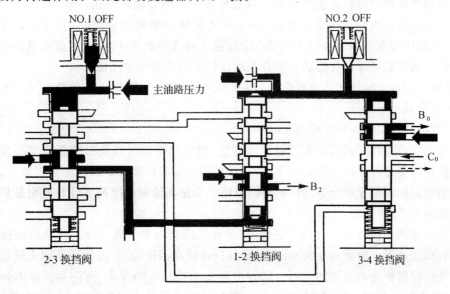

图 5-35　D-4 挡时电—液控制换挡过程

5.3.2 变矩器的锁止控制

目前一般使用电—液控制方式的变矩器锁止离合器控制。这种控制方式是在原液压控制自动变速的基础上,增加了电子控制系统。实践证明,当离合器处在半离合状态时具有吸收振动作用。因此,通过有效地控制半离合状态,利用液体和摩擦吸收振动,可减小发动机振动向变速器输入轴传递;同时,锁止离合器平滑接合控制可以减少动力传递时产生的抖动。

电—液控制锁止离合器通过电磁阀调节液压系统的控制压力,改变锁止离合器两侧作用的压力差,实现离合器的接合与释放,比液压控制锁止离合器的操纵相对简单。但电—液控制锁止离合器的电子控制系统,利用传感器采集汽车速度、节气门开度等相关信号,通过控制电磁阀,能够实现在更大的范围内对变矩器锁止离合器进行控制。

根据对锁止离合器的接合要求可分为半离合控制、离合器平滑接合控制以及改善换挡品质的升挡离合器锁止解除控制;根据锁止电磁阀的工作原理又可分为开关型电磁阀锁止离合器控制和脉冲线性型电磁阀锁止离合器控制;在有些车型上,控制变扭器锁止状态分为锁止、部分锁止、半锁止以及分离几种状态。

1. 电—液控制锁止离合器的控制方式

(1)半离合控制

半离合控制主要是指锁止离合器处于半离合状态,即变矩器泵轮转速与涡轮转速保持一定的转速差,这时可利用变矩器的阻尼作用消除动力传递过程中产生的部分冲击能量。

半离合器工作状态受一定条件的约束,如工作范围在 $30\sim70\text{km/h}$,则节气门的开度要小于 25% 等。

(2)离合器平滑接合控制

离合器平滑接合可以防止离合器接合过程中引起的发动机冲击。发动机工作时,当变矩器锁止离合器进入锁止状态的瞬间,由于发动机转动惯量的变化,引起发动机转速的波动,传统的液压控制回路利用一个小量孔限制液压油排出的速度,以减小离合器接合过快产生的冲击。困难的是难以找到适合所有驱动条件下减少冲击的优化量孔。

TCM 通过改变输出的占空比信号,调节电磁阀控制,从而改变离合器上压力的变化速度,实现离合器平顺接合。

(3)升挡离合器锁止解除控制

为实现在所有挡位都具有离合器锁止功能,换挡时精确的锁止解除是非常必要的。为了避免换挡与锁止释放冲击的相互干涉,在换挡的初始阶段离合器锁止必须解除。TCM 按最优控制理论控制锁止离合器动作的时间顺序。变速器油温和摩擦零件状况也是控制系统检测的内容。

尽管锁止离合器改善了燃料经济性,但增加了振动幅度。所以锁止离合器的操作在液压控制自动变速器上被限制在狭窄的范围(如只在最高挡位)。采用微处理器先进技术的控制系统可以改善锁止离合器的效能。通过检测发动机转速的变化,允许对锁止离合器进行半离合、离合平滑过渡、锁止解除的预控制,使锁止离合器的应用范围扩大至多个挡位。

2.开关型电磁阀锁止离合器控制

采用开关型电磁阀一般可以实现锁止离合器的接合和分离控制,如图 5-36 所示,该控制采用一个常开式开关型电磁阀;主油路压力油经节流孔作用在锁止离合器控制阀的右端,锁止离合器控制阀的左端作用着弹簧力。当车速、节气门开度等因素未达到锁止条件时,锁止电磁阀不通电,电磁阀的排油孔开启,作用在锁止离合器控制阀右端的控制油压下降,使阀芯在弹簧的作用下处于右位。来自变矩器阀的压力油经锁止离合器控制阀同时作用在变矩器内锁止离合器活塞两侧,从而使锁止离合器处于分离状态(见图 5-36(a))。当车速、节气门开度等因素满足锁止条件时,电脑向锁止电磁阀发出信号,电磁阀排油孔关闭,作用在锁止离合器控制阀右端的控制油压上升,阀芯在右端控制油压作用下左移,此时锁止离合器活塞右侧的自动变速器油经锁止离合器控制阀泄压,活塞左侧的变矩器油将活塞压紧在变矩器壳体上,使锁止离合器处于接合状态(见图 5-36(b))。

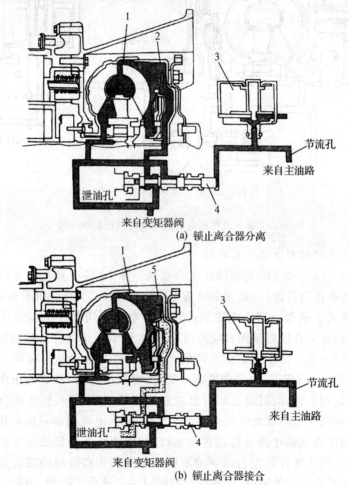

(a) 锁止离合器分离

(b) 锁止离合器接合

1—变矩器;2—分离状态锁止离合器;3—锁止电磁阀;4—锁止离合器控制阀;5—接合状态锁止离合中器

图 5-36 开关型电磁阀控制的锁止控制原理

这种锁止控制系统的控制动作简单,只控制锁止离合器的接合与释放,一般应用于电控自动变速器的 3 挡与 4 挡。为减少锁止离合器接合时产生的冲击,在电磁阀控制油路中设置一节流孔,其作用是当电磁阀处于开启泄压时,保持主油路的油压。当电磁阀通电,电磁阀处于关闭位置时,由于节流孔的节流作用,控制油压力缓慢上升,使得锁止离合器控制阀向左滑移需要一定时间,锁止离合器左右两侧压力变化缓慢,离合器与变矩器毂产生相对滑移,以此吸收接合时的冲击振动。在一些车型上采用2个或2个以上开关型电磁阀也可以实现锁止离合器的分离、半分离和接合等工作状态控制,比如本田汽车自动变速器锁止离合器控制系统。

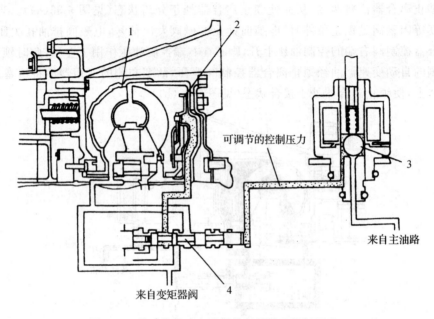

图 5-37　脉冲线性式电磁阀控制的锁止控制原理

3. 脉冲线性式电磁阀锁止离合器控制

采用脉冲线性式电磁阀可以实现锁止离合器从分离、半接合直至完全接合等平滑接合控制。为保证液压的压力特性,电磁阀驱动频率一般在30～50Hz。如图5-37所示,该控制采用单个脉冲线性式电磁阀。锁止电磁阀的开度由电脑利用脉冲电信号占空比大小来调节,以控制作用在锁止离合器控制阀右端的油压,由此调节锁止离合器控制阀左移时排油孔的开度,从而控制锁止离合器活塞右侧油压的大小。当作用在锁止电磁阀上的脉冲电信号的占空比为0时(相当于OFF),电磁阀进油口关闭,泄油口开启,没有油压作用在锁止离合器控制阀右端,控制阀右移,此时锁止离合器左右两侧的油压相同,锁止离合器处于分离状态;当作用在锁止电磁阀上的脉冲电信号的占空比较小时,电磁阀的开度和作用在锁止离合器控制阀右端的油压以及锁止离合器接合力也较小,使锁止离合器处于半接合状态。脉冲信号的占空比越大,锁止离合器左右两侧的油压差以及锁止离合器的接合力也越大。当脉冲电信号的占空比达到一定数值时,锁止离合器就可完全接合。这样,电脑在控制锁止离合器接合时,可以通过电磁阀来调节其接合速度,让接合力逐渐增大,使接合过程更加柔和。图5-38所示为通用4T-65E自动变速器锁止电磁阀的控制变化过程。锁止离合器在接合分离过程中依靠PCM对TCC电磁阀进行占空比控制,实现锁止离合器的平滑接合和平滑分离控制(见图5-38(a)和图5-38(b)),完全接合和完全分离控制(见图5-38(e)和(h))。在接合开始阶段,PCM提供25%占空比控制,然后慢慢增加,TCC电磁阀控制锁止离合器背压过脱开油路被部分泄压,锁止离合器处于部分接合状态;当占空比达 100％时,TCC 电磁阀控制液压油过接合油路进入变矩器,锁止离合器背压过脱开油路被完全泄压,锁止离合器处于完全接合状态(见图 5-38(e));分离过程与接合过程相同。当占空比为 0 时,锁止离合器完全分离,液压油由脱开油路进入锁止离合器背压,接合油路把变矩器内部的液压油送到冷却油路进行冷却(见图 5-38(h))。

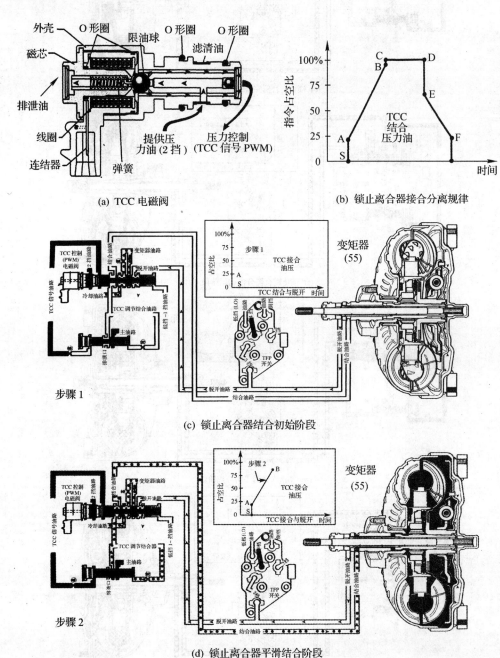

(a) TCC 电磁阀

(b) 锁止离合器接合分离规律

(c) 锁止离合器结合初始阶段

(d) 锁止离合器平滑结合阶段

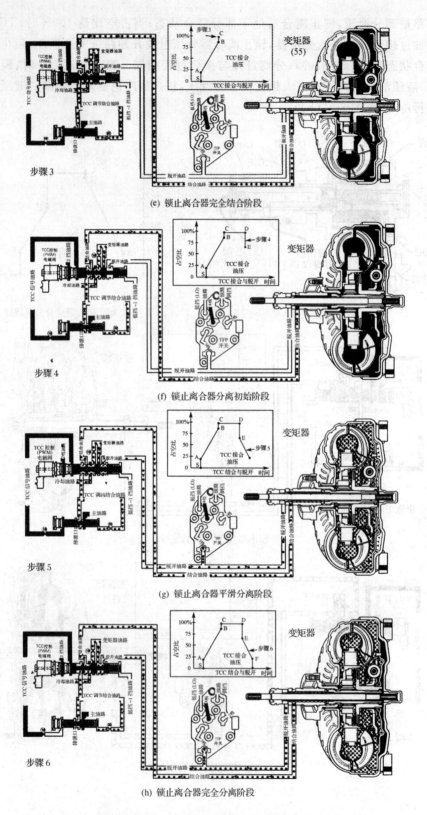

步骤3

(e) 锁止离合器完全结合阶段

步骤4

(f) 锁止离合器分离初始阶段

步骤5

(g) 锁止离合器平滑分离阶段

步骤6

(h) 锁止离合器完全分离阶段

图 5-38　GM4T-65E 自动变速器的锁止离合器接合和分离过程(三)

5.3.3　换挡品质控制

在换挡时刻,TCM 通过控制进入置挡离合器的油压及持续时间、控制离合器的锁定状态、主油压大小或由发动机 ECU 控制减少发动机扭矩等方法来减少换挡冲击,保证换挡品质。

1.换挡期间的工作油压控制

在升挡或降挡的瞬间,进入置挡执行元件的工作油压应先小后大,以减缓离合器或制动器液压缸内油压的增长速度,以达到减小换挡冲击,改善换挡感觉的目的。目前换挡期间控制进入执行元件工作油压的速率主要有以下几种方法:①由压力电磁阀控制主油路油压;②由压力控制电磁阀控制执行元件的工作油压;③由换挡电磁阀实现执行元件工作压力控制。

(1)压力电磁阀控制主油路油压

图 5-39 所示为脉冲线性式电磁阀控制的主油压调节装置。从油泵来的油液过控制阀后,作用在压力调整阀的上下端,当电磁阀通电时间长(占空比大)时,从电磁阀处泄压较多,所以,作用在压力调整阀上端的压力降低,使压力调整阀上移 ,从而使过此阀而作用在调压阀上端的压力降低,调压阀上移,使系统油压与泄油口通道开启增大,降低了系统油压;反之,电磁阀通电时间短(占空比小)时,系统油压较大。

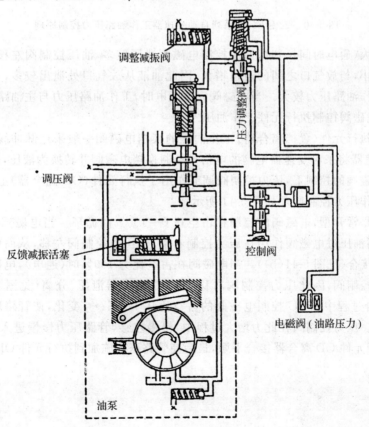

图 5-39　主油压调节原理

（2）油压控制电磁阀控制执行元件工作油压

图 5-40 所示为三菱 F4A23 自动变速器工作油路,其工作压力采用电磁阀控制。它主要由油压控制阀、油压控制电磁阀(脉冲线性电磁阀)组成,主油路提供系统主油压,工作油路由主油压过油压控制阀产生,控制油路由主油压经节流孔减压后作用于油压控制阀的左端。通过油压控制电磁阀改变控制油路压力,以调节工作油路压力的大小,保证在换挡期间提供的执行元件工作压力是一个由小变大的过程,改进换挡品质。

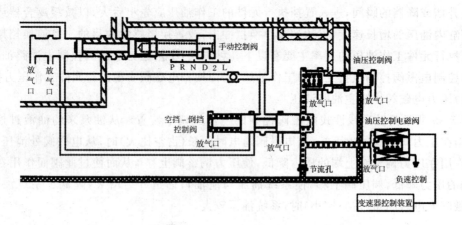

图 5-40　三菱 F4A2 系列自动变速器工作油路压力控制原理

当占空比大(通电时间长)时,油压控制电磁阀泄压较多,油压控制阀左移,工作油路与主油路通道变小,与放气口之间的通道增大,因此油液从放气口处泄出较多,工作油路压力较小;反之,工作油路压力较大。当电磁阀完全断电时,工作油路压力与主油路压力相同。

（3）换挡电磁阀控制执行元件工作油压

控制换挡执行元件(置挡离合器)工作油压的换挡电磁阀一般采用脉冲线性式电磁阀。F4A4 自动变速器将来自变速器电脑的电信号控制换挡电磁阀并转换为液压,作用于压力控制阀上。在电磁阀的控制下,压力控制阀调节作用于执行元件(OD 离合器)上的油压,减少换挡冲击。工作压力控制原理如图 5-41 所示。

该电磁阀是常开型,电磁阀的控制在占空比 0～100％间循环。当电磁阀在占空比为 0时(断电),管路油压过电磁阀作用在压力控制右端,使压力控制阀左移,从而使管路压力进入 OD 离合而接合(见图 5-41(b))。当电磁阀在占空比为 100％时(通电),电磁阀关断管路压力进入压力控制阀,因此压力控制阀右移,使 OD 离合器泄压、分离(见图 5-41(a))。在OD 离合器接合过程中,ECU 控制电磁阀的占空比从 100％→0 变化,使管路压力平缓进入压力控制右端。压力控制阀在此力增大过程中,慢慢左移,管路压力慢慢进入执行元件 OD离合器,使执行元件 OD 离合器接合平顺,最后使管路压力施加到执行元件 OD 离合器上。

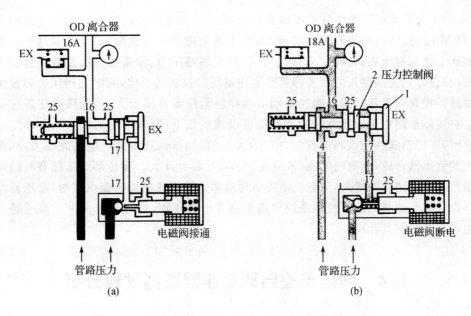

图 5-41　三菱 F4A4 系列自动变速器工作压力控制原理

2. 蓄压器背压的控制

蓄压器是提高自动变速器换挡平顺性的主要装置,在电控自动变速器中利用电—液控制蓄压器的背压,通过控制电磁阀,使蓄压器背压先小后大,以进一步提高换挡平顺性,改善换挡品质。

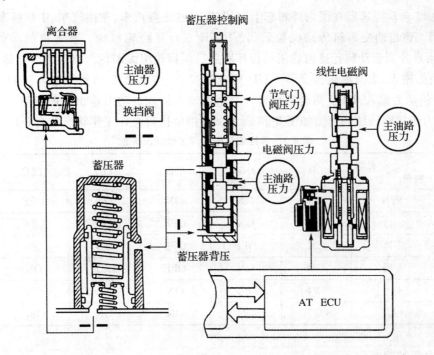

图 5-42　线性电磁阀单独控制蓄压器背压的控制系统

图 5-42 所示是利用线性电磁阀单独控制蓄压器背压的控制系统。线性电磁阀由控制单元 TCM 控制,供给电磁阀的电流越大,产生的电磁阀压力也越大,反之则越小。在蓄压器控制阀上作用有电磁阀压力、节气门阀压力、主油路压力、弹簧张力以及蓄压器背压。其中节气门阀压力、主油路压力以及弹簧张力使蓄压器控制阀下移,而电磁阀压力和蓄压器背压使蓄压器控制阀上移。蓄压器控制阀下移将使蓄压器背压增大,而上移则使蓄压器背压减少。在实际油路中蓄压器背压大小控制可以描述如下:当节气门阀压力和主油路压力在某一值时,在控制线性电磁阀电流(占空比)大小的同时,也获得某一电磁阀压力,从而也获得对应的蓄压器背压;电磁阀电流(占空比)大,蓄压器背压大。蓄压器背压随节气门阀压力和主油路压力的增大而增大,当电控系统出现故障而使电磁阀无电流供应时,蓄压器背压为最大。在自动变速器的电液控制系统中通常有多个蓄压器,但无论有多少个蓄压器也只用一个电磁阀来控制其背压。

5.4 典型电控自动变速器换挡过程分析

5.4.1 F4A42 自动变速器换挡过程分析

1.系统介绍

(1)结构与动力传递路线

F4A42 自动变速器在国内外轿车上应用较广,在三菱汽车、东南汽车、中华轿车、奇瑞等均有使用。该自动变速箱传动机构采用 CR-CR 双行星齿轮机构。有 2 组制动器 L/R 及 2ND 制动器分别制动前行星齿轮组的齿环和后行星齿轮组太阳轮。有 3 组离合器分别作为各挡的动力输入,取消单向离合器。UD 离合器接合——1,2,3 挡动力输入;OD 离合器接合——4 挡动力输入;REV 离合器接合——倒挡动力输入。动力输出为前行星齿轮组的行星架,动力传递路线结构简图如图 3-55 所示。各挡位执行元件工作状况见表 3-7。

表 5-3 各挡位与电磁阀工作状况关系

电磁阀 挡位	LR	2ND	UD	OD	TCC
P,N	OFF	ON	ON	ON	OFF
1挡	OFF	ON	OFF	ON	OFF
2挡	ON	OFF	OFF	ON	ON
3挡	ON	ON	OFF	OFF	ON
4挡	ON	OFF	ON	OFF	ON
R	OFF	ON	ON	ON	OFF

(2)电子控制系统

F4A42 为 4 速电控自动变速器,可以采用手自一体换挡方式。用 4 个电磁阀控制换挡过程以及换挡品质,1 个电磁阀控制变矩器锁止。挡位与电磁阀工作状态见表 5-3。

(3)液压控制系统

1)基本组成与作用

液压控制系统由以下几个部件组成,如图 5-43 所示。

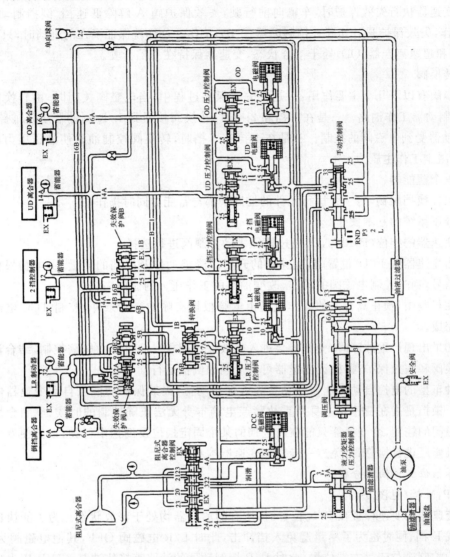

图 5-43　F4A2 自动变速器液压系统组成

①一个建立液压的油泵。

②两个保持液压稳定的油压调节器,调压阀用于控制工作主压力,液力变矩器压力控制阀用于稳定到变矩器的压力。

③五个电磁阀和五个压力控制阀。

除倒挡离合器外,每个离合器及制动器都有一个压力控制阀及电磁阀。电磁阀是常开型(见图 5-41),电磁阀 OFF 时(占空比从 100%→0),电磁阀油道开启,使压力控制阀左移,从而使主油路压力油流入相应的执行元件;电磁阀 ON 时(占空比从 0→100%),电磁阀油道关闭,使压力控制阀右移,从而使相应的执行元件内的 ATF 油排出;一般电磁阀电阻为 2.7

～3.4Ω。压力控制阀根据来自电磁阀的液压压力,控制作用在离合器和制动器上的液压压力,并能防止换挡时产生的震动。(注:占空比＝通电时间/(通电时间＋断电时间)×100%)

④两个失效安全阀 A,B

当变速器执行失效保护时,车辆向前行驶,失效保护阀 A 解除低速挡/倒挡制动器(L/R)的工作,失效保护阀 B 切断 2 挡制动器(2ND)工作。这样就保证了在前进挡时,只有离合器(UD)和超速离合器(OD)处于接合状态,变速器保持在三挡行驶。

⑤转换阀

转换阀有以下几个主要作用:一是在失效保护过程中,当电磁阀关闭时,由转换阀切断到 L/R 制动器工作油路。二是在 1 挡和 2 挡时,转换阀接通到 L/R 制动器工作油路,此时 L/R 制动器受到电磁阀的控制。三是在 3 挡和 4 挡时,转换阀控制油路使液压压力施加到调压阀,减少工作主压力。

⑥五个蓄能器

为保证换挡顺畅,每一个执行元件的控制阀都与蓄能器同时操作。

2)液压系统的基本操作

①变速器的挡位(P,R,N,D)通过操纵手动控制阀进行选择。

②当变速器置于"D"位置时,变速器的升挡和降挡动作及换挡的质量,由电脑根据接受的实际信号,通过控制电磁阀的动作,改变油路的工作压力的流向来完成。

③在行驶中,锁止离合器的操作也是由电脑根据实际的行驶条件,控制 TCC 电磁阀的动作来完成。

④如果出现严重故障时,变速器会进入失效保护模式。此过程由电脑控制,结合油路系统的转换阀和失效保护阀,保证变速器可在 3 挡和倒挡运行。

各种车型的电控自动变速器都具备失效保护功能,失效保护功能在自动变速器中俗称"锁挡"。锁挡是指在变速器本身严重故障或电脑本身无法正确控制的时候,电脑会切断对各种电磁阀的控制,令变速器只能在前进挡的某个固定挡位及倒挡中行驶,以方便驾驶员将车开到维修厂进行检修,避免进一步损坏变速器本身。

2.各挡位工作油路分析

(1)P,N 挡(见图 5-44)

当变速器的变速杆置在 P/N 位置时,所有的离合器均处于释放状态。为了能快速的换入 1 挡或 R 挡,同时也为了尽量避免入挡冲击,此时 L/R 电磁阀 OFF,其他电磁阀为 ON,L/R 压力控制阀位于最左端位置,此时 L/R 挡制动器的油路直接从油泵→L/R 压力控制阀→转换阀→失效保护阀 A→L/R 制动器,L/R 制动器接合。

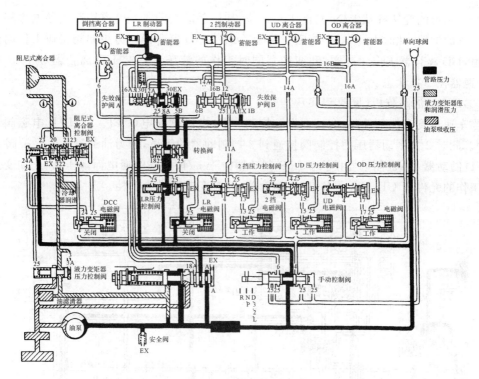

图 5-44　P/N 挡油路

(2)D-1 挡(见图 5-45)

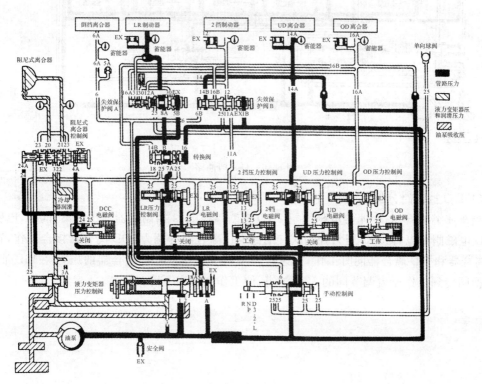

图 5-45　D-1 挡油路

当变速器的变速杆从 P/N 位置挂入 D 位置时,手动阀的 4 号管道接通到各电磁阀和压力控制阀的油路,此时 L/R,UD 电磁阀断电(OFF),UD 离合器压力控制阀接通 UD 离合器的管道,UD 离合器工作。这样,和变速器同时工作的液压元件有 UD 离合器和 L/R 制动器,变速器在 1 挡状态。

(3)D-2 挡油路分析(见图 5-46)

当车速达到升挡条件时,变速器电脑控制 2ND 电磁阀断电(OFF),而 L/R 电磁阀通电(ON)。此时 2 挡制动器压力控制阀接通到 2 挡制动器的管道,压力油通过失效保护阀 B 传到 2ND 制动器,2ND 制动器接合。L/R 制动器由于 L/R 电磁阀通电而泄压,因此和变速器同时工作的元件有 UD 离合器和 2ND 制动器,此时变速器进入 2 挡。

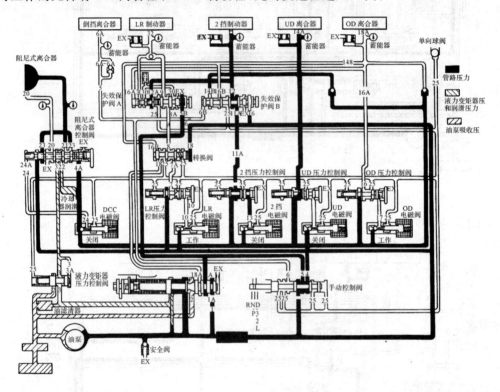

图 5-46 D-2 挡油路

(4)D-3 挡油路分析(见图 5-47)

当车速继续升高,变速器电脑控制 2ND 电磁阀通电,2 挡制动器泄压分离;同时,电脑控制 OD 电磁阀断电,由 OD 压力控制阀接通到 OD 离合器的压力,OD 离合器接合工作,这样 UD 离合器和 OD 离合器同时工作,变速器进入 3 挡。另外,OD 离合器的压力经 16B 油道,经转换阀传到工作压力调节阀的 18A 油道,使工作主压力下降。

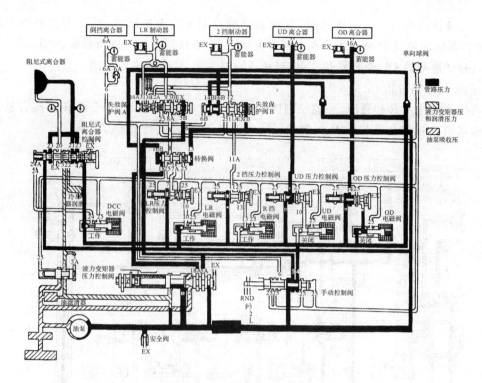

图 5-47　D-3 挡油路

(5)D-4 挡油路分析(见图 5-48)

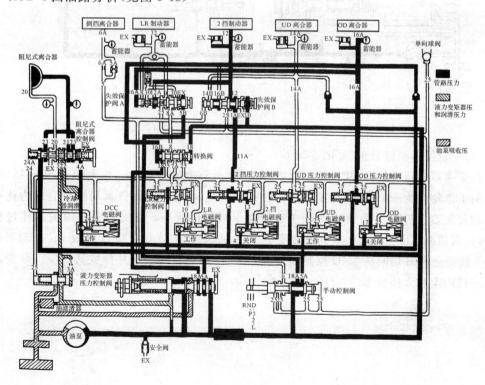

图 5-48　D-4 挡油路

当车速达到升入 4 挡的条件时,变速器电脑控制 UD 电磁阀通电,压力控制阀切断到 UD 离合器的油道,UD 离合器分离。同时电脑控制 2ND 制动器电磁阀断电,2ND 制动器工作。这样变速器的 OD 离合器和 2ND 制动器同时工作,变速器进入 4 挡。

(6)R 挡油路分析(见图 5-49)

当变速杆挂入 R 位置时,手动控制阀的 6 号油道接通,压力直接传到 R 挡离合器。这样变速器的 R 挡离合器和 L/R 挡制动器同时工作,变速器执行 R 挡的传动比。

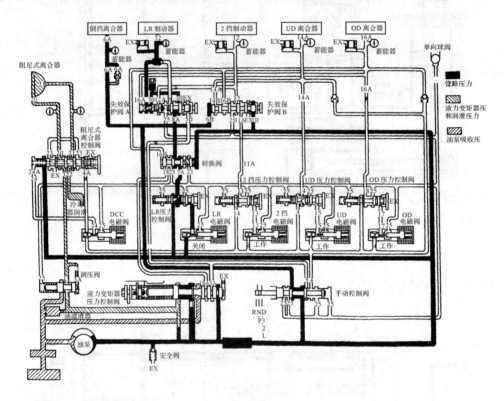

图 5-49　R 挡油路

(7)失效保护油路分析(见图 5-50)

在变速器执行失效保护时,控制继电器关闭,所有电磁阀断电。在 F4A42 变速器中,电磁阀的工作特性为断电通油,即常开型电磁阀。因此,各组执行元件都可能接合。为此采用转换阀和失效保护阀 A,B 可以保证变速器处于"跛行"状态。在失效保护时的工作过程如下:转换阀切断 LR 控制阀供应到失效安全阀 A 的油路,失效安全阀 A 释放 LR 制动器的油压;失效安全阀 B 切断从 2ND 控制阀供应到 2ND 制动器的油路并释放其油压。令变速器的前进挡固定在 3 挡状态。

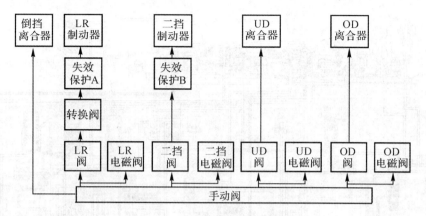

图 5-50　失效保护油路简图

5.4.2　A340E 自动变速器换挡过程分析

1. 系统介绍

（1）结构与动力传递路线

A340E 自动变速器应用在丰田轿车上，该自动变速箱传动机构采用前行星架和后齿圈组件的典型的辛普森行星齿轮机构。其动力传递路线原理图和结构简图见图 3-47 和图 3-48。其各个挡位的作用执行元件见表 3-5。

（2）电子控制系统

A340E 为 4 速电控自动变速器。NO.1，NO.2 电磁阀控制换挡过程，NO.3 电磁阀控制变矩器锁止。挡位与电磁阀工作状态见表 5-4。

表 5-4　A340E 自动变速器各挡位与电磁阀工作状况关系

电磁阀 挡位	NO.1	NO.2	NO.3
D-1 挡	ON	OFF	OFF
D-2 挡	ON	ON	OFF
D-3 挡	OFF	ON	OFF-ON
D-4 挡	OFF	OFF	OFF-ON
R	ON	OFF	OFF

（3）液压控制系统（见图 5-51）

液压控制系统由以下几个部分组成：

1）调压部分

①一个建立液压的油泵。

②主调压阀——调节主油路油压。

③节气门阀——随节气门开度，通过主调压阀调节主油路压力；通过蓄能器控制阀调节蓄能器背压。

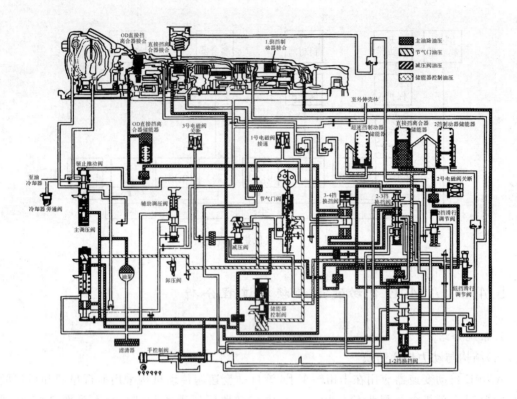

图 5-51　A340E 自动变速器 R 挡油路

④辅助调压阀——调节变矩器—润滑油路压力。

2)换挡部分

①换挡电磁阀和换挡阀

有 2 个换挡电磁阀和 3 个换挡阀,换挡电磁阀为开关式常闭型。1 号电磁阀控制2-3换挡阀,2 号电磁阀控制 1-2,3-4 换挡阀。1,2 号电磁阀的通断,使作用在换挡阀上端的油压建立或泄压,保证换挡阀上下移动实现换挡。

②锁止电磁阀和锁止继动阀

3 号电磁阀在 D-2 挡以上才可以控制锁止继动阀上端的油压,切换来自辅助调压阀的油液,使变矩器锁止或解除。

3)换挡品质控制部分

①4 个蓄能器。

②各种单向缓冲阀,滑行调节阀。

2.各个挡位油路分析

(1)R 挡油路分析(见图 5-51)

当手动阀位于 R 位时,主油路油压过手动阀直接进入直接离合器 C_2,并直接作用在 1-2 挡换挡阀下端,使主油路油压过 1-2 换挡阀进入低—倒挡制动器 B_3。在 R 位时,1 号电磁阀控制油路无油压,2-3 换挡阀位于上位,因此主油路油压过 2-3 换挡阀作用在 3-4 换挡阀的下端,使 3-4 换挡阀位于上位;主油路油压过 3-4 换挡阀进入 O/D 离合器 C_0。因此,C_0,C_2,B_3 接合工作,处于倒挡。在倒挡时,1,2 号电磁阀通断电的状态不影响挡位。

(2)D-1 挡油路分析(见图 5-52)

当手动阀位于 D 位时,主油路油压过手动阀直接进入前进离合器 C_1。此时自动变速器 ECU 使 1 号电磁阀通电 ON,2 号电磁阀断电 OFF。1 号电磁阀 ON 使 2-3 换挡阀上端控制油压泄压而位于上位,因此主油路油压过 2-3 换挡阀作用在 3-4 换挡阀的下端,使 3-4 换挡阀位于上位;主油路油压过 3-4 换挡阀进入 O/D 离合器 C_0。2 号电磁阀断电 OFF 使 1-2 换挡阀上端的控制油压建立而位于下位,切断主油路。因此,C_0、C_1 接合工作,处于 D-1 挡。

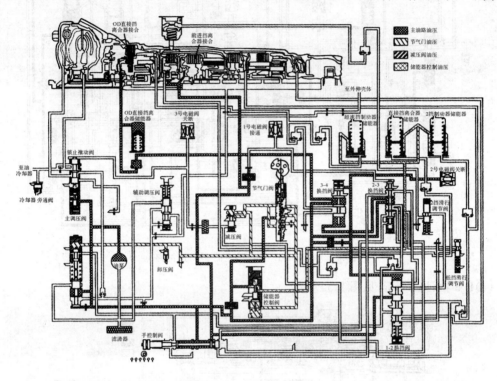

图 5-52　A340E 自动变速器 D-1 挡油路

(3)D-2 挡油路分析(见图 5-53)

在 D-2 挡时,自动变速器 ECU 使 1,2 号电磁阀都通电 ON,同 D-1 挡主油路油压过手动阀直接进入前进离合器 C_1。1 号电磁阀通电 ON,保证了主油路油压过 3-4 换挡阀进入 O/D 离合器 C_0。2 号电磁阀通电 ON 使 1-2 换挡阀上端的控制油压泄压而位于上位,使主油路油压进入 2 挡制动器 B_2。因此,C_0、C_1、B_2 接合工作,处于 D-2 挡。

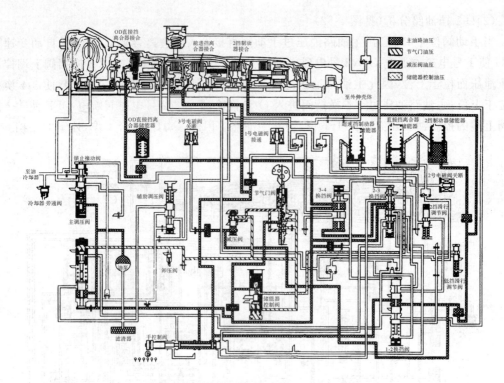

图 5-53　A340E 自动变速器 D-2 挡油路

(4)D-3 挡油路分析(见图 5-54)

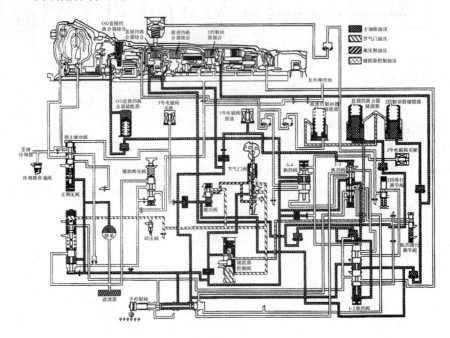

图 5-54　A340E 自动变速器 D-3 挡油路

在 D-3 挡时,自动变速器 ECU 使 1 号电磁阀断电 OFF,2 号电磁阀通电 ON。同 D-1 挡主油路油压过手动阀直接进入前进离合器 C_1。1 号电磁阀断电 OFF,使 2-3 换挡阀上端的控制油压建立而位于下位,保证了主油路油压过 2-3 换挡阀进入直接离合器 C_2。由于 2 号电磁阀通电 ON,使 1-2,3-4 换挡阀仍位于上位,保证了 2 挡制动器 B_2、O/D离合器 C_0 的油压。因此,C_0,C_1,C_2,(B_2)接合工作,自动变速器处于 D-3 挡。

(5)D-4 挡油路分析(见图 5-55)

在 D-4 挡时,自动变速器 ECU 使 1 和 2 号电磁阀都断电 OFF。同 D-1 挡主油路油压过手动阀直接进入前进离合器 C_1。2 号电磁阀断电 OFF,使 3-4 换挡阀上端的控制油压建立而位于下位,切断了主油路与 O/D 离合器间的通路,接通了 O/D 制动器 B_0 的油路。因此,B_0,C_1,C_2,(B_2)接合工作,自动变速器处于 D-4 挡。

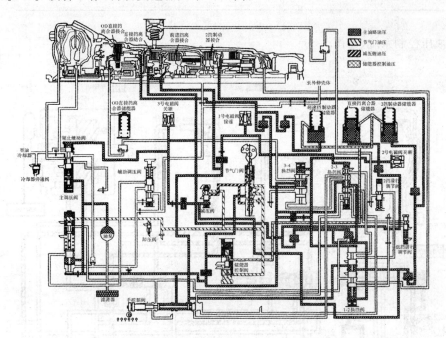

图 5-55　A340E 自动变速器 D-4 挡油路

5.4.3　F4A23 自动变速器换挡过程分析

1.系统介绍

(1)结构与动力传递路线

F4A23 自动变速器应用在三菱的轿车上,该自动变速箱传动机构采用典型的 4 速拉维娜行星齿轮机构。其动力传递路线原理图和结构简图见图 3-47 和图 3-48。其各个挡位的作用执行元件见表 3-5。

(2)电子控制系统

F4A23 为 4 速电控自动变速器。有 4 个电磁阀,其中换挡控制电磁阀 A 和 B 控制换挡过程,锁止离合器控制电磁阀控制变矩器锁止,油压控制电磁阀控制进入换挡执行元件的工作油压,改善换挡品质。挡位与电磁阀工作状态见表 5-5。

表 5-5　F4A23 自动变速器各挡位与电磁阀工作状况关系

挡位 \ 电磁阀	电磁阀 A	电磁阀 B
D-1 挡	ON	ON
D-2 挡	OFF	ON
D-3 挡	OFF	OFF
D-4 挡	ON	OFF
R	ON	ON

(3)液压控制系统(见图 5-56)

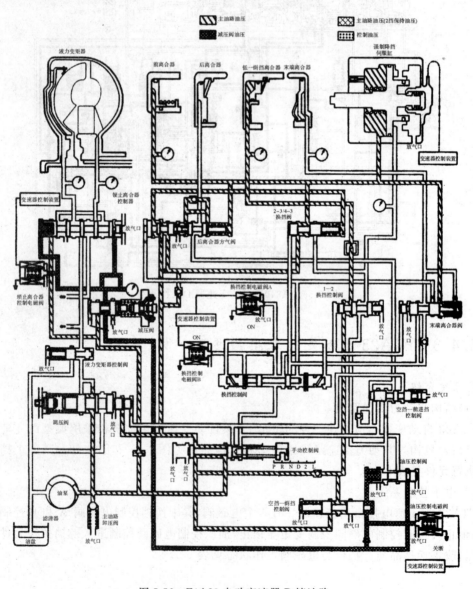

图 5-56　F4A23 自动变速器 R 挡油路

液压控制系统由以下几个部分组成：

1）调压部分

①一个建立液压的油泵。

②调压阀——调节主油路油压。

③液力变矩器控制阀——调节变矩器—润滑油路压力。

④减压阀——调节锁止离合器控制阀和压力控制阀的控制油压。

2）换挡部分

①换挡电磁阀和换挡控制阀

有 2 个换挡电磁阀和 1 个换挡控制阀，换挡电磁阀为开关式常闭型。换挡电磁阀 A 和 B 的通断电状态控制换挡控制阀的位置，从而改变主油路的流向，进而改变换挡阀的位置，实现换挡操作。

②1-2 换挡阀

由换挡控制阀和倒挡时手动阀控制的主油路油压改变此换挡阀位置，实现主油路至低—倒制动器 B_2、工作油路至跳合制动带 B_1（强制降挡伺服缸）制动端的切换。

③2-3/4-3 换挡阀

由换挡控制阀控制的主油路油压改变此阀位置，实现倒挡时切换主油路进入前离合器 C_1 和跳合制动带 B_1（强制降挡伺服缸）释放端，3 挡时切换过 1-2 换挡阀的工作油路进入前离合器 C_1 和跳合制动带 B_1（强制降挡伺服缸）释放端。

④后离合器放气阀

由换挡控制阀控制的主油路油压改变此阀位置，实现后离合器 C_2 的进油和泄压。

⑤锁止离合器控制电磁阀和锁止离合器控制阀

锁止离合器控制电磁阀为开关式常闭型。该电磁阀通电使作用在锁止离合器控制阀左端的控制油压泄压而左移，实现变矩器锁止；断电则使变矩器锁止解除。

3）换挡品质控制部分

①油压控制电磁阀和油压控制阀

油压控制电磁阀是脉冲线性式常闭型电磁阀，它和油压控制阀一起产生工作油路油压。保证此油压在进入离合器或制动器的初始阶段压力低，而后压力增高，改善换挡品质。

②末端离合器阀

由换挡控制阀控制的主油路油压改变此阀移动，并在 3 挡时把过换挡控制阀的主油路缓冲后引入末端离合器离 C_3，改善换挡品质。

　2.各个挡位油路分析

（1）R 挡油路分析（见图 5-56）

当手动阀位于 R 位时，2-3/4-3 换挡阀由于弹簧力的作用而位于左位，而 1-2 换挡阀由于其面积差在主油路油压作用下而位于右位，因此从手动控制阀来的主油路过 2-3/4-3 换挡阀进入前离合器 C_1 和跳合制动带 B_1（强制降挡伺服缸）释放端，过 1-2 换挡阀进入低—倒制动器 B_2。因此前离合器 C_1、低—倒制动器 B_2 接合工作，处于倒挡。在倒挡时，A 和 B 电磁阀通断电状态不影响挡位。

（2）D-1 挡油路分析（见图 5-57）

在 D-1 挡时，换挡控制电磁阀 A 和 B 均通电泄压，使换挡控制阀位于最左位，切断作用在 1-2 换挡阀、2-3/4-3 换挡阀和后离合器放气阀左端的主油路油压,使 3 个换挡阀位于左位。从手动阀来的主油路过后离合器放气阀进入后离合器 C_2。因此后离合器 C_2 接合工作,处于 D-1 挡。

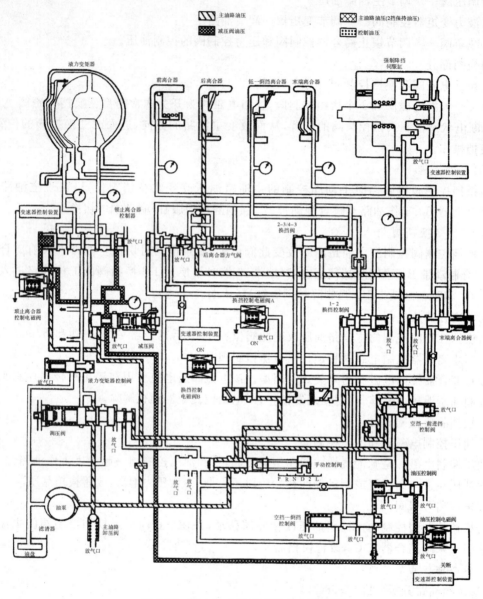

图 5-57　F4A23 自动变速器 D-1 挡油路

（3）D-2 挡油路分析（见图 5-58）

在 D-2 挡时,换挡控制电磁阀 A 断电建压、B 通电泄压,使换挡控制阀向右移动并接通主油路至 1-2 换挡阀左端,因此 1-2 换挡阀位于最右位。从油压控制阀来的工作油路过 1-2 换挡阀进入跳合制动带 B_1（强制降挡伺服缸）制动端,使之接合工作。而从手动阀来的主油路过后离合器放气阀进入后离合器 C_2 不变。因此后离合器 C_2、跳合制动带 B_1（强制降挡伺服缸）接合工作,处于 D-2 挡。

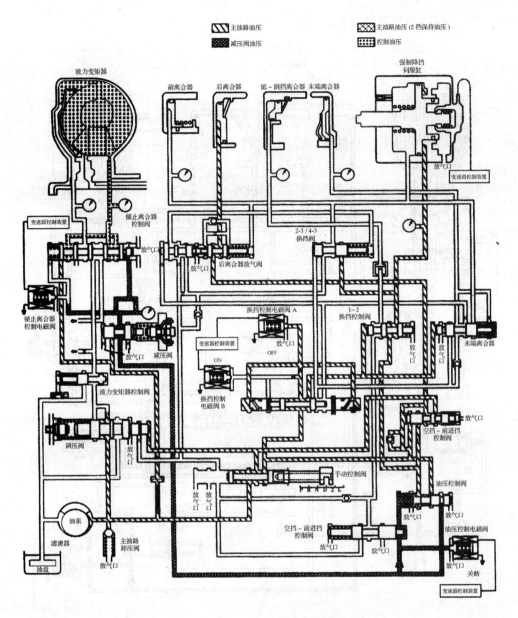

图 5-58　F4A23 自动变速器 D-2 挡油路

(4)D-3 挡油路分析(见图 5-59)

在 D-3 挡时,换挡控制电磁阀 A 和 B 均断电建压,使换挡控制阀向右移动,分别接通主油路至 1-2 换挡阀左端、2-3/4-3 换挡阀左端,因此 1-2 换挡阀、2-3/4-3 换挡阀都位于最右位。从油压控制阀来的工作油路过 1-2 换挡阀进入跳合制动带 B_1(强制降挡伺服缸)制动端,并过 2-3/4-3 换挡阀进入前离合器 C_1 和跳合制动带 B_1(强制降挡伺服缸)释放端。因此前离合器 C_1 接合工作而跳合制动带 B_1(强制降挡伺服缸)释放。换挡控制阀在此位置时,接通主油路过末端离合器阀进入末端离合器 C_3,使 C_3 接合工作。而后离合器 C_2 由于后离合器放气阀仍位于左位而接合工作。因此前离合器 C_1、后离合器 C_2、末端离合器 C_3 接合工

181

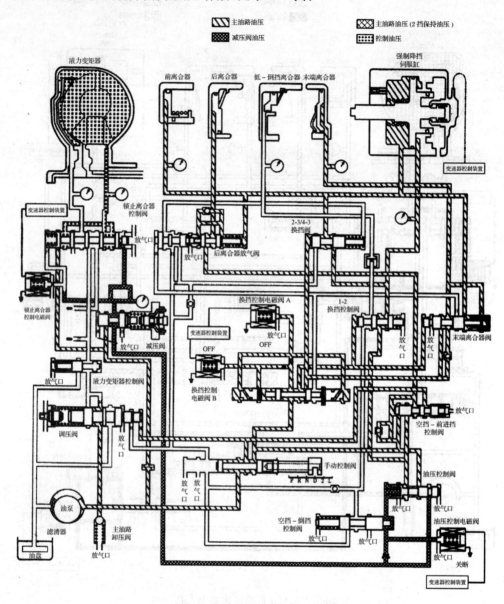

作,跳合制动带 B_1(强制降挡伺服缸)释放,处于 D-3 挡。

图 5-59 F4A23 自动变速器 D3 挡油路

(5)D-4 挡油路分析(见图 5-60)

在 D-4 挡时,换挡控制电磁阀 A 通电泄压、B 断电建压,使换挡控制阀移至最右位,分别接通主油路至 1-2 换挡阀左端、后离合器放气阀左端和 2-3/4-3 换挡阀左端和右端,使 1-2 换挡阀和后离合器放气阀位于最右位,2-3/4-3 换挡阀位于最左位。因此后离合器放气阀切断主油路至后离合器 C_2,2-3/4-3 换挡阀切断工作油路至前离合器 C_1 和跳合制动带 B_1(强制降挡伺服缸)释放端,因此前离合器 C_1 和跳合制动带 B_1(强制降挡伺服缸)释放端泄压不工作。换挡控制阀在此位置时,接通主油路过末端离合器阀进入末端离合器 C_3,使 C_3 接合工作。因此末端离合器 C_3 和跳合制动带 B_1(强制降挡伺服缸)制动接合,处于 D-4 挡。

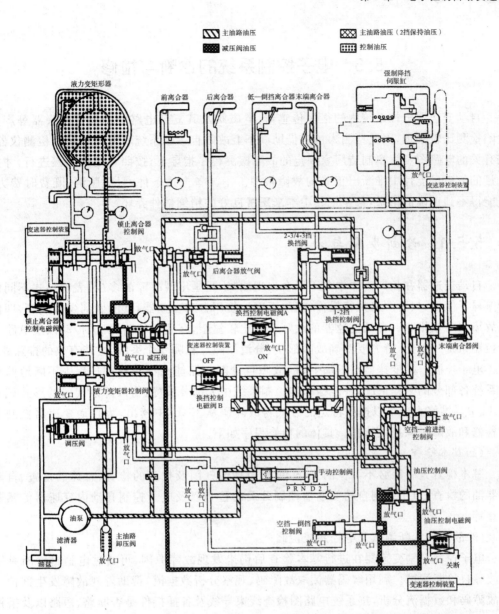

图 5-60　F4A23 自动变速器 D-4 挡油路

5.5 电子控制系统的诊断与检修

自动变速器电控系统内的很多传感器、电磁阀及其复杂电路中的插针接头器等产生的缺陷检测比较繁琐,因此检测人员应借助汽车上故障自诊断系统和专门的精密检测仪器,并在有关的电路图和汽车制造厂家规定的故障检测程序指导下,按照一定的步骤进行,才能从大量的故障可能性中推断出正确的故障根源。不具备上述条件,只凭臆测,既费时费力,又可能得不到正确的结果,甚至把其中本来正常良好的精细部件弄坏。

5.5.1 诊断步骤与方法

自动变速器在长期工作中免不了会出现故障,只是出现故障的多少、表现形式不同而有所差异。但是,只要严格执行操作规程,正确地使用自动变速器,就能做到少出故障,即使出现故障也不难排除。自动变速器的故障来源比较复杂,有液压油路、机械传动以及电路及电子控制系统。因此,首先要明确故障部位,分清故障点在哪一个系统,才能有效的排除故障。

电子控制自动变速器 ECU 内部的故障自诊断电路能在汽车行驶过程中不断地监视控制系统各部分的工作情况,并能检验出控制系统中大部分故障,将故障以代码的形式记录在 ECU 中。维修人员可以按照特定的方式将故障码从 ECU 中读出,为自动变速器控制系统的检修和故障排除提供依据。具体的检修程序如下。

(1)基本检查

基本检查是一项必不可少的工作,主要包括节气门及拉索的检查、怠速的检查、自动变速器油的检查、电子控制自动变速器控制开关的检查以及电子控制自动内变速器传感器的检查等。

(2)故障自诊断测试及电控系统检修

电子控制自动变速器在进行基本检查后仍未发现故障原因,可通过电脑自诊断系统进行故障自诊断测试。利用解码器读取故障码、观察分析数据流,帮助寻找故障发生部位。根据故障码和数据流分析,按系统电路图检查线束导线及各插接件是否断路、短路以及搭铁接触不良问题,检测各电控元件是否损坏和失效,其检测内容和方法根据车型的不同而有所不同。

(3)手动换挡试验

为了确定故障存在的部位,区分故障部位在机械系统(包括齿轮变速系统和液压控制系统)还是电子控制系统,可以进行手动换挡测试。手动换挡测试是人为地使电子控制自动变速器脱离车上 ECT 的 ECU 控制,由测试人员手动进行各挡位的试验。

手动换挡试验可在试验台进行,也可以通过路试进行。若每一挡位动作都正常,则说明故障出现在电子控制系统,应进行电控系统的测试;若有某一挡位动作异常或各前进挡很难区分,则说明故障在变速器机械系统,包括液力变矩器、齿轮变速系统和液压控制系统部分,应进行机械系统的检修。

（4）按故障诊断表检测

当按前述诊断步骤未发现异常，或者根据前述几个诊断步骤的结果很难准确判断具体的故障部位时，可以根据维修手册上提供的故障诊断表所列的产生某一故障现象可能的诸多因素，采取逐项排除法查找故障部位。不同厂家编制的故障诊断表各具特色，一般都列出了产生某一故障现象的各种可能的原因，并将这些原因按可能性大小排序，在故障排除时可参照表中顺序进行。

在此强调一点：在对自动变速器的故障进行检修时，正确的判断非常重要。千万不能盲目、轻率地下结论，盲目听信客户或旁人的推测，以免错误地将完好的自动变速器解体，造成越修越糟的被动局面。而要进行多方面的测试，正确判断故障性质和故障部位，确实做到拆修前心中有数。

5.5.2　电子控制系统的检修

电控自动变速器系统中的传感器、执行器、开关等任何零部件产生故障，都会对自动变速器的工作产生影响。利用电脑检测仪读取故障码，可以找出控制系统中大部分故障的大致范围，但要确定故障所在的具体部件，还必须进一步用万用表、示波器等检修工具，按照维修手册中提供的检测方法、检测步骤及标准数值，对各个零部件进行检测。另外，一些执行器的机械故障是无法被 ECU 故障自诊断电路检测出来的，只有通过实际检测方能发现。

在维修变速器电控系统时应注意以下事项。

1. 拆卸电磁阀扁平导线

由于扁平导线一侧的电磁阀插头为塑料制品，长期在高温下工作会变脆，拆卸时若不注意，很容易损坏。

2. 自动变速器油温度传感器

在 01N 自动变速器中，位于 N94 电磁阀扁平导线上的热敏电阻是自动变速器油温度传感器，从控制阀上撬电磁阀扁平导线时，注意油温传感器不要弯折，以免损坏。变速器油温传感器应随扁平导线一起更换。

3. 电器元件检测

随车检测电器元件时，必须使用高阻抗的万用表。使用欧姆表，必须将点火开关转至 OFF 位置。

在连接诊断仪器前，必须将点火开关转至 OFF 位置。在拆卸自动变速器以前须断开蓄电池的负极。

利用诊断设备对自动变速器电控系统测试故障码或分析数据后，应根据测试结果对线路、传感器、执行器（电磁阀）进行检修，检查线束是否导通、电磁阀或传感器是否断路或短路。各类自动变速器电控系统的检修流程基本相同，如图 5-61 所示为大众车系自动变速器电控系统检修流程。

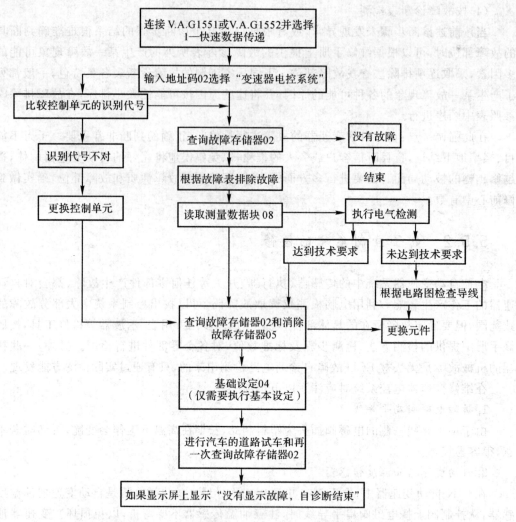

图 5-61 大众车系自动变速器电控系统检修流程

实训题

实训项目 5-1 自动变速器电控系统的检查与分析

1. 实训目的与要求

(1)掌握电控自动变速器传感器、执行器的检查方法。

(2)了解电—液控制换挡过程,能分析电磁阀的动作与传动挡位关系。

2. 实训仪器设备

(1)ATC-3 自动变速器试验台;

(2)典型电控自动变速器总成;

(3)万用表;

(4)拆装工具一套；

(5)维修资料。

3.实训内容与操作

(1)检查传感器

根据变速器型号,测试挡位开关、输入和输出转速传感器、油温传感器,分析判断是否正常。

(2)检查执行器

测试换挡电磁阀、锁止电磁阀 TCCS、压力控制电磁阀(换挡品质(舒适)电磁阀,根据测试结果分析、判断是否正常。

(3)自动变速器测试

1)正确使用 ATC-3 试验台,测试正常状态下各个挡位的传动比

根据选用的电控自动变速器电磁阀工作关系验证电磁阀在不同的工作状态时,读出对应的传动比,从而判别出相应的挡位。

①选择手动阀位置 D,2,1 位；

②按变速器型号规定驱动电磁阀动作,读出传动比,判别挡位。

2)设置以下故障

①换挡电磁阀:断线、泄油、堵塞；

②换挡阀卡死。

3)用 ATC-3 试验台测试

根据测试结果,分析并判别设置的故障。

4.注意事项

(1)开关型电磁阀可以通电检查,否则不能。

(2)使用 ATC-3 试验台应注意安全。

5.实训报告

(1)阐述开关型和脉冲线性型电磁阀的检修方法的区别？

(2)阐述根据测试结果,分析判断设置故障的思路和方法？

实训项目 5-2　电控自动变速器故障诊断与排除

1.实训目的与要求

(1)掌握自动变速器自诊断的方法,熟练运用仪器设备查找原因。

(2)能顺利排除故障,消除故障码。

2.实训仪器设备

(1)配置电控自动变速器的轿车或自动变速器教学实验台；

(2)解码器；

(3)万用表；

(4)拆装工具；

(5)相应的维修资料。

3. 实训内容与操作

(1)设置相应的变速器传感器、执行器及相关电路故障；

(2)观察相应的故障现象；

(3)正确使用解码器读取故障代码(DTC)、观察数据流；

(4)分析测试结果,根据控制系统电路图,分析故障码,使用万用表检查、判断并排除故障；

(5)验证故障是否排除。

4. 注意事项

(1)在读取故障代码之前,应先检查汽车蓄电池电压是否正常,以防止蓄电池电压过低导致脑故障自诊断系统工作不正常。

(2)消除故障码后,一定要进行验证,确保故障码已被消除。

5. 实训报告

阐述其中设置的一种故障的诊断思路和分析方法。

复习思考题

5-1 节气门传感器信号较低,对自动变速器换挡会产生什么样的影响? 请分析说明。

5-2 在换挡过程中,分析当自动变速器出现不换挡时,是哪些原因造成的? 电控变速器和液控变速器相同吗? 该如何分析?

5-3 换挡点不对和哪些原因有关系? 电控和液控变速器相同吗? 该如何分析?

5-4 在 F4A4 系列变速器中有六套执行器,但是只有五个电磁阀控制其中的五套元件,即倒挡离合器是不受电控的,这是为什么?

5-5 丰田 A140E 自动变速器 NO.2 电磁阀阀芯卡死在开启位置,请分析升挡过程。

5-6 如何判断变矩器处于锁止状态,请列出 3 种以上的方法。

5-7 A140E 自动变速器的 3-4 换挡阀卡死在上端位置,请分析换挡过程? 若卡死在下端位置又会如何?

5-8 换挡电磁阀有几种类型? 分别起什么作用?

5-9 在换挡瞬间调节执行元件工作油压的目的是什么? 有哪几种调节方法?

5-10 蓄压器背压控制的目的是什么? 请简述控制过程。

5-11 电控自动变速器与液控自动变速器相比在哪些方面有差异?

5-12 分析本田自动变速器的 2-3 换挡阀,卡在 3 挡位上,试问在 1 挡换到 4 挡过程会产生什么样的故障现象? 请结合油路图进行分析。

5-13 如果 1-2 和 3-4 换挡阀卡死于某一位置,分析会产生样什么故障现象?(选择一种情况进行分析)

第 6 章
自动变速器的检修

**本章要点：**

1.自动变速器的检查与调整内容与方法；

2.自动变速器试验方法与分析；

3.自动变速器的常见故障诊断思路与分析。

随着汽车行驶里程的增加,自动变速器的技术状况会慢慢变差。表现在汽车行驶的最高车速下降、发动机转速偏高、加速或爬坡无力、液压油变色或有焦味等。这些现象的出现表明变速器的性能已经下降或有些部件已经损坏,如果不及时检修,会造成故障不断扩大,直至完全损坏,因此我们对自动变速器应及时进行检查或检修。

6.1 自动变速器的检查

自动变速器的检查一般分为常规检查、修前检查和修后检查。常规检查主要是定期对变速器进行油量检查、油品检查以及漏油等其他方面检查,以保证自动变速器正常运行。修前检查主要是当我们碰到一个有故障的变速器时,为了诊断故障确定故障范围,为进一步拆检提供依据和方向,在修前对其做必要的检查和测试。修后检查主要是为了检验变速器的各项性能指标是否符合标准,判断我们维修作业的质量是否合格而进行的一系列检查。

6.1.1 自动变速器油的检查与更换

变速器油的检查一般分为变速器油平面高度检查和油品质量的检查。

1.变速器油平面高度的检查

(1)检查条件

1)检查时应让发动机怠速运转 1 分钟以上,以便使变速器油温度升到正常工作温度(50~80℃)；

2)车辆必须停放在水平路面上;

3)换挡手柄置于P位或N位。

(2)检查方法

1)踩住制动踏板并拉紧手制动;

2)将操纵手柄从P挡依次拨至倒挡(R)、前进挡(D)、前进低挡(S,L或2,1)等位置,并在每个挡位上停留几秒钟,使液力变矩器和所有换挡执行元件都充满液压油,最后将操纵手柄拨至停车挡(P)位置。

3)从加油管内拔出自动变速器油尺,并擦净油尺,将擦干净的油尺全部插入加油管后再拔出,检查油尺上的油面高度。

油面高度的标准是油面高度应在油尺刻线的上限附近,如图6-1所示,即HOT(热车)范围。如果此时油液位置低于HOT范围下限,则应添加原厂规定品牌及型号的自动变速器油至HOT范围上限处。注意油尺上虽然有COOL(冷车)范围,但它只是在更换自动变速器油或发动机未运转时作为参考之用,以便在发动机处于冷车时了解自动变速器油的油面高度是否正常。

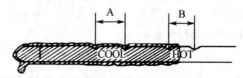

图6-1 自动变速器油面高度的检查

4)继续运转发动机,检查自动变速器油底壳、油管接头等处有无漏油。如有漏油,应立即予以修复。

2.变速器油品质检查

变速器油品质检查主要是检查它的气味和状态。检查油液时,从油尺上嗅一嗅油液的气味,在手指上蘸少许油液,用手指互相摩擦看是否有渣粒,或将油尺上的液压油滴在干净的白纸上,检查液压油的颜色。正常液压油的颜色一般为粉红色,且无气味。如果液压油呈棕色或有焦味,说明已变质(变质原因详见表6-1的分析),应立即换油。严重变质或烧焦应拆修变速器。

表6-1 油质与变化原因关系表

油液状态	变质原因
油液发白、浑浊	水分已进入油中,应检查油液冷却器是否锈蚀
油液有轻微烧焦气味或轻微变质	换油后进一步检查,如工作正常无明显故障,可继续使用
油液有明显变质或严重焦味	进一步拆检油底壳,如有大量摩擦片粉末,说明变速器已磨损严重,应立即拆修变速器
油液变为深褐色或深红色	没有及时更换油液,长期重载荷运转,某些部件打滑或损坏引起变速器过热
油液中有金属屑	离合器盘、制动器盘或单向离合器严重磨损
油尺上黏附胶质油膏和烧焦气味	变速器油温过高

换油时应优先采用随车手册上推荐使用的变速器油,无推荐用油时,可用国内的 22 号透平油、液力变矩器Ⅰ号和Ⅱ号油。某些轿车自动变速器使用 DEXRON-Ⅱ或M-Ⅲ型液压油。这两种液压油稳定性好,使用寿命长。注意切不可用齿轮油或机油代替液压油,否则会造成自动变速器的严重损坏。

3. 自动变速器油的更换

自动变速器一般行驶 4 万～6 万千米后(或参考用户或维修手册)需要更换变速器油。一般采用以下两种换油方法。

(1)拆卸换油方法

拆卸放油螺塞或油底壳后放油,更换。具体方法及步骤如下:

1)车辆运行至自动变速器达到正常工作温度,即油温为 50～80℃后停车熄火;

2)放净液压油。拆下自动变速器油底壳上的放油螺塞,或拆下油底壳将液压油放净。拆油底壳时,应先将后半部油底壳螺钉拆下,拧松前半部油底壳螺钉,再将后半部油底壳撬离变速器壳体,放出部分液压油,最后再将整个油底壳拆下。

3)清洗拆下的油底壳。有些自动变速器的油底壳上的放油螺塞为磁性塞,也有些自动变速器在油底壳内专门放置一块磁铁,以吸附铁屑。清洗时必须注意将螺塞或磁铁上的铁屑清洗干净后放回。

4)清洗自动变速器液压油散热器及油管。拆下接头,用压缩空气将散热器及油管内的残余液压油吹出或清洗。连接油管接头,注意漏油。

5)安装油底壳和放油螺塞。

6)从自动变速器加油管中加入规定牌号的液压油,加注数量符合原厂规定。

7)冷车初步检查自动变速器油面高度。启动发动机后检查油面高度应在油尺刻线的下限附近。如油面高度太低,应继续加油至规定油面高度。

8)热车检查自动变速器油面高度。让汽车行驶达到正常工作温度,再次检查油面高度是否在油尺线的上限附近。如过低,应继续加油,直至满足规定要求为止。

9)如果不慎加入过多液压油,使油面高于规定的高度,切不可凑合使用。因为当油面过高时,行驶中油液被行星排剧烈地搅动,产生大量的泡沫。这些带有泡沫的液压油进入油泵和液压控制系统后,对自动变速器的工作极为不利。其后果和油面高度不足是一样的,会造成油压过低,导致自动变速器内的摩擦元件打滑磨损。因此油面过高时,应把油放掉一些。

注意按上述方法换油时,变矩器内的液压油是无法放出的。若液压油严重变质,必须全部更换时,可采用免拆换油方法或二次换油方法,先按上述方法换油,然后让汽车行驶约 5～10min 后再次换油。

(2)免拆换油方法

利用自动变速器清洗换油机可以进行免拆清洗换油。具体方法步骤如下:

1)在清洗机中加满规定的自动变速器油。

2)拆下变速器油冷却器接头,并判断液压油的流动方向。

3)连接变速器出油管与清洗换油机回油管,变速器的回油管与清洗换油机的出油管。

4)启动发动机,挂入 D 挡,将设备功能选择开关按向 FRUSH/FILL,然后按 ON/OFF 按钮,启动设备。

5)把清洗机压力调至 30～40PSI,变速器开始新旧油更换。

6)通过视窗内新旧油流速及新旧油壶内液位变化量的比较,调整流量大小,注意不要让新油压力超过 60PSI。

7)在新旧油交换的同时,按顺序进行挡位切换,约停留 5～10s。

8)当视窗内旧油由污浊状态变成与新油同一颜色后即完成更换(若更换过程中 PROCESS COMPLETE 指示灯亮,则说明新油已用完)。

注意:自动变速器油更换完成后,先关闭清洗设备,再关闭发动机,照原样连接好变速器的油管,启动发动机,挂入 P 挡,视油位补充自动变速器油(同时检查各油管有无渗漏,待油位足够后,试车一公里左右再检查油位一遍)。

6.1.2 发动机怠速的检查与调整

发动机怠速不正常,特别是怠速过高,会造成自动变速器工作不良,出现入挡冲击过大、怠速蠕动过大、油耗增加等故障。因此,检查和调整发动机的怠速很有必要。注意:在检查怠速时须将自动变速器操纵手柄置于停车挡(P)或空挡(N)位置。通常装有自动变速器的汽车发动机怠速为 750～850r/min。若发动机怠速过低或过高,都应予以调整。

6.1.3 操纵手柄与挡位开关的检查与调整

1.操纵手柄位置的检查与调整

操纵手柄调整不当,会使操纵手柄的位置与自动变速器阀体中手动阀的实际位置不符,造成挂不进相对应的挡位,或操纵手柄的位置与仪表盘上挡位指示灯的显示不符,甚至造成在空挡或停车挡时无法启动发动机。

操纵手柄的调整方法如下:

1)拆下操纵手柄与自动变速器手动阀摇臂之间的连接杆。

2)将操纵手柄拨至空挡位置。

3)将手动阀摇臂向后拨至极限位置(停车挡位置),然后再退回 2 格,使手动阀摇臂处于空挡位置。

4)稍稍用力将操纵手柄靠向 R 位方向,然后连接并固定操纵手柄与手动阀摇臂之间的连杆。

5)检查各挡位是否能顺利挂入,位置是否到位。

2.挡位开关的检查与调整

将操纵手柄拨至各个挡位,检查挡位指示灯与操纵手柄位置是否一致、P 位和 N 位时发动机能否起动、R 位时倒车灯是否亮起。发动机应只能在空挡(N 挡)和驻车挡(P 挡)时能起动,其他挡位不能起动,若有异常,应调节空挡起动开关螺栓和开关电路。

(1)松开挡位开关的固定螺钉,将操纵手柄放到 N 挡位。

(2)将槽口对准空挡基准线。有些自动变速器的挡位开关外壳上刻有一条基准线,调整时应将基准线和手动阀摇臂轴上的槽口对齐,如图 6-2(a)所示;也有一些自动变速器的挡位开关上有一个定位孔,调整时应使摇臂上的定位孔和挡位开关上的定位孔对准,如图 6-2(b)所示。

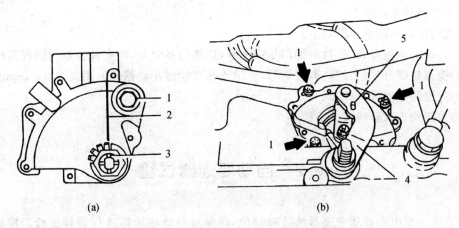

(a) (b)

1—固定螺钉;2—空挡基准线;3—槽口;4—摇臂;5—定位孔

图 6-2 挡位开关的调整

(3)挡位开关的位置调好后进行固定。

6.1.4 节气门拉索的检查与调整

1.节气门拉索的检查

节气门开度将影响自动变速器的换挡时间,发动机熄火后,节气门应全闭,当油门踩到底时,节气门应全开。节气门拉索的索芯不应松弛,索套端和索芯上限位之间的距离应在 0~1mm(如图 6-3 所示)。若节气门拉索调整不当,对于液力控制自动变速器来说,会导致换挡时刻不正常,造成过早或过迟换挡,使汽车加速性能变差或产生换挡冲击。对于电子控制自动变速器来说,会导致主油路压力异常,造成油压过低或过高,使换挡执行元件打滑或产生换挡冲击。

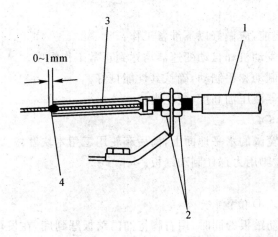

1—节气门拉索;2—调整螺母;3—橡皮套;4—拉线止动器

图 6-3 节气门拉索的检查与调整

2.节气门拉索的调整

节气门拉索的调整步骤如下：

(1)把油门踏板踩到底,检查油门是否全开,如油门不全开,则应调整油门踏板连杆；

(2)把调整螺母拧松,拧动调整螺母,使橡皮套与拉线止动器间的距离为0~1mm；

(3)拧紧调整螺母；

(4)重新检查调整情况。

6.2 自动变速器试验

为了进一步明确自动变速器的故障部位,必须对自动变速器进行各种试验。根据试验结果进行分析、判断可能的故障原因。

6.2.1 失速试验

失速试验是自动变速器故障诊断时最常见的一种试验方法。具体方法是把变速器挡位挂在D挡或R挡,左脚踩住制动,右脚把油门踩到底,等发动机转速不再升高时迅速读出发动机转速,此转速即为发动机失速转速,此试验就称为失速试验。在做失速试验时因车轮被制动器制动,变速器的输出轴、输入轴以及变矩器内涡轮均不转动,只有变矩器壳和泵轮带动变速器油旋转,发动机的动力全部消耗在变速器油的内部摩擦损失上,因此变速器油温会迅速上升,所以失速试验时间不得超过5s。在一个挡位试验完成后,应挂入P挡或N挡空转,等油温下降之后再进行。试验结束后不要立即熄火,应将操纵手柄拨入N挡或P挡,让发动机怠速运转几分钟,以便使液压油温度降至正常。如果在试验中发现驱动轮因制动力不足而转动,应立即松开油门踏板,停止试验。具体试验方法如下。

1.准备工作

在进行失速试验之前,应做好以下准备工作：

(1)让汽车行驶至发动机和自动变速器均达到正常工作温度。

(2)检查汽车的脚制动和手制动,确认其性能良好。

(3)检查自动变速器液压油高度,应正常。

2.试验步骤(见图6-4)

(1)将汽车停放在宽阔的水平地面上,前后车轮用三角木块塞住。

(2)拉紧手制动,左脚用力踩住制动踏板。

(3)启动发动机。

(4)将操纵手柄拨入D位置。

(5)在左脚踩紧制动踏板的同时,用右脚将油门踏板踩到底,在发动机转速不再升高时,迅速读取此时的发动机转速。

(6)读取发动机转速后,立即松开油门踏板。

(7)将操纵手柄拨入P或N位置,让发动机怠速运转1min,以防止液压油因温度过高而变质。

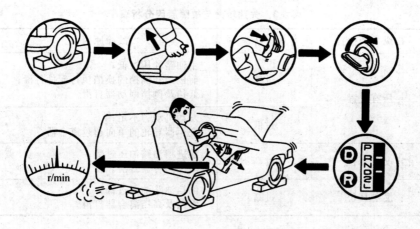

图 6-4　失速试验

(8)将操纵手柄拨入其他挡位(R,S,L 或 2,1),做同样的试验。

3.试验结果分析

自动变速器的失速转速一般为 2200～2500r/min,若失速转速与标准值相符,说明自动变速器的油泵、主油路油压及各个换挡执行元件的工作基本正常;若失速转速高于标准值,说明主油路油压过低或换挡执行元件打滑;若失速转速低于标准值,则可能是发动机动力不足或液力变矩器有故障。表 6-2 列出了不同车型或不同型号的自动变速器的失速转速标准。

表 6-2　常见车型自动变速器失速转速

车辆生产厂家	变速器型号	失速转速(r/min)
广州本田	MAXA	2400～2700
广州本田	B7XA	2250～2550
三菱	F4A20　F4A22	1800～2800
丰田	A140E	2300～2600
丰田	A540E	2250～2550

对于失速转速异常的变速器,发动机或变速器都有可能存在故障。例如,当液力变矩器中的导轮单向超越离合器打滑时,液力变矩器在液力耦合器的工况下工作,其变矩比下降,从而使发动机的负荷增大、转速下降,使失速转速低于标准值。不同挡位失速转速不正常的原因详见表 6-3。

表 6-3 失速转速与故障原因分析表

操纵手柄位置	失速转速	故障原因
所有位置	过高	主油路油压过低； 前进挡和倒挡的换挡执行元件打滑； 低挡及倒挡制动器打滑。
	过低	发动机动力不足； 变矩器导轮的单向超越离合器。
仅在 D 位	过高	前进挡油路油压过低； 前进离合器打滑。
仅在 R 位	过高	倒挡油路油压过低； 倒挡及高挡离合器打滑。

6.2.2　时滞试验

发动机在怠速运转时，变速器挡位由 P 位或 N 位换到 R 位或 D 位，在一段时间的延迟后变速器中的执行元件才能完全接合，此时汽车会出现轻微的震动，也即变速杆挂入 D 位或 R 位时开始到汽车出现轻微震动之间的短暂时间即为时滞时间，相应的试验方法称为时滞试验。根据这一时滞时间我们可以判断变速器油压及换挡执行元件是否正常。做时滞试验时，时变速器应达到正常工作温度，N 位到 D 位一般时滞时间为 1.0～1.2ms，N 位到 R 位一般时滞时间为 1.2～1.5ms。如果时滞时间过长，可能原因为变速器油压太低或离合器的间隙过大，如果时滞时间过短，可能原因为油压太高或离合器的间隙过小。

6.2.3　道路试验

道路试验是诊断和分析自动变速器故障的最有效的手段之一，主要用于判断自动变速器中执行元件（制动器、离合器）是否打滑以及换挡的平顺性。此外，自动变速器在修复之后，也应进行道路试验，以检查其工作性能，检验修理质量。自动变速器的道路试验内容主要包括检查换挡车速、换挡质量以及检查换挡执行元件有无打滑等。在道路试验之前，应先让汽车以中低速行驶 5～10min，让发动机和自动变速器都达到正常工作温度。在试验中，如无特殊需要，通常应将超速挡开关置于 ON 位置（即超速指示灯熄灭），并将模式开关置于普通模式或经济模式的位置。道路试验的方法如下。

1. 升挡检查

将操纵手柄拨至前进挡"D"位置，踩下油门踏板，使节气门保持在 1/2 开度左右，让汽车起步加速，检查自动变速器的升挡情况。自动变速器在升挡时，发动机会有瞬时的转速下降，同时车身有轻微的闯动感。正常情况下，汽车起步后随着车速的升高，试车者应能感觉到自动变速器能顺利地由 1 挡升入 2 挡，随后再由 2 挡升入 3 挡，最后升入超速挡。若自动变速器不能升入高挡（3 挡或超速挡），说明控制系统或换挡执行元件有故障。

2. 升挡车速的检查

将操纵手柄拨至前进挡"D"位置，踩下油门踏板，并使节气门保持在某一固定开度，让汽车起步并加速。当察觉到自动变速器升挡时,记下升挡车速。一般 4 挡自动变速器在节气门开度保持在 1/2 时由 1 挡升至 2 挡的升挡车速为 25～35km/h,由 2 挡升至 3 挡的升挡车速为 55～70km/h,由 3 挡升至 4 挡(超速挡)的升挡车速为 90～105km/h。由于升挡车速和节气门开度有很大的关系,即节气门开度不同时,升挡车速也不同,而且不同车型的自动变速器各挡位传动比的大小都不相同,其升挡车速也不完全一样。因此,只要升挡车速基本保持在上述范围内,并且汽车行驶中加速良好,无明显的换挡冲击,都可认为其升挡车速基本正常。若汽车行驶中加速无力,升挡车速明显低于上述范围,则说明升挡车速过低(即升挡过早);若汽车行驶中有明显的换挡冲击,升挡车速明显示高于上述范围,则说明升挡车速过高(即升挡过迟)。

在各种自动变速器维修手册中一般都有升挡(或降挡)车速与节气门开度对应关系表。如广州本田 2.3 轿车升降挡关系如表 6-4 所示。

表 6-4　本田轿车自动变速器节气门开度一定时各挡位升降挡点表

	节气门开度/节气门传感器电压(V)	行驶速度(km/h)			
		1 挡→2 挡	2 挡→3 挡	3 挡→4 挡	锁止状态
升挡	0.8	15～17	33～37	42～48	75～79
	2.25	33～37	63～69	94～100	110～116
	4.5	55～61	99～105	155～161	156～162
	节气门传感器电压(V)	不锁止状态	4 挡→3 挡	3 挡→2 挡	2 挡→1 挡
降挡	0.8	73～77	30～34	—	8～12
	2.25	94～100	—	—	—
	4.5	146～152	137～143	87～93	42～48

也有些维修手册配有相应的换挡图,从换挡图中可以得出不同节气门开度下自动变速器的升挡车速。这些可作为判断换挡车速是否正确的标准。如图 6-5 所示为 A43DE 自动变速器的换挡图。图中实线为升挡曲线,虚线为降挡曲线。

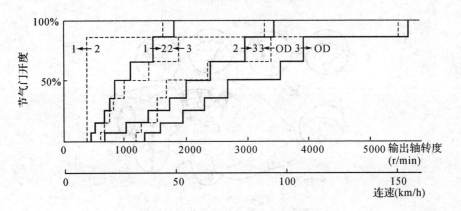

图 6-5　A43DE 自动变速器经济模式换挡图

由于降挡时刻在行驶中不易察觉,因此在道路试验中一般无法检查自动变速器降挡车速,只能通过检查升挡车速来判断自动变速器有无故障。如有必要,还可检查在其他模式下或操纵手柄位于前进低挡位置时的换挡车速,并与标准值进行比较以作为判断故障的参考依据。

换挡车速太低一般是控制系统的故障所致;换挡车速太高则可能是控制系统的故障所致,也可能是换挡执行元件的故障所致。

3.升挡时发动机转速的检查

在进行自动变速器道路试验时,应注意观察汽车行驶中发动机转速变化的情况。在正常情况下,若自动变速器处于经济模式或普通模式,节气门保持在低于 1/2 开度范围内,则汽车由起步加速至升入高速挡的整个行驶过程中,发动机转速都将低于 3000 r/min,通常发动机在加速至即将要升挡时的转速可达到 2500~3000r/min,而在刚刚升挡后的短时间内发动机转速将下降至 2000r/min,并且感觉加速无力,说明升挡时间过早或发动机动力不足;如果在行驶过程中发动机转速始终偏高,升挡前后的转速都在 2500~3500r/min 之间,且换挡冲击明显,说明升挡时间过迟;如果在行驶中发动机转速过高(常高于 3000r/min)。在加速时达到 4000~5000r/min,甚至更高,则说明自动变速器的换挡执行元件(离合器或制动器)打滑,应拆修自动变速器。

4.换挡质量的检查

换挡质量的检查内容主要是检查有无换挡冲击。正常的自动变速器只能有不太明显的换挡冲击,特别是电子控制自动变速器的换挡冲击应十分微弱。若换挡冲击太大,说明自动变速器的控制系统或换挡执行元件有故障,其原因可能是油路油压高或换挡执行元件打滑,应做进一步的检查。

5.锁止离合器工作状况的检查

变矩器中的锁止离合器工作是否正常也可以采用道路试验的方法进行检查。试验中,让汽车加速至超速挡,以高于 80 km/h 的车速行驶,并让节气门开度保持在低于1/2的位置,使变矩器进入锁止状态。此时,快速将油门踏板踩下至 2/3 开度,同时检查发动机转速的变化情况。若发动机转速没有太大的变化,说明锁止离合器处于接合状态;反之,若发动机转速升高很多,则表明锁止离合器没有接合(如图 6-6 所示),其原因通常是锁止控制系统有故障。

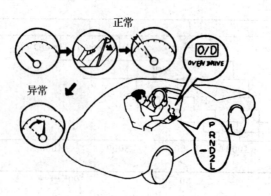

图 6-6　锁止离合器工作状况的检查

6.发动机制动作用的检查

检查自动变速器有无发动机制动作用时,应将操纵杆从手柄拨至前进低挡(S,L 或 2,1)位置。在汽车以 2 挡或 1 挡行驶时,突然松开油门踏板,检查是否有发动机制动作用。若松开油门踏板后车速立即随之下降,说明有发动机制动作用;否则说明控制系统或前进强制离合器有故障。

7.强制降挡功能的检查

检查自动变速器强制降挡功能时,应将操纵手柄拨至前进挡"D"位置,保持节气门开度为 1/3 左右。在以 2 挡、3 挡或超速挡行驶时,突然将油门踏板完全踩到底,检查自动变速器是否被强制降低一个挡位。在强制降挡时,发动机转速会突然上升至 4000 r/min左右,并随着加速升挡,转速逐渐下降。若踩下油门踏板后没有出现强制降挡,说明强制降挡功能失效。若在强制降挡时发动机转速升高反常,到达 5000～6000r/min,并在降挡时出现换挡冲击,则说明换挡执行元件打滑,应拆修自动变速器。

6.2.4　手动换挡试验

对于电子控制自动变速器而言,为了确定故障存在的部位,区分故障部位是在机械系统、液压系统还是电子控制系统,可进行手动换挡试验。

所谓手动换挡试验就是将电子控制自动变速器所有换挡电磁阀的线束插头全部脱开,此时电脑不能通过换挡电磁阀来控制换挡,自动变速器的换挡取决于操纵手柄的位置。不同车型的电子控制自动变速器在脱开换挡电磁阀线束插头后的挡位和操纵手柄的关系都不完全相同。各车型自动变速器操纵手柄与挡位关系见表 6-5 和表 6-6。

表 6-5　丰田 A140E,A340E,A42DE 自动变速器手动换挡时挡位杆位置与挡位对应表

挡位杆位置	变速器手动换挡试验时挡位
P	P
R	R
N	N
D	4 挡
2	3 挡
L	1 挡

表 6-6　广州本田 MAXA 自动变速器手动换挡时挡位杆位置与挡位对应表

挡位杆位置	手动换挡试验时挡位
P	P
R	R
N	N
D	3 挡
3	3 挡
2	2 挡
1	1 挡

手动换挡试验的方法和步骤如下:

(1)脱开电控自动变速器的所有换挡电磁阀线束插头。

(2)启动发动机,将操纵手柄拨至不同位置,然后做道路试验。

(3)观察发动机转速和车速的对应关系,以判断自动变速器所处的挡位。不同挡位时发动机转速与车速的关系可参考表6-7。由于变矩器的减速作用与传递的扭矩有关,因此表中车速只能作为参考,实际车速将随着行驶中油门开度的不同而产生一定的变化。

(4)若操纵手柄位于不同位置时,自动变速器所处的挡位与标准相同,说明该自动变速器的阀体及换挡执行元件基本上工作正常;否则,说明自动变速器的阀体或换挡执行元件有故障。

(5)试验结束后,接上电磁阀线束插头。

(6)清除电脑中的故障代码,防止因脱开电磁阀线束插头而产生的故障代码保存在电脑中,影响自动变速器的故障自诊断工作。

表 6-7　自动变速器不同挡位时发动机转速和车速的关系

挡位	发动机转速(r/min)	车速(km/h)
1挡	2000	18～22
2挡	2000	34～38
3挡	2000	50～55
超速挡	2000	70～75

6.2.5　油压测试

油压测试是在自动变速器工作时对主油路油压或各个执行元件工作油压进行测量,测试结果为分析自动变速器的故障提供依据,以便有针对性地进行修复。正确的油路油压是自动变速器正常工作的先决条件。油压过高,会使自动变速器出现严重的换挡冲击,甚至损坏控制系统;油压过低,会造成换挡执行元件打滑,加剧其摩擦片的磨损,甚至使换挡执行元件烧毁。对于因油压过低而造成换挡执行元件烧毁的自动变速器,如果仅仅更换烧毁的摩擦片而没有找出故障的真正原因将其修复,那么换后的摩擦片经过一段时间的使用后往往会再次烧毁。因此,在分解修理自动变速器之前和自动变速器修复之后,都要对自动变速器做油压测试,以保证自动变速器的性能。

油压测试的内容和方法取决于自动变速器的类型及测压孔的设置方式。下面介绍一般车型主油压测试的内容和方法。

1. 测试主油路油压

一般测试怠速和失速工况的主油路油压。测试方法如下:

(1)拆下变速器壳体上主油路测压孔或前进挡油路测压孔螺塞,接上油压表。图6-7至图6-12所示是各类自动变速器主油压测试孔位置。

(2)启动发动机,让发动机怠速运转。

(3)将操纵手柄分别拨至D,R,2,1位置。

(4)挂入挡位后等油压表读数基本稳定后,读出怠速工况下的各挡主油路压力。

(5)然后分别测出失速工况下,各挡位的主油路油压。

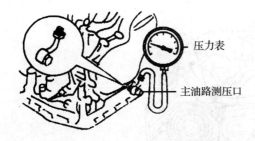

图 6-7　丰田 A245,A246 自动变速器油压测试点

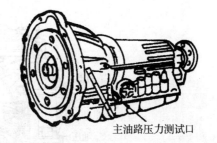

图 6-8　丰田 A340,A341 自动变速器油压测试点

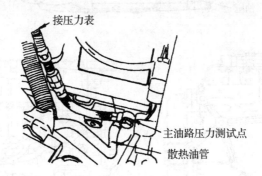

图 6-9　奥迪 A62F4HP-18 自动变速器油压测试点

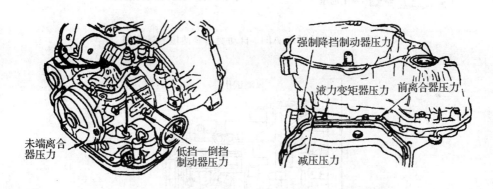

图 6-10　三菱 F4A20、现代 KM177 自动变速器油压测试点

　　将测得的主油路油压与标准值进行比较。不同车型自动变速器的主油路油压都不完全相同。若主油路油压不正常,说明油泵、液压元件有故障。表 6-8 列出了主油路油压不正常的可能原因。

　　2.测试各挡油压

　　有些车型除了测量主油路压力以外,还可以有针对性的测量各个挡位或各个离合器的油压,以便更准确的判断故障。下面以广州本田 MAXA 自动变速器为例介绍油压测试内容和方法。

　　广州本田 MAXA 自动变速器油压测试方法如下:

　　(1)举升汽车前部,并按规定放置安全支架,使前轮能自由转动;

　　(2)施加驻车制动,牢固阻挡住车辆后轮;

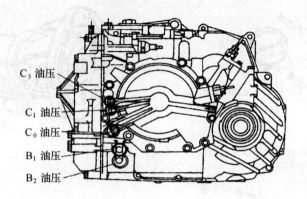

C_3 油压
C_1 油压
C_0 油压
B_1 油压
B_2 油压

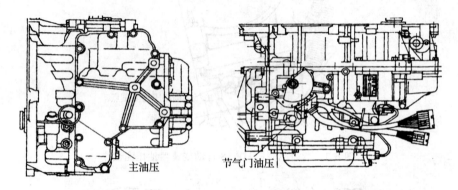

主油压

节气门油压

图 6-11 赛欧轿车 AF13 自动变速器油压测试孔图

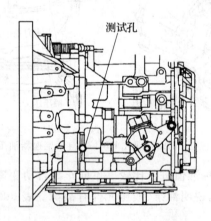

测试孔

图 6-12 凯越 1.6、乐骋 1.4、嘉年华轿车用的 81-40LE 自动变速器油压测试孔

(3)将变速杆放置在 P 位置,同时用软木可靠的抵塞住后轮;

(4)将发动机运转至正常工作温度(散热器风扇开始转动),然后熄火;

(5)连接发动机转速表;

(6)根据需要连接自动变速器油压表至管路油压测试孔和各挡离合器油压测试孔上。测试孔位置见图 6-13。

表 6-8　主油路油压不正常的原因

工况	测 试 结 果	故 障 原 因
急速	所有挡位的主油路油压均太低	油泵故障;主油路调压阀卡死;主油路泄漏;主油路调压阀弹簧太软;节气门阀滞;节气门拉索或节气门位置传感器调整不当
	前进挡和前进低挡的主油路油压均太低	前进挡离合器活塞漏油;前进挡油路泄漏
	前进挡的主油路油压正常;前进低挡的主油路油压太低	1 挡强制离合器或 2 挡强制离合器活塞漏油;前进低挡油路泄漏
	前进挡主油路油压正常;倒挡主油路油压太低	倒挡及高挡离合器活塞漏油;倒挡油路泄漏
	所有挡位的主油路油压均太高	节气门拉索或节气门位置传感器调整不当;主油路调压阀卡死;节气门阀滞;主油路调压阀弹簧太硬;油压电磁阀损坏或线路故障
失速	稍低于标准油压	节气门位索或节气门位置传感器调整不当;油压电磁阀损坏或线路故障;主油路调压阀卡死或弹簧太软
	明显低于标准油压	油泵故障;主油路泄漏

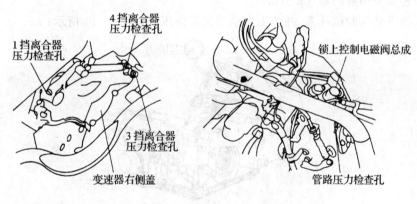

图 6-13　广州本田 MAXA 自动变速器油压测试孔位置

　　(7)启动发动机,稍加油门使发动机转速为 1500r/min,把变速杆置于 P 或 N 位置,读出此时的管路油压;

　　(8)将变速杆分别置于 1 和 2 位置,依次检查 1,2 挡离合器的油压;

　　(9)将变速杆置于 P 位,踩住制动踏板并保持住,将变速杆换至 D-4 位置,再松开制动踏板(此时变速器在 1 挡工作),然后加速发动机至 2500r/min(此时变速器在 2 挡工作),待松开加速踏板 5s 后,再缓慢加速至发动机转速为 2000r/min,并一直保持在此状态检测 3,4 挡离合器的压力。

　　广州本田 MAXA 自动变速器管路油压和各离合器油压标准值及如果压力过低可能故障原因见表 6-9。

表 6-9　本田自动变速器管路油压与各挡离合器油压标准值

被测管路	变速杆位置	标准油压(kPa)	维修极限	故障现象	可能故障原因
管路油压	P 或 N	850～910	800	无或低(油压)	变扭器、油泵、压力调节阀
1 挡离合器	1			无或低	1 挡离合器
2 挡离合器	2			无或低	2 挡离合器
3 挡离合器	D-4	840～920	790	无或低	3 挡离合器
4 挡离合器	D-4			无或低	4 挡离合器
4 挡离合器	R			无或低	伺服阀或 4 挡离合器

3. 电磁阀控制的主油压的测试

电子控制自动变速器常采用油压电磁阀控制主油路油压或减振器背压。这种自动变速器可以在油压试验中人为地向油压电磁阀施加电信号,同时测量油路油压的变化,以检查油压电磁阀的工作是否正常。不同车型的电子控制自动变速器的油压电磁阀工作原理不完全相同,其检测方法也不一样。下面以上海通用别克 4T65E 自动变速器为例介绍油压测试方法。

4T65E 自动变速器油压测试方法:

(1) 检查油面、手动连接机构是否正确,必要时调整;

(2) 连接专用解码器 TECH2;

(3) 拆下油压测试孔塞,并装上自动变速器油压表,如图 6-14 所示;

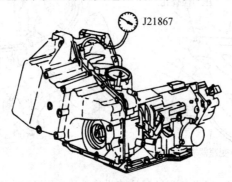

图 6-14　通用 4T65E 变速器主油压测试连接方法

(4)将变速杆推入 P 挡,并拉紧驻车制动;

(5)启动发动机,使发动机温度到达正常范围;

(6)观察解码器上的 PC 电磁阀控制测试情况;

(7)将 PC 电磁阀的电流从 0A 升至 1.0A(每次升高 0.1A),稳定 5 秒钟,然后读出油压表上的油压;

(8)将测的油压值与标准油压比较,标准油压见表 6-10;

(9)拆下油压表,并安装油压测试孔塞。

表 6-10　4T65E 变速器油压与电流对应关系

油压控制电磁阀电流（A）	油压范围（1bf/in）
0.02	170～190
0.10	165～185
0.20	160～180
0.30	155～175
0.40	148～168
0.50	140～160
0.60	130～145
0.70	110～130
0.80	90～115
0.90	65～90
0.98	55～65

6.3　自动变速箱的故障诊断

6.3.1　故障诊断步骤与思路

自动变速器的故障诊断是较复杂的工作。变速箱内错综复杂的行星齿轮传动、液力传动、液压油路系统、电子控制电路以及诸多换挡执行元件、机械杆件等互相牵连的连锁反应动作,很难只凭简单的外部症状判断出其内部缺陷的部位,往往需从数个方面验证和推理,才能认定故障的根源。要记住,有很多自动变速器方面的不良症状是由发动机的某些故障造成的,虽然症状表现在变速器,但故障源却存在于发动机或发动机上的某些传感器等部件之中。因此,在诊断变速器故障时,首先要确认发动机的状态是否良好。

有些自动变速器的常规故障表现为显性故障,可以从简单的外部检测中较轻易地判定。但有很多存在于内部的隐蔽性故障很难确认,通常要通过多方面的外部症状检测和内部故障确定。具体检修程序是先外部症状检测后内部故障确定。外部症状检测就是分数个步骤,由简入繁地查验症状,把多方面的查验结果互相对照,推断出被怀疑的缺陷部位。内部故障确定可以按外部症状检测中获得的线索,对可疑部位做进一步地查验,必要时拆验某些局部部件,确认其中缺陷的具体情况,分析产生缺陷的原因,并对症下药,加以修理。

为了准确快速的查找出故障部位,自动变速器故障诊断应遵循以下原则。

（1）分清故障部位

在诊断变速器故障时,我们首先要分清故障部位在发动机还是在自动变速器。如果是自动变速器问题,我们还要分清是电子控制系统还是机械液压系统的问题。比如加速不好,造成加速不好的原因可能是发动机动力不足,也有可能是变速器工作不良,我们需要通过失速试验等方法来初步验证。此外 还可以通过手动换挡试验等方法来判断是电控系统还是机械液压系统的故障。最后通过油压测试等方法来作进一步诊断。通过这些试验方法,初步分清故障部位,有针对性地进行故障检修,可以少走很多弯路。

(2)坚持先易后难、逐步深入的原则

在诊断故障时我们应该按照难易程度,先从最简单、最容易检查的部位入手,如开关、拉线、变速器油状况等。从那些最易于接近的部位、易被忽视的部位和影响较大的因素开始,最后再深入到实质性的故障。

在碰到有些只有拆开分解变速器后才能确认的故障时,我们一般要把它排在最后步骤,因为自动变速器最好不要轻易打开。

(3)区分故障的性质

在确定了故障部位后,还要进一步明确故障的性质,提供合理可行的检修方案,明确是需要维护还是分解变速器彻底修理。

(4)充分利用自动变速器的各种检验,为查找故障提供思路和线索

一般来说,我们通过基础检验、失速试验、时滞试验、手动换挡试验、道路试验、油压试验等方法,基本上可以发现自动变速器的故障所在。

(5)充分利用汽车的自诊断功能

电控自动变速器都有故障自诊断功能,自动变速器运行中产生的不正常现象有可能被记录在自动变速器的电控单元中。通过解码器可以很方便、很直接地从电脑上获的有关的故障信息,为判断故障提供极为便利的手段。因此,我们在诊断一个变速器故障前首先就应该充分利用变速器的此功能来尽量获取更多的有关故障信息。

(6)备齐相关维修资料

在进行检测诊断前,我们首先要阅读有关的故障诊断信息、维修手册、油路图、电路图、结构原理图等有关技术资料。这样我们就可以根据检查结果,结合资料,快速准确地分析、判断出故障部位。

在具体的自动变速器故障检修过程中,一般按以下八个步骤有顺序地进行。

第一步,在诊断变速器故障前,尽可能多地跟客户交流,以获取变速器故障的表象以及前兆,特别是间隙性故障发生时的情况。有时候客户不一定能对变速器的故障现象表述清楚,应有引导性地跟客户交流,让客户能明确描述真实的故障现象以及产生时的条件。

第二步,试车确认故障现象,必要时邀请客户一起试车。有时候客户对故障现象描述得不准确,容易使检修思路走入歧途。所以在跟客户交流故障现象后一定要进行试车确认,这样才能真正发现故障真实所在。比如有客户反映别克新世纪轿车跑高速时经常水温过高,进行试车确认时发现变速器无超速挡导致高速时发动机转速太高而导致水温过高,如果对此故障光通过客户描述,而不进行试车确认就容易走入检修水温高的误区,费时费力。

第三步,检查变速箱液压油的油面(油量)和油质情况,从中获得对故障的启发。

第四步,检查发动机怠速运转情况,检查各外部控制杆件、油路、气路、电路及其接头情况,若有接触不好的地方,首先要检修确保连接正常可靠。

第五步,利用自诊断功能,连接上解码器,查看有无故障码,若有故障码,则按照此故障码提示进一步检修。若无故障码,则注意观察数据流,查看有无不正常的数据,若有不正常数据,则根据此不正常信号来进一步检修。注意:在利用自诊断功能时,一般还要查看发动机的电子控制系统,看有无不正常。

第六步,做失速测试,并对结果进行分析。确定发动机工作性能。

第七步,路试,检查汽车在实际行驶中各部位的正常或不正常表现,并对行驶情况进行分析。

第八步,检查液压系统油压,从油压情况推断问题。

在以上各检测步骤中均须注意以下几个事项:

(1)按步骤有顺序地进行。往往在某步骤检测中能够获得下一步骤的提示要点,达到省时准确的好效果。有很多故障可能在最初的比较简单的检测步骤中就能判定,不需要再进行其后较复杂的检测。

(2)仔细登记每次检测的记录。不作记录,只凭记忆,很容易产生错误。详细的记录作为检修的凭证,可以取得车主的信任。把记录填写到汽车修理技术档案内,方便以后修理考查。

(3)切忌在未确诊前就轻率地拆下和解体变速器或其中某些总成件。盲目地拆卸不但耗费很多时间,还可能把某些原来是恰当的位置关系或间隙弄乱,或丧失一些诊断故障的线索,或使一些油封件、垫片、细小紧固件受到损伤或丢失。

(4)在必要的拆卸过程中应细心注意和保持某些关键部件原来呈现的形态等迹象,这些迹象常能为判定缺陷提供难得的线索。这是很重要的一个方面,犹如侦破人员在侦查案件中特别注意保护现场,从中取得可靠的破案线索一样。

6.3.2　常见故障诊断与分析

汽车自动变速器在使用中,随着技术状况的下降会出现一系列故障,常见的故障会通过一定的现象特征表现出来。不同车型由于结构上有所不同,其故障原因会有所差异,但故障现象和诊断排除方法是基本相同的。下面就自动变速器的常见故障进行分析和诊断。

1.汽车不能行驶故障的诊断

(1)故障现象

1)无论操纵手柄位于倒挡、前进挡或前进低挡,汽车都不能行驶。

2)冷车时汽车能行驶一小段路程,但热车状态下汽车不能行驶。

(2)故障原因分析

1)手动阀保持在 P 和 N 位置不动——操纵手柄与手动阀摇臂间松脱,手动阀阀芯折断或脱钩等原因,使手动阀保持在空挡或停车挡位置。

2)油压过低造成离合器或制动器打滑不能传递动力(热车不能行驶的唯一原因)。

3)液力变矩器损坏,输入轴、输出轴或行星排损坏等原因导致不能传递动力。

(3)故障诊断思路与排除

1)手动阀位于 P 或 N 挡位置

升起汽车,检查手动阀与换挡杆之间的连接情况,或断开此连接,直接推动手动阀检查汽车能否行驶。

2)主油压过低或无压力

①检查自动变速器内有无液压油。其方法是:拔出自动变速器的油尺,观察油尺上有无液压油。若油尺上没有液压油,说明自动变速器内的液压油已漏光。对此,应检查油底壳、

液压油散热器、油管等处有无破损而导致漏油。如有严重漏油处,应修复后重新加油。

②接上油压表检测主油路压力。

a.无压力或压力很低,应打开油底壳,检查油泵进油滤网有无堵塞,若均正常,则说明油泵损坏或主油路严重泄漏。对此,应拆卸分解自动变速器,予以检查修理。

b.若冷车启动时主油路有一定的油压,但热车后油压就明显下降,说明油泵磨损过甚或主油路泄漏较严重。对此,应拆卸分解自动变速器,予以检查修理。

3)主油路油压正常,说明故障出在液力变矩器或自动变速器中的输入轴、行星排或输出轴。对此,应拆检自动变速器。

汽车不能行驶的故障诊断与排除程序,如图 6-15 所示。

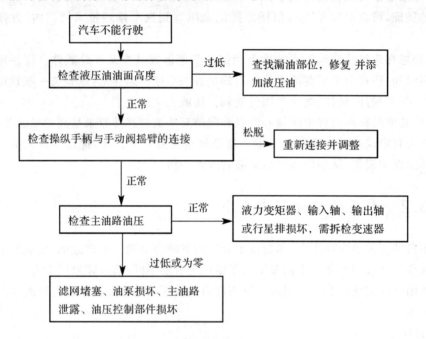

图 6-15 不能行驶故障排除流程图

2.自动变速器打滑故障的诊断

(1)故障现象

1)起步或加速时,发动机转速升高但车速没有很快提高。

2)平路行驶基本正常,但上坡无力,且发动机转速很高。

(2)故障原因分析

1)主油压较低

①液压油油面太低;

②液压油油面太高,运转中被行星齿轮排剧烈搅动后产生大量气泡。

③离合器或制动器活塞密封圈损坏;

④油泵磨损过甚或主油路泄漏;

⑤减振器活塞密封圈损坏,造成漏油。

2)离合器、制动器摩擦片和制动带磨损或烧焦。

3)单向离合器轻微打滑。

（3）故障诊断与排除

打滑是自动变速器中最常见的故障之一。虽然自动变速器打滑往往都伴有离合器或制动器摩擦片严重磨损甚至烧焦等现象，但如果只是简单地更换磨损的摩擦片而没有找出打滑的真正原因，则会使修后的自动变速器使用一段时间后又出现打滑现象。因此，对于出现打滑的自动变速器，不要急于拆卸分解，应先做各种检查测试，以便找出造成打滑的真正原因。

1）检查液压油的油面高度和品质

①若油面过低或过高，应先调整至正常后再做路试。若正常，可不必拆修自动变速器。

②检查液压油的品质。若液压油呈棕黑色或有烧焦味，说明离合器或制动器的摩擦片或制动带有烧焦，应拆修自动变速器。

2）路试，以明确打滑的挡位和打滑的程度。将操纵手柄拨入不同的位置，让汽车行驶。若自动变速器升至某一挡位时发动机转速突然升高，但车速没有相应地提高，就说明该挡位有打滑。打滑时发动机的转速越容易升高，说明打滑越严重。

3）在拆卸分解之前，应先检测主油路油压，以找出造成自动变速器打滑的原因。自动变速器不论前进挡或倒挡均打滑，其原因往往是主油路油压过低或变速器油冷却通道堵塞导致散热不好，变速器油温过高。若主油路油压不正常，则在拆修自动变速器的过程中，应根据主油路油压，相应地对油泵或阀进行检修，并更换自动变速器的所有密封圈和密封环。

自动变速器打滑故障诊断与排除程序，如图 6-16 所示。

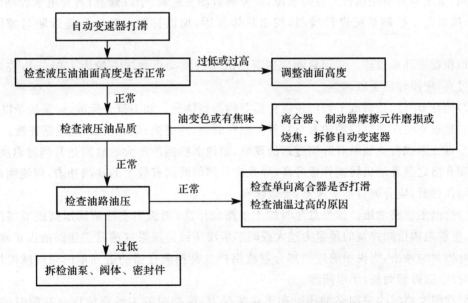

图 6-16　自动变速器打滑故障排除流程图

3. 换挡冲击过大故障的诊断

（1）故障现象

1）在起步时，由 P，N 挡挂入倒挡或前进挡时，汽车震动较严重。

2）行驶中，在自动变速器升挡的瞬间汽车有较明显的闯动。

（2）故障原因

导致自动变速器换挡冲击大的故障原因很多,主要原因在于调整不当、机构元件性能下降或损坏、电子控制系统有故障等。具体为:

1)发动机怠速过高(造成入挡冲击大)。

2)升挡过迟。

3)主油路压力过高。

①主油路调压阀不良;

②油压电磁阀不良;

③节气门开度传感器不良;

④节气门拉索调整不当;

⑤真空式调压阀的真空软管破裂或松脱。

4)离合器、制动器等换挡执行元件变形。

5)蓄压器、单向阀等换挡品质控制元件不良(发卡、漏装)。

6)电控系统有故障。

(3)故障诊断与排除

由于引起换挡冲击的原因较多,因此,在诊断故障的过程中,必须循序渐进,对自动变速器的各个部分做认真的检查。一定要在全面检测的基础上,有针对性地进行分解修理,切不可盲目地拆修。若是由于调整不当所造成的,只要稍作调整即可排除;若是自动变速器内部控制阀、蓄压器或换挡执行元件有故障,应分解自动变速器,予以修理;若是电子控制系统有故障,应对电子控制系统进行检测,找出具体原因,加以排除。具体检查诊断与排除步骤如下:

1)检查发动机怠速。装用自动变速器的汽车的发动机怠速一般为 750r/min 左右。若怠速过高,应按标准予以调整。

2)检查节气门拉索或节气门位置传感器的调整情况。如不符合标准,应重新予以调整。

3)检查真空式节气门阀的真空软管。如有破裂,应更换;如有松脱,应重新连接。

4)做道路试验。如果有升挡过迟的现象,则说明换挡冲击大的故障是升挡过迟所致的。如果在升挡之前发动机转速异常升高,导致在升挡的瞬间有较大的换挡冲击,则说明离合器或制动器打滑,应分解自动变速器,予以修理。

5)检测主油路油压。如果怠速时的主油路油压高,则说明主油路调压阀或节气门阀有故障,可能是调压阀弹簧的预紧力过大或阀芯卡滞所致。如果怠速时主油路油压正常,但进挡时有较大的冲击,则说明前进挡离合器或倒挡及高挡离合器的进油单向阀阀球损坏或漏装。对此,应拆卸阀板,予以修理。

6)检测换挡时的主油路油压。在正常情况下,换挡时的主油路油压会有瞬时的下降。如果换挡时主油路油压没有下降,则说明蓄压器活塞卡滞。对此,应拆检阀体和蓄压器。

7)电子控制自动变速器如果出现换挡冲击过大的故障,应检查油压电磁阀的线路以及油压电磁阀工作是否正常、电脑是否在换挡的瞬间向油压电磁阀发出控制信号。如果线路有故障,应予以修复;如果电磁阀损坏,应更换电磁阀;如果电脑在换挡的瞬间没有向油压电磁阀发出控制信号,说明电脑有故障,对此,应更换电脑。

自动变速器换挡冲击大的故障诊断与排除程序,如图 6-17 所示。

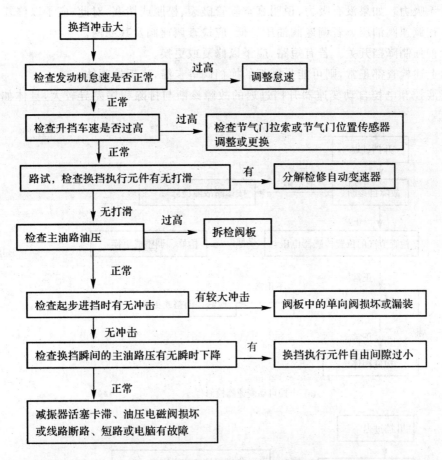

图 6-17　排除换挡冲击大的故障流程图

4.升挡过迟故障的诊断

(1)故障现象

1)在汽车行驶中,升挡车速明显高于标准值,升挡前发动机转速偏高。

2)必须采用松油门提前升挡的操作方法,才能使自动变速器升入高挡或超速挡。

(2)故障原因

1)节气门油压过高(液控自动变速器)。

2)调速阀油压过低(液控自动变速器)。

3)节气门位置传感器信号不良。

4)强制降挡开关短路。

5)电脑或传感器有故障。

(3)故障诊断与排除

1)对于电子控制自动变速器,应先进行故障自诊断。若有故障代码,则按所显示的故障代码查找故障原因。

2)测量节气门位置传感器信号电压。若节气门信号电压过高,应予以更换或调整。

3)检查节气门油压。若油压过高,应检查节气门拉索和节气门调压阀。对于采用真空式节气门阀的自动变速器,应拔下真空式节气门阀上的真空软管,检查在发动机运转中真空软管内有无吸力。如果没有吸力,说明真空软管破裂、松脱或堵塞,对此,应予以修复。

4)检查调速阀油压。若调速阀油压过低,应检查调速阀及其滤网。

5)检查强制降挡开关。若有短路,应予以修复或更换。

6)如上述检查都正常,则可能是阀板的换挡阀等卡滞,应拆检阀体。

对于液控和电控自动变速器升挡过迟的故障诊断与排除程序差异较大,具体如图 6-18 所示。

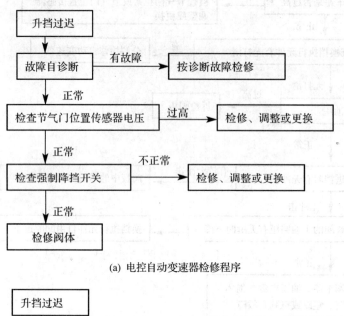

(a) 电控自动变速器检修程序

(b) 液控自动变速器检修程序

图 6-18 升挡过迟故障排除流程图

5.不能升挡故障的诊断

(1)故障现象

1)汽车行驶中自动变速器始终保持在 1 挡,不能升入 2 挡和高速挡。

2)行驶中自动变速器可以升入 2 挡,但不能升入 3 挡和超速挡。

(2)故障原因

1)节气门拉索或节气门位置传感器调整不当。

2)车速传感器有故障。

3)2 挡制动器或高挡离合器有故障。

4)换挡阀卡滞。

5)挡位开关有故障。

6)电控系统故障导致自动变速器进入应急运行模式。

（3）故障诊断与排除

1)对于电子控制自动变速器，应先进行故障自诊断。影响换挡控制的传感器有节气门位置传感器、车速传感器等。按所显示的故障代码查找故障原因。

2)按标准重新调整节气门拉索或节气门位置传感器。

3)检查车速传感器。若有损坏，应予以更换。

4)检查挡位开关的信号。若有异常，应予以调整或更换。

5)如果上述检查正常，则应拆卸阀体，检查各个换挡阀。换挡阀若有卡滞，可将阀芯取出，用金相砂纸抛光，再清洗后装入。若不能修复，应更换阀板。

6)若控制系统无故障，应分解自动变速器，检查各个换挡执行元件有无打滑现象，用压缩空气检查各个离合器、制动器油路或活塞有无泄漏。

自动变速器不能升挡的故障诊断与排除程序，如图 6-19 所示。

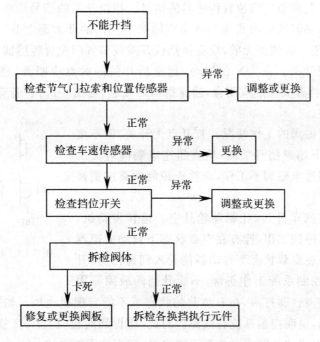

图 6-19　不能升挡故障排除流程图

6.无超速挡故障的诊断

（1）故障现象

1)在汽车行驶中，车速已升高至超速挡工作范围，但自动变速器不能从 3 挡换入超速挡。

2)在车速已达到超速挡工作范围后，采用提前升挡（即松开油门踏板几秒后再踩下）的方法也不能使自动变速器升入超速挡。

（2）故障原因

1）超速挡开关有故障。

2）超速电磁阀故障。

3）超速制动器打滑。

4）超速挡控制的离合器或制动器打滑。

5）挡位开关有故障。

6）液压油温度传感器有故障。

7）节气门位置传感器有故障。

8）3-4换挡阀卡滞。

（3）故障诊断与排除

1）对于电子控制自动变速器，应先进行故障自诊断，检查有无故障代码。液压油温度传感器、节气门位置传感器、超速电磁阀等部件的故障都会影响超速挡的换挡控制。可按显示的故障代码查找故障原因。

2）检查液压油温度传感器在不同温度下的电阻值，并与标准值进行比较。若有异常，应更换液压油温度传感器。

3）检查挡位开关和节气门位置传感器的信号。挡位开关的信号应和操纵手柄的位置相符。节气门位置传感器的电阻或输出电压应能随节气门的开大而上升，并与标准相符。若有异常，应予以调整。若调整无效，应更换挡位开关或节气门位置传感器。

4）检查超速挡开关。在ON位置时，超速挡开关的触点应断开，超速指示灯不亮；在OFF位置时，超速挡开关触点应闭合，超速指示灯亮起（见图6-20）。若有异常，应检查电路或更换超速挡开关。

5）检查超速电磁阀的工作情况。打开点火开关，但不要启动发动机，在按下超速挡开关时，检查超速电磁阀有无工作的声音。如果超速电磁阀不工作，应检查控制线路或更换超速电磁阀。

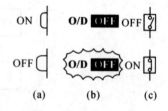

图6-20　超速挡开关的检查

6）用举升机将汽车升起，让驱动轮悬空。运转发动机，让自动变速器以前进挡工作，检查在空载状态下自动变速器的升挡情况。如果在空载状态下自动器能升入超速挡，且升挡车速正常，说明控制系统工作正常，不能升挡的故障原因为超速挡制动器或离合器打滑，在有负荷的状态下不能实现超速挡。如果在无负荷状态下仍不能升入超速挡，说明控制系统有故障。对此，应拆卸阀板，检查3-4换挡阀。如有卡滞，可将阀心拆下，予以清洗并抛光。如果不能修复，应更换阀板总成。

自动变速器无超速挡的故障诊断与排除程序，如图6-21所示。

7. 无前进挡故障的诊断

（1）故障现象

1）汽车倒挡行驶正常，但在前进挡时不能行驶。

2）操纵手柄在D位时不能起步，但在S位、L位（或2位、1位）时可以起步。

（2）故障原因

1）根据换挡规律表分析可能打滑的离合器或制动器。

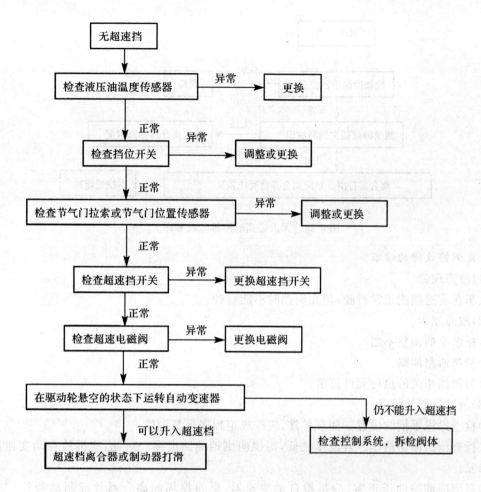

图 6-21 无超速挡故障排除流程图

2）单向离合器打滑或装反。

3）前进离合器油路严重泄漏。

4）操纵手柄调整不当。

（3）故障诊断与排除

1）检查操纵手柄的调整情况。如果异常，应按规定程序重新调整。

2）测量前进挡主油路油压。若油压过低，说明主油路严重泄漏，应拆检自动变速器，更换前进挡油路上各处的密封圈和密封环。

3）前进挡的主油路油压正常，应结合换挡规律表分析打滑的离合器。

4）若主油路油压和离合器、制动器均正常，则应拆检单向离合器，按照《自动变速器维修手册》所述方法检查单向离合器的安装方向是否正确以及有无打滑。如果装反，应重新安装；若有打滑，应更换新件。

自动变速器无前进挡的故障诊断与排除程序，如图 6-22 所示。

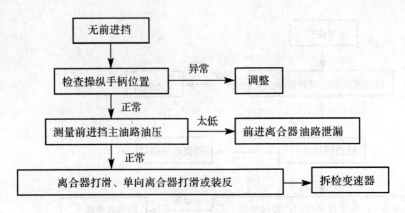

图 6-22 无前进挡故障排除流程图

8.无倒挡故障的诊断

（1）故障现象

汽车在前进挡能正常行驶,但在倒挡时不能行驶。

（2）故障原因

1）操纵手柄调整不当。

2）倒挡油路泄漏。

3）与倒挡相关的执行元件打滑。

（3）故障诊断与排除

1）检查操纵手柄的位置。如有异常,应按规定程序重新调整。

2）检查倒挡油路油压。若油压过低,则说明倒挡油路泄漏。对此,应拆检自动变速器,予以修复。

3）若倒挡油路油压正常,应拆检自动变速器,更换损坏的离合器片或制动器片（制动带）。

自动变速器无倒挡的故障诊断与排除程序,如图 6-23 所示。

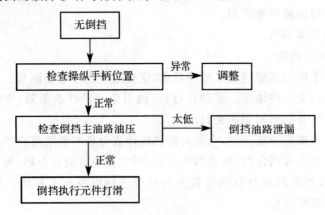

图 6-23 无倒挡故障排除流程图

9.挂挡后发动机怠速易熄火故障的诊断

(1)故障现象

1)发动机怠速运转时将操纵手柄由 P 位或 N 位换入 R 位或 D 位时发动机熄火。

2)在前进挡或倒挡行驶中,踩下制动踏板停车时发动机熄火。

(2)故障原因

1)发动机怠速过低。

2)锁止离合器起作用(锁止控制阀卡滞、锁止电磁阀及线路、控制电脑)。

3)变扭器不良。

(3)故障诊断与排除

1)在空挡或停车挡时,检查发动机怠速。正常的发动机怠速应为 750r/min。若怠速过低,应重新调整。

2)对于电子控制自动变速器的信号,应先进行故障自诊断,按所显示的故障代码查找故障原因。

3)检查变扭器的锁止离合器工作状况。

4)拆卸阀板,检查锁止控制阀。若有卡滞应清洗抛光后装复。如果仍不能排除故障,应更换阀板。若油底壳内有大量的摩擦粉末,应彻底分解自动变速器,予以检修。

自动变速器挂挡后发动机怠速易熄火的故障诊断与排除程序,如图 6-24 所示。

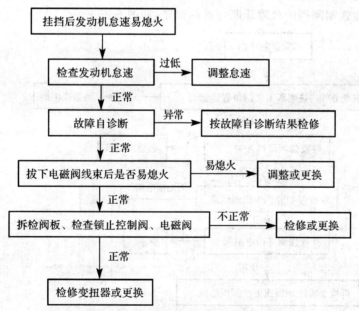

图 6-24　挂挡后发动机怠速易熄火故障排除流程图

10.不能强制降挡故障的诊断

(1)故障现象

当汽车以 3 挡或超速挡行驶时,突然将油门踏板踩到底,自动变速器不能立即降低一个挡位,致使汽车加速无力。

（2）故障原因

1）节气门拉索或节气门位置传感器调整不当。

2）强制降挡开关损坏或安装不当。

3）强制降挡电磁阀损坏或线路短路、断路。

4）阀板中的强制降挡控制阀卡滞。

（3）故障诊断与排除

1）检查节气门拉索或节气门位置传感器的安装情况。若有异常，应按标准重新调整。检查强制降挡开关。在油门踏板踩到底时，强制降挡开关的触点应闭合；松开油门踏板时，强制降挡开关的触点应断开。如果油门踏板踩到底时强制降挡开关触点没有闭合，可用手直接按动强制降挡开关。如果按下开关后触点闭合，说明开关安装不当，应重新调整；如果按下开关后触点仍不闭合，说明开关损坏，应予以更换。

2）对照电路图，在自动变速器线束插头处测量强制降挡电磁阀。如有异常，则故障原因是线路短路、断路或电磁阀损坏。对此，应检查线路或更换电磁阀。

3）打开自动变速器油底壳。拆下强制降挡电磁阀，检查电磁阀的工作情况。如有异常，应予以更换。

4）拆卸阀板总成，分解、清洗、检查强制降挡控制阀。阀芯如有卡滞，可进行抛光装复。若无法修复，则应更换阀板总成。

自动变速器不能强制降挡的故障诊断与排除程序，如图 6-25 所示。

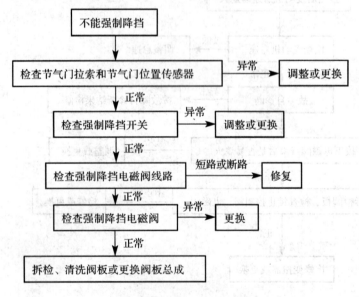

图 6-25　不能强制降挡故障排除流程图

11.无锁止故障的诊断

（1）故障现象

1）汽车行驶中，车速、挡位已满足锁止离合器起作用的条件，但锁止离合器仍没有产生锁止作用。

2）汽车油耗较大。

2.故障原因

1)液压油温度传感器有故障。

2)节气门位置传感器有故障。

3)锁止电磁阀有故障或线路短路、断路。

4)锁止控制阀有故障。

5)变矩器中的锁止离合器损坏。

3.故障诊断与排除

1)对于电子控制自动变速器,应先进行故障自诊断,检查有无故障代码。若有故障代码,则可按显示的故障代码查找相应的故障原因。

2)检查节气门位置传感器。如果在一定节气门开度下的节气门位置传感器输出电压过高或电位计电阻过大,应予以调整。若调整无效,应更换节气门位置传感器。

3)打开油底壳,拆下液压油温度传感器,检测液压油温度传感器。如果不符合标准,应更换液压油温度传感器。

4)测量锁止电磁阀。若有短路或断路,应检查电路。若电路正常,则应更换电磁阀。

5)拆下锁止电磁阀,进行检查。若有异常,应予以更换。

6)拆下阀板,分解并清洗锁止控制阀。若有卡滞,应抛光装复。若不能修复,应更换阀板。

7)若控制系统无故障,则应更换变矩器。

自动变速器无锁止的故障诊断与排除程序,如图 6-26 所示。

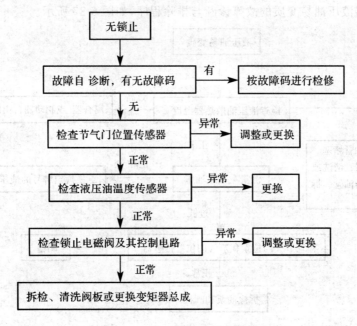

图 6-26　无锁止故障诊断排除流程图

12.液压油易变质故障的诊断

(1)故障现象

1)更换后的新液压油使用不久就变质。

2)自动变速器油温度太高,变速器油有焦味或从加油口处向外冒烟。

(2)故障原因

1)汽车使用不当,经常超负荷行驶,比如经常用于拖车,或经常急加速、超速行驶等。

2)液压油散热器管路堵塞。

3)通往液压油散热器的限压阀卡滞。

4)离合器或制动器自由间隙太小。

5)主油路油压太低,离合器或制动器在工作中打滑。

6)液压油质量欠佳或牌号不对。

(3)故障诊断与排除

1)让汽车以中低速行驶5~10min,待自动变速器达到正常工作温度后,在发动机运转过程中检查自动变速器液压油散热器的温度。在正常情况下,液压油散热器的温度可达60℃左右。若液压油散热器的温度低,说明油管堵塞,或通往液压油散热器的限压阀卡滞。这样,液压油没有得到及时的冷却,油温过高,导致变质。

2)若液压油散热器的温度太高,说明离合器或制动器间的自由间隙太小。

3)若液压油温度正常,应测量主油路油压。若油压太低,应检查节气门拉索或节气门位置传感器的调整情况。若节气门拉索或节气门位置传感器工作正常,应拆卸自动变速器,检查油泵是否磨损过甚、阀板内的主油路调压阀和节气门阀有无卡滞、主油路有无漏油处。

4)若上述检查均正常,则故障可能是汽车经常超负荷行驶,或未按规定使用合适牌号的液压油所致。对此,可将液压油全部放出,加入规定牌号和数量的液压油。

自动变速器液压油易变质的故障诊断与排除程序,如图6-27所示。

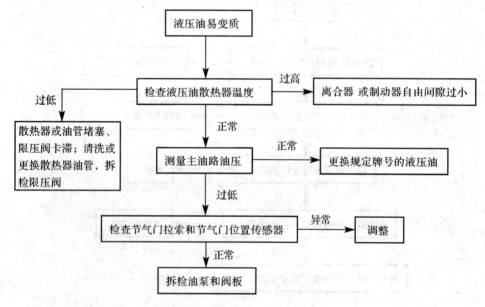

图6-27 液压油易变质故障排除流程图

13.自动变速器异响故障的诊断

(1)故障现象

1)在汽车运转过程中,自动变速器内始终有一异常响声。

2)汽车行驶中自动变速器有异响,停车挂空挡后异响消失。

(2)故障原因

1)油泵因磨损过甚。

2)油面高度过低、过高而产生异响。

3)变矩器因锁止离合器、导轮单向离合器等损坏而产生异响。

4)行星齿轮机构异响。

5)换挡执行元件异响。

(3)故障诊断与排除

1)检查自动变速器液压油油面高度。若太高或太低,应调整至正常高度。

2)用举升机将汽车升起,启动发动机,在空挡、前进挡、倒挡等状态下检查自动变速器产生异响的部位和时刻。

3)若在任何挡位下自动变速器中始终有一连续的异响,通常为油泵或变矩器异响。对此,应拆检自动变速器,检查油泵有无磨损、变矩器内有无大量摩擦粉末。若有异常,应更换油泵或变矩器。

4)若自动变速器只在行驶中才有异响,空挡时无异响,则为行星齿轮机构异响。对此,应分解自动变速器,检查行星排各个零件有无磨损痕迹,齿轮有无断裂,单向超越离合器有无磨损、卡滞,轴承或止推垫片有无损坏。如有异常,应予以更换。

自动变速器异响的故障诊断与排除程序,如图 6-28 所示。

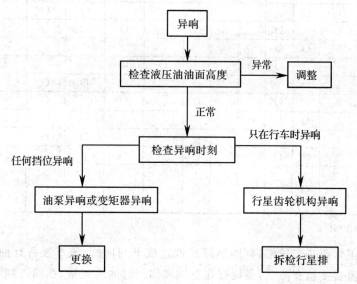

图 6-28　异响故障诊断排除流程图

下面以自动变速器的故障实例来分析自动变速器的故障诊断方法

故障实例一

1.故障现象描述

一辆 AL-1 富康轿车,该车配备 1.6L 电喷发动机,AL4 自动变速器。冷车时起步换挡正常;热车后在前进挡时;正常模式和雪地模式都无法起步,但倒挡正常。

2.故障诊断分析

(1)初步分析

倒挡正常说明主油路油压正常。前进挡时起步,冷车正常而热车不正常,说明热车时与前进挡有关的执行元件在工作时打滑,原因是执行元件工作油压过低所致,可能在其相关油路有泄漏。

(2)诊断过程

1)该车电控系统具备自诊断电路。如果发现电控系统有故障,ECU 会使 SPT 和 ＊ 交替闪烁,车辆进入三挡应急模式。经检查 SPT 和 ＊ 指示灯没闪烁,车辆也没进入三挡应急运行模式行驶,初步判断电控系统工作正常。

2)该车在前进挡位置正常模式是一挡起步,雪地模式是二挡起步。经检查此车在正常模式和雪地模式都无法起步,判断此车一挡和二挡存在打滑。分析该车换挡规律(见表 6-11),1 挡和 2 挡有共同作用的部件 F_3,初步判断该车的 F_3 存在打滑现象。

表 6-11　控制元件于执行器动作对应关系表

操纵杆位置	挡位	E_1	E_2	F_1	F_2	F_3	EVS1	EVS2	EVS3	EVS4	EVS5	EVS6
P	P	O							O			
R	R	O			O					O		
N	N	O							O			
D	1	O				O			O	O		
	2		O			O		O		O		
	3	O	O									
	4		O	O			O	O				
3	1	O				O			O			
	2		O			O		O		O		O
	3	O	O									
2	1	O				O			O	O		
	2		O					O		O		
1	1	O				O			O	O		

注:○——表示动作部件。

3)由于冷车正常而热车异常,判断油压过低造成 F_3 打滑。该车装备有油压传感器,可以从解码器数据流直接检查油压,经检查在空挡和倒挡时油压正常,在前进挡时热车的油压偏低,可以确定该车故障就是由于热车时前进挡油压太低,导致执行元件打滑。

4)在倒挡时油压正常,说明油泵、主油压控制装置工作正常。该车电磁阀为直接控制形式,电磁阀 ESV4 直接控制 F_3 的工作状态。与 F_3 相关的油路、电磁阀 ESV4 等处泄露会造成前进挡油压过低,造成不能起步。

3.故障排除

拆检阀体、F_3 制动器正常,检查电磁阀 ESV4 密封圈损坏,更换后故障排除。

故障实例二

1.故障现象描述

一辆02款丰田4700陆地巡洋舰配备型号为A442F型四速电子控制自动变速器,在发动机正常工作温度下,将换挡杆从P/N位置换到D位正常,从P/N位置换到R位冲击严重。

2.故障诊断分析

(1)初步分析

造成入挡冲击大的可能原因有倒挡油压偏高和倒挡缓冲控制失效。

(2)诊断过程

按照先简单后难的原则,先进行油压测试分析。经检测发现怠速时挂在倒挡为800kPa,从P/N换到R位置的油压变化为600→800→600有冲击现象,从N挂到D位置时油压变化为800→400→600不冲击。对照油压标准,此车在N到D位置应该为600→300→480,N到R位置的油压变化为600→400→600。从油压测试结果来分析,此故障应该是油压过高造成的换挡冲击。结合此油压调节原理,造成油压太高的可能原因有:①控制单元收到的传感器信号错误,让控制单元发出了错误指令,导致油压偏高;②控制单元收到的传感器信号正确,控制单元计算处理错误,发出了错误指令,导致油压偏高;③控制单元发出的指令正确,正确指令没传到执行元件电磁阀或执行元件损坏不能很好地调节油压。根据这三点可能原因,通过解码器检查各故障码和各传感器信号,没发现异常,控制单元发生故障可能性很小,暂不去考虑。然后再检查电磁阀电阻和通电测试动作,没发现异常。最后检查控制单元到电磁阀的电路,拆下控制单元端线束,发现油压电磁阀的控制线接头锈蚀。

3.故障排除

修复插头,故障排除。

故障实例三

1.故障现象描述

一辆韩国现代索纳塔装备KM176自动变速器,行驶中突然出现加速时发动机空转,发动机不能驱动汽车,停车后再挂挡汽车不能行驶。

2.故障诊断分析

(1)初步分析

造成不能行驶的可能原因有变速器油不足、换挡杆与手动阀的连接松脱、液压油压力不足、变速器内机械故障、液力变矩器等。

(2)诊断过程

根据先易后难、先外围后内部的检修原则进行检查。

1)观察分析:挂入挡位后,踩油门,观察发动机转速。有失速现象,说明进挡正常,变速器内部机械有故障,应拆检自动变速器。发动机转速轻松上升,可以用解码器检测分析,检测主油路油压,检查换挡杆与手动阀的连接,如果都正常,则拆检自动变速器。观察结果是发动机转速轻松上升,无动力传递到驱动轮。

2)解码器检测分析:在发动机运转时挂入挡位,用解码器观察数据流,发现输入轴转速信号为零,说明变扭器无动力传递到输入轴。如果变速器输入轴后无动力输出能力,变扭器正常,则输入轴有转速;如果变速器输入轴后有动力输出能力,变扭器正常,则变速器正常;如果变速器输入轴后有动力输出能力,而变扭器无动力传递能力,则无输入轴转速。据此可以判断汽车不能行驶的故障原因是变扭器损坏。

3.故障排除

更换变扭器后,变速器工作一切正常。

故障实例四

1.故障现象描述

一辆捷达轿车装备的是01M自动变速器,不能升挡,不能高速行驶,发动机转速到4000r/min时,车速才达100km/h。

2.故障诊断分析

(1)初步分析

01M自动变速器TCM在检测到电控系统有异常,将使自动变速器处于失效保护状态;01M自动变速器一般锁止在3挡位。

(2)诊断过程

1)自诊断读取故障码,发现故障码为00297——变速器转速传感器G38无信号,00652挡位检测信号不稳定。经检查发现转速传感器插头没插好,插好后消除故障码,再读无故障码。

2)道路试验中,发现汽车前后发冲,车速升到40km/h时发动机转速升高,但车速不升反降,下降到大约20km/h时又上升,到40km/h又下降。拔下车速传感器又恢复原来情形,锁止在3挡。

3)再次接上解码器,读数据流发现车速在0~12km/h变化,而车速表显示40km/h,再观察变扭器滑移率较大。这些都与实际不符。判断可能是输入和输出轴转速传感器有问题,经检查发现两个传感器插头插反。

3.故障排除

重新插好接头,变速器工作正常。此故障先是由于输入轴转速传感器插头未接造成变速器锁止于3挡,后是由于输入和输出轴转速传感器插头接反所致。

6.4 自动变速器的修理

6.4.1 自动变速器的就车修理

自动变速器的部分故障不需拆卸和分解,就可以直接在车上进行修理,一般称之为就车修理。可以进行就车修理的内容包括电控系统、液压阀体和各种调整。

（1）自动变速器的调整包括节气门拉索和挡位开关的调整。

（2）自动变速器电控系统的检修包括各种传感器、执行器及控制器的检修与更换。

（3）自动变速器阀体的检修。

1）放净变速器油，拆卸油底壳。

2）拆下滤网，检查滤网是否堵塞。

3）拆下阀体，重点检查能造成故障现象的几个阀体和电磁阀。如果阀体卡滞，可拆下阀并用高标号砂纸打磨，直到阀装进去后倾斜整个阀体，阀能靠自身重量滑进为止，然后彻底清洗阀体。

4）按拆卸的相反顺序装好阀体，加好变速器油，重新试验。

6.4.2 自动变速器的拆卸、分解与组装

1. 自动变速器的拆卸

自动变速器的拆卸方法与手动变速器有所不同，拆卸时必须按正确方法和步骤进行，以避免零部件的损坏。

不同车型的自动变速器，其拆卸方法也有所不同。一般情况下都是先关闭点火开关，拆下蓄电池的搭铁线，放净自动变速器油，然后再按照以下程序进行拆卸。

（1）拆下与节气门摇臂连接的自动变速器节气门拉索，拆下与手动阀连接换挡杆拉索，拆下与变速器连接的所有线束，拆下变速器到变速器油散热器的连接管路，拆下车速表软轴等所有与自动变速器连接的零部件。

（2）拆下排气管中段，拆下自动变速器下方的护罩、护板等。

（3）拆下传动轴。

（4）拆下飞轮壳盖板，用螺丝刀撬动飞轮，逐个拆下飞轮与变扭器的连接螺丝。

（5）拆下自动变速器与车身的连接支架，用千斤顶脱住自动变速器。

（6）拆下自动变速器与飞轮壳的连接螺丝，将变扭器和自动变速器一同抬下。在抬下自动变速器时，应扶住变扭器以防滑落。

在拆卸前驱动自动变速器时，应先拆除变速器上方的有关部件，如蓄电池、空滤器、进气管等，同时还应拆除左右前轮半轴。

2. 自动变速器的分解

不同的自动变速器其分解顺序和方法都有所不同，下面以大众自动变速器 01N 为例介绍变速器拆装方法。

（1）放净变速器油，拆下油底壳

变速器下放置一个油盆，旋下油底壳的固定螺丝，拆下油底壳 3，密封垫 7 放尽 ATF 油。如图 6-29 所示。

（2）拆下阀体

1）旋下 ATF 过滤网的固定螺丝，拆下 ATF 过滤网、密封垫 10。

2）从变速器阀体上推出带电磁阀的扁状导线 13。

3）拧下阀体与变速器壳体的固定螺丝，拆下阀体 11，注意阀体上有些螺丝是阀体本身的连接螺丝，不需拆卸，注意区分。

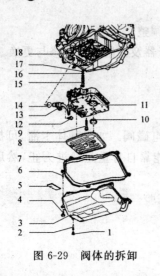

18
17
16
15

14
13
12
9
8

7
6
5
4

3
2
11
10
1

图 6-29　阀体的拆卸

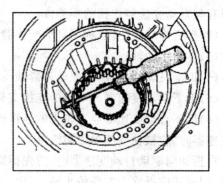

A — A

图 6-30 ATF 泵的拆卸

图 6-30　ATF 泵的拆卸

4)取下密封塞 15,注意一定要在拆卸行星齿轮机构前取下此密封塞。

(3)拆下油泵

倒转变速器,拆下 ATF 泵与变速器体的固定螺丝,均匀拧入 M8 螺丝,将 ATF 泵从壳体内压出,如图 6-30 所示。

(4)拆下离合器

1)将所有离合器连同支撑管、B_2 摩擦片、弹簧和弹簧头一起取出,如图 6-31(a),(b)所示。

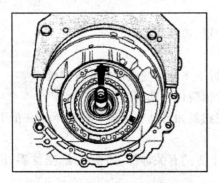

(a) 离合器、支撑管和　摩擦片的拆卸
(b)

图 6-31　离合器、支撑管和 B_2 摩擦片的拆卸

2)啮合驻车锁,将螺丝刀穿过大太阳齿轮的孔,松开小传动轴的螺丝 1,如图 6-32 所示。

3)抽出小传动轴,然后再抽出大传动轴、大太阳齿轮,如图 6-33 所示。

(5)拆下变速器速度传感器和下支撑管卡环 a,如图 6-34 所示。

(6)拆下自由轮和倒挡制动器。

1)拆下自由轮的卡环 b,如图 6-34 所示;拔出导流块 2,如图 6-35 所示。

2)用钳子夹住自由轮的定位键,如图 6-34 中箭头所示,取出自由轮。

3)把小太阳齿轮、垫圈、滚针轴承从行星齿轮架中取出,如图 6-36 所示。

4)取出行星齿轮架和碟形弹簧,取出倒挡制动器 B_1 的摩擦片。

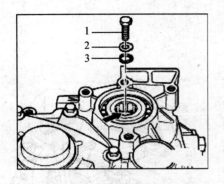

图 6-32 小传动轴螺丝的拆卸

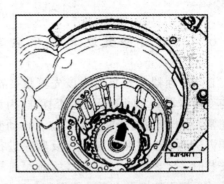

图 6-33 大传动轴和大太阳轮的拆卸

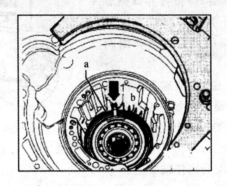

图 6-34 支撑管卡环的拆卸

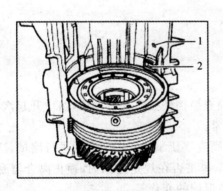

图 6-35 导流块的拆卸

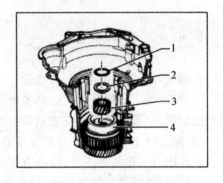

图 6-36 小太阳齿轮的拆卸

3. 自动变速器的组装

自动变速器的组装基本上按照分解的相反顺序进行。在装配时,要注意止推轴承、垫片等确保正确无误。离合器和制动器的活塞要用压缩空气试验密封性,要检查其间隙。摩擦片必须泡在 ATF 油中半小时后安装,安装时各个运动部件的表面都需涂抹变速器油。

6.4.3　自动变速器的安装与调整

　　自动变速器在安装前应该先测量变扭器前端面与变速器端面之间的距离是否标准,因为此距离不正常,意味着变扭器未安装到位。自动变速器的安装方法基本上按照拆卸的相反顺序进行。注意在安装时一定要让自动变速器的前端面与发动机飞轮的后端面完全贴合后才能锁紧固定螺丝。

　　在自动变速器安装好以后,应检查并调整节气门拉索、换挡手柄及挡位开关。下面以大众公司01N自动变速器换挡杆拉索的调整为例介绍调整方法。其方法是:

　　(1)把挡位手柄推入 P 位置,变速器上的换挡杆轴推入 P 挡,再检查驻车锁止装置是否有效。

　　(2)松开支撑支架 3 上的固定螺丝,如图 6-37 所示。

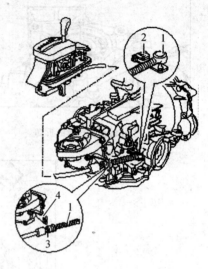

图 6-37　换挡杆拉索的调整

　　(3)将换挡杆拉索 1 按入换挡杆轴 2 上。

　　(4)将换挡杆拉索与支撑支架对齐,使它没有受到任何的压迫。

　　(5)拧紧支撑支架的螺丝到 25N·m。

6.4.4　竣工检验

　　自动变速器安装完毕后,应注意:

　　(1)按照规定添加自动变速器油到规定范围,检查换挡杆拉索是否到位,然后升起汽车,启动发动机,空载情况下检查变速器各挡位是否正常。

　　(2)降下汽车,再次检查自动变速器油,若不足则应重新添加。添加完后进行路试,注意检查其各挡位工作是否正常,换挡有无冲击,换挡车速是否在规定范围内,锁止离合器是否能正常锁止,强制降挡能否正常实现,自动变速器油温度的变化等。

　　(3)用解码器查看有无故障保存,若有故障保存则按照故障提示内容检查,然后清除故障码。

　　注意:很多电控自动变速器在变速器安装完毕进行路试时会出现换挡冲击过大,此故障往往是自动变速器没有完成初始化的原因。

实训题

实训 6-1　自动变速器的失速试验

1. 实训目的与要求

(1)了解并掌握自动变速器的失速试验方法及步骤。

(2)能根据自动变速器失速试验的结果判断故障原因。

2. 实训仪器设备

(1)自动变速器轿车或实验台;

(2)垫木若干;

(3)发动机转速表 1 只。

3. 实训内容与操作

(1)设置相应故障

1)发动机动力不足:点火时间推迟,有缸不工作。

2)变矩器故障:换上不良的变矩器。

3)变速器故障:设置主油压过低。

(2)按失速试验步骤测试失速转速。

(3)根据测试结果,分析可能原因,判断并排除故障。

4. 注意事项

(1)失速试验时,时间不得超过 5s。

(2)进行完一个挡位的试验后,不得立即进行下一个挡位的试验,待油温下降后才能进行。

(3)试验结束后不要立即熄火,应将选挡杆投入空挡或停车挡,让发动机怠速运转几分钟,以便使自动变速器油温度正常。

(4)如果在试验中发现驱动轮因制动力不足而转动,应立即松开加速踏板,停止试验。

5. 实训报告

(1)阐述失速试验测试步骤。

(2)根据测试结果,结合相应的油路和结构,阐述分析判断故障的思路。

实训 6-2　自动变速器的时滞试验

1. 实训目的与要求

(1)熟悉并掌握自动变速器的时滞试验方法及步骤。

(2)能根据自动变速器时滞试验的结果判断故障原因。

2. 实训仪器设备

(1)自动变速器轿车或试验台;

(2)垫木若干;

(3)秒表1个。

3.实训内容及操作

(1)设置相应故障:离合器间隙大,主油压过低。

(2)按时滞试验步骤测试入挡时间。

(3)根据测试结果,分析可能的原因,判断并排除故障。

4.注意事项

(1)时滞试验时,使发动机和自动变速器达到正常工作温度。

(2)发动机怠速在规定值。

(3)共做3次试验,取平均值。

5.实训报告

(1)阐述时滞试验测试步骤。

(2)根据测试结果,结合相应的油路和结构,阐述分析判断故障的思路。

实训6-3　自动变速器油压测试

1.实训目的与要求

(1)掌握自动变速器主油压测试的目的与方法,并能分析油压测试结果。

(2)掌握影响自动变速器主油压的因素,并能判断及排除故障。

2.实训仪器设备

(1)自动变速器轿车或实验台;

(2)自动变速器油压表一套;

(3)解码器一套、万用表一个;

(4)常用拆装工具一套;

(5)相应资料或图册。

3.实训内容与操作

(1)按变速器的具体型号设置相应的主油压过低、过高;某挡离合器或制动器的工作压力过低的故障。

(2)按要求接入压力表。

(3)测试并记录怠速、失速和各个挡位状态下主油压和数据。

(4)按要求给换挡电磁阀加电或自动换挡过程测试各个挡位工作油路压力。

(5)根据测试结果进行分析、判断并排除故障。

4.注意事项

(1)测试各个挡位的压力时应用举升车辆;

(2)测试失速压力应保证安全。

5.实训报告

(1)阐述主油路油压测试步骤。

(2)根据测试结果,结合相应的油路和结构,阐述分析判断故障的思路。

复习思考题

6-1　如何检查自动变速器油液面高度,如何检查自动变速器漏油部位?

6-2　分析造成油压过低的原因,并说明油压过低会产生的后果。

6-3　广州本田自动变速器各挡离合器油压如何测试?

6-4　自动变速器如何进行路试升挡检查?

6-5　分析挡位挂在 D 位置时,车辆不走的可能原因,并说明判断和排除的方法和思路。

6-6　分析变速器不换挡的可能原因,并说明判断和排除的方法和思路。

6-7　通过查找资料,列举几种自动变速器油和差速器油分开放置的自动变速器型号?请描述添加自动变速器油的方法。

6-8　试述电磁阀的控制方式有哪几种? 油压电磁阀一般应属于什么形式? 如何检查油压电磁阀工作是否正常?

6-9　分析变速器换挡冲击的可能原因? 并说明判断和排除的方法和思路。

6-10　如果自动变速器时滞时间过长,分析其可能产生的后果,并说明原因。

第7章
典型轿车自动变速器的检修

7.1 广本雅阁轿车自动变速器检修

广州本田雅阁轿车 MAXA 电控自动变速器采用定轴式齿轮变速传动机构,不同于日产、丰田及大多数欧美汽车自动变速器采用的行星齿轮变速传动机构。MAXA 自动变速器具有四个前进挡和一个倒挡,主要由定轴式齿轮变速传动机构、液压控制系统和电子控制系统三大部分组成。

7.1.1 MAXA 型电控自动变速器介绍

1.MAXA 型电控自动变速器结构

广州本田雅阁轿车用的 MAXA 自动变速器的内部结构如图 7-1 所示。图 7-2 所示为 MAXA 自动变速器的齿轮机构。

2.MAXA 型电控自动变速器动力传动路线

MAXA 型电控自动变速器动力传动路线比较简单,基本类似于手动变速器的动力传动路线,各挡位参与工作的相关部件如表 7-1 所列。

特别说明:表 7-1 给出了自动变速器在正常工作过程中,各个元件在各挡位时参与工作的情况,该表对于分析自动变速器齿轮传动系统的故障十分有帮助,熟知该表十分重要。

现以 D-4 挡为例,分析 D-4 位置时 1 挡的动力传动路线。D-4 位置时,1 挡的动力传递路线如图 7-3 中箭头所示。

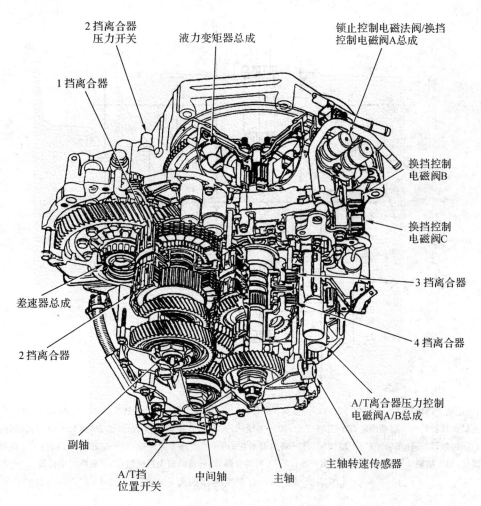

2挡离合器压力开关

液力变矩器总成

锁止控制电磁法阀/换挡控制电磁阀A总成

1挡离合器

换挡控制电磁阀B

换挡控制电磁阀C

3挡离合器

差速器总成

4挡离合器

2挡离合器

A/T离合器压力控制电磁阀A/B总成

副轴

主轴转速传感器

A/T挡位置开关　　中间轴　　主轴

图 7-1　广州本田雅阁轿车用的 MAXA 自动变速器的内部结构

表 7-1　MAXA 型自动变速器各挡位参与工作的相关部件

		液力变矩器	1挡		2挡		3挡		4挡		倒挡齿轮	驻车挡齿轮
			齿轮	离合器	齿轮	离合器	齿轮	离合器	齿轮	离合器		
P		○										○
R		○							○	○	○	
N		○										
D-4	1	○	○	○								
	2	○			○	○						
	3	○					○	○				
	4	○							○	○		
D-3	1	○	○	○								
	2	○			○	○						
	3	○					○	○				
2		○			○	○						
1		○	○									

注：○——工作。

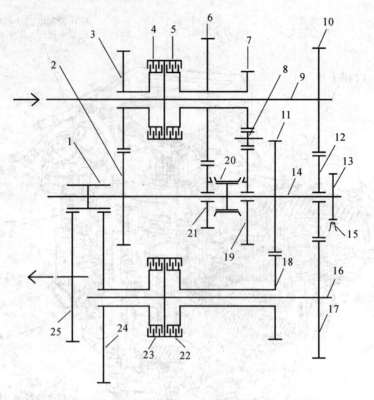

1—副轴1挡齿轮;2—副轴3挡齿轮;3—主轴3挡齿轮;4—3挡离合器;5—4挡离合器;6—主轴4挡齿轮;7—主轴倒挡齿轮;8—倒挡惰轮;9—主轴惰轮;10—主轴;11—副轴2挡齿轮;12—副轴惰轮;13—驻车挡齿轮;14—副轴;15—驻车锁销;16—辅助轴;17—辅助轴惰轮;18—辅助轴2挡齿轮;19—副轴倒挡齿轮;20—倒挡滑套;21—副轴4挡齿轮;22—2挡离合器;23—1挡离合器;24—辅助轴1挡齿轮;25—最终主动齿轮

图 7-2　MAXA 自动变速器的齿轮机构

具体动力传递分析如下:

(1)动力由液力变矩器传入主轴和与主轴固连的主轴惰轮 3,并通过中间轴惰轮 5 和副轴惰轮 8 使副轴转动,此时由于中间轴惰轮空套在中间轴上,所以中间轴不旋转。

(2)1 挡离合器接合,使副轴 1 挡齿轮与副轴固连而旋转。

(3)旋转的副轴 1 挡齿轮驱动中间轴 1 挡齿轮而驱动中间轴旋转。

(4)旋转的中间轴通过与其制成一体的最终主动齿轮,将动力传递给差速器的最终减速齿轮并将动力输出,从而实现 1 挡的动力传递过程。

其余各挡位动力传递路线按表 7-1 和图 7-2 所示分析。

3.电子控制系统

如图 7-4 所示,MAXA 型自动变速器的电子控制系统主要由一体式的动力系统控制模块(PCM)、传感器和“模糊逻辑控制”的电磁阀(共 6 个)等组成。电子控制系统根据节气门和车速信号,由 PCM 控制电磁阀分别使 1,2,3 和 4 挡离合器接合或分离,自动切换挡位和锁止控制。其具体控制功能如下:

(1)换挡控制

换挡控制是由 PCM 根据接收到各传感器的输入信号,通过换挡电磁阀 A,B,C 进行通断控制,实现挡位的变换,如表 7-2 所列。在挡位切换期间,PCM 还控制 A/T 离合器来控制

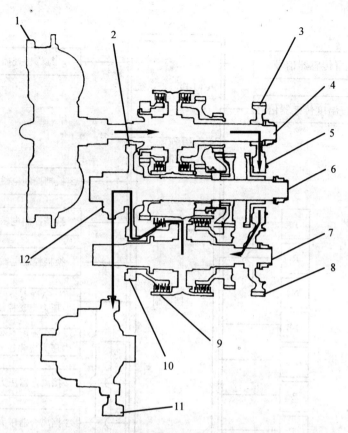

1—液力变矩器；2—中间轴 1 挡齿轮；3—主轴惰轮；4—主轴；5—中间轴惰轮；6—中间轴；7—副轴；8—副轴惰轮；9—1 挡离合器；10—副轴 1 挡齿轮；11—最终减速齿轮；12—最终主动齿

图 7-3　D-4 位置时的 1 挡动力传递路线

电磁阀 A，B，以保证换挡品质的改善。此外，当换挡操纵手柄在 D-4 或 D-3 位置，而车辆处于坡道上时，PCM 中的坡度逻辑控制功能将控制车辆在上、下坡或减速时进行准确而平顺的换挡。

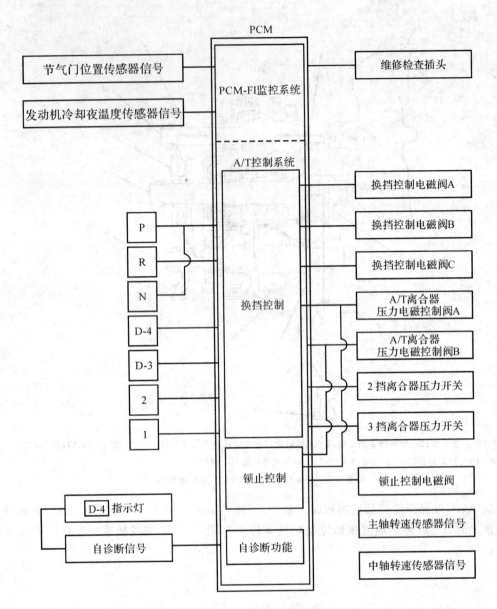

图 7-4　广州本田雅阁轿车 MAXA 型自动变速器的电子控制系统控制原理框图

表 7-2 各挡位及挡位变换时换挡控制电磁阀的工作情况

挡位	挡位及挡位变换信号	换挡控制电磁阀工作情况		
		A	B	C
D-4,D-3	由 N 位置换至 D-4 或 D-3 位置	●	●	●
	保持在 1 挡位置	○	●	●
	在 1 挡与 2 挡之间变换挡位	●	●	●
	保持在 2 挡位置	●	●	○
	在 2 挡和 3 挡之间变换挡位	●	○	○
	保持在 3 挡位置	●	○	●
D-4	在 3 挡与 4 挡之间变换挡位	○	○	●
	保持在 4 挡位置	○	○	○
2	2 挡	●	●	○
1	1 挡	○	●	●
R	由 P 或 N 位置移至 R 位置	○	●	●
	保持在倒挡位置	○	●	○
P	驻车挡	○	●	○
N	空挡	○	●	○

注：●—接通；○—断开。

(2)锁止控制

在 D-4 位置的 3 挡和 4 挡以及 D-3 位置的 3 挡行驶时，变速器具有锁止功能。锁止过程由 PCM 根据各传感器的输入信号通过控制锁止控制电磁阀而实现锁止离合器的接合与分离平顺性和锁止状态。

(3)坡度逻辑控制

动力系统控制模块 PCM 根据 A/T 中间轴转速传感器、节气门位置传感器、发动机冷却液温度传感器、制动开关和换挡操纵手柄位置等输入的信号，将实际行驶条件进行运算并与存储在 PCM 中的行驶条件进行比较，以便选择合适的换挡模式(见图7-5)，即正常模式(即平路模式)、上坡模式(采用模糊逻辑方式)、下坡模式(分缓坡下坡模式和陡坡下坡模式)、减速模式，从而控制车辆在爬坡、下坡或减速时的换挡。

(4)MAXA 型自动变速器电子控制元件的位置

MAXA 型自动变速器电子控制系统的核心元件——动力系统控制模块 PCM，位于仪表板中央控制台后方的前下部板下，其他工作元件在车上的位置如图 7-6 所示。

(5)MAXA 型自动变速器电子控制系统的控制电路

MAXA 型自动变速器电子控制系统的控制电路如图 7-7 所示。

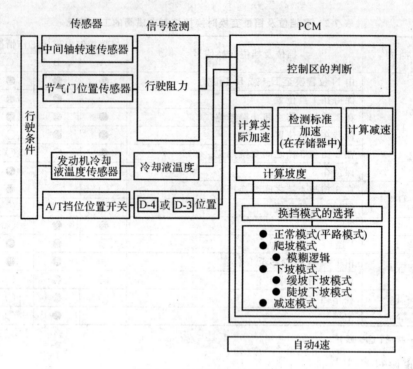

图 7-5　坡度逻辑控制框图

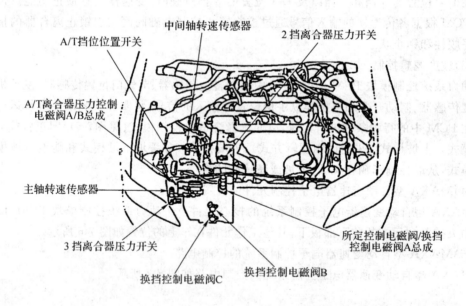

图 7-6　MAXA 型自动变速器电子控制系统元件在车上的位置

4.电液控制系统

（1）液压控制系统

1）液压控制系统的总体构成

MAXA 自动变速器液压控制系统主要由 ATF 油泵、管路和各种滑阀组成，滑阀主要包括主阀体、调节器阀体、伺服器体和蓄压器体等。图 7-8 所示为各阀体滑阀的相关位置图，

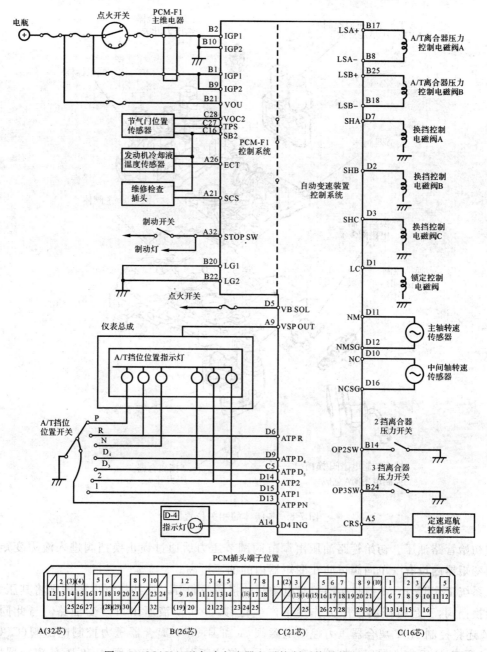

图 7-7　MAXA 型自动变速器电子控制系统的控制电路

各阀体的滑阀在一定程度上受换挡控制电磁阀的控制。换挡控制电磁阀 B 和 C 以及换挡控制电磁阀 A 和锁止控制电磁阀总成均安装在液力变矩器的壳体上,A/T 离合器压力控制电磁阀 A 和 B 则安装在变速器箱体上。主阀体等液压控制阀体均位于自动变速器的下方,蓄压器体则位于液力变矩器壳体上。

2)液压控制油路

发动机运转时,ATF 油泵将由液力变矩器通过齿槽驱动而工作。ATF 被油泵泵出而

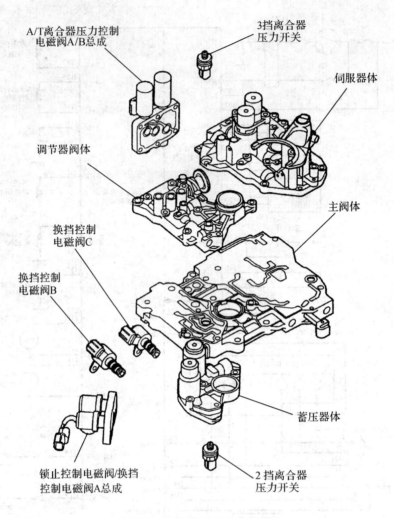

图 7-8　各阀体的相关位置图

　　形成初始管路油压。初始管路油压由调节阀调节压力后通过锁止换挡阀进入液力变矩器。液力变矩器内设有一单向阀可防止变矩器内的油压过高。

　　系统工作时,PCM 控制换挡控制电磁阀的接通或断开。换挡控制电磁阀则将其压力传送给换挡阀,于是换挡阀在压力作用下产生位移,并转换液压出口改变油路。与此同时,PCM 还将控制 A/T 离合器压力控制电磁阀 A 和 B,A/T 离合器压力控制电磁阀(CPC 电磁阀)调节 A/T 离合器压力控制电磁阀压力并将该压力传给 CPC 阀 A 和 B,使离合器接合或分离,从而实现换挡。

　　在进行高低挡位转换时,从 CPC 压力模式下传递的压力使离合器啮合。PCM 通过控制其中一个换挡控制电磁阀以使换挡阀产生位移,该位移转换 CPC 和管路压力出口,于是管路压力施加到离合器上,CPC 压力被切断,由管路压力使离合器啮合的动作发生在换挡完成之后。

　　先将 N 位置换至 D-4 或 D-3 位置的 1 挡的液压油路流程分述如图 7-9 所示。

　　当换挡操纵手柄由 N 位置换至 D-4 或 D-3 位置时,PCM 将接通换挡控制电磁阀 A 和

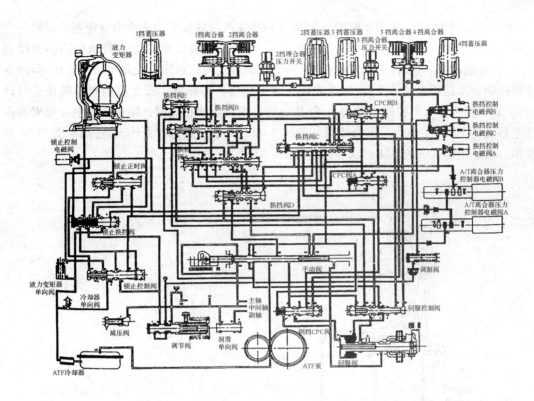

图 7-9 从 N 位置换至 D-4 或 D-3 位置的 1 挡的液压油路流程图

C,而换挡电磁阀 B 仍保持在 N 位置时的接通状态(参见表 7-2),此时:

①换挡控制电磁阀 A 被接通,换挡阀 A 左侧的换挡控制电磁阀 A 的压力被释放,于是换挡阀 A 左移。

②换挡控制电磁阀 C 被接通,换挡阀 C 右侧的换挡控制电磁阀 C 的压力被释放,于是换挡阀 C 右移。

③换挡控制电磁阀 B 因保持接通,故换挡阀 B 仍保持在原来的右侧。

A/T 离合器压力控制电磁阀 A 将调节其自身压力,并将该压力输送给 CPC 阀 A。管路压力在手动阀处转变压力后流向换挡阀 C 和 CPC 阀 A 以及换挡阀 A 和 B。流至换挡阀 B 处的 CPC 阀 A 油压将转变为 1 挡离合器的压力并使之在 CPC 的控制下接合,从而实现从 N 位置转变为 D-4 位置的 1 挡的油压传递过程。

(2)锁止控制系统

为了在不同的行驶条件下提高液力变矩器在高传动比工况下的效率,对液力变矩器进行了不同程度的锁止。锁止离合器位于液力变矩器涡轮的前端,它主要由锁止活塞和减振器及其弹簧组成。锁止活塞和减振器通过花键与涡轮体连接,并可在涡轮体上轴向移动,涡轮体又通过花键与变速器主轴相连接。减振器依靠减振弹簧固定在涡轮上,减振弹簧用于缓冲锁止离合器接合时产生的冲击振动。

在锁止活塞前端的工作表面和与其接触的变矩器壳内壁设有湿式摩擦片,当锁止活塞位移与变矩器壳内壁接触时,两者可以可靠接合以实现机械锁止。

该自动变速器在 D-4 位置的 2,3,4 挡与 D-3 位置的 3,4 挡时可实行锁止控制。在 D-4

位置(2挡、3挡和4挡)和D-3位置(2挡和3挡),加压后的液压油从液力变矩器后部经一个油液通道排出,使锁止活塞顶住液力变矩器盖。这时,主轴以和发动机曲轴相同的速度旋转,配合液压控制装置,让PCM为锁止机构选择最佳正时。在锁止控制电磁阀动作时,改变作用连锁定换挡阀左端的压力,以改变锁止状态的接合与释放。锁止控制阀和锁止正时阀根据A/T离合器压力控制电磁阀A和B的状态来控制锁止范围。锁止控制电磁阀安装在变速器壳体上,A/T离合器压力控制电磁阀A和B安装在变速器壳体上,它们都受PCM的控制。锁止控制系统的总体构成和油路如图7-10所示。

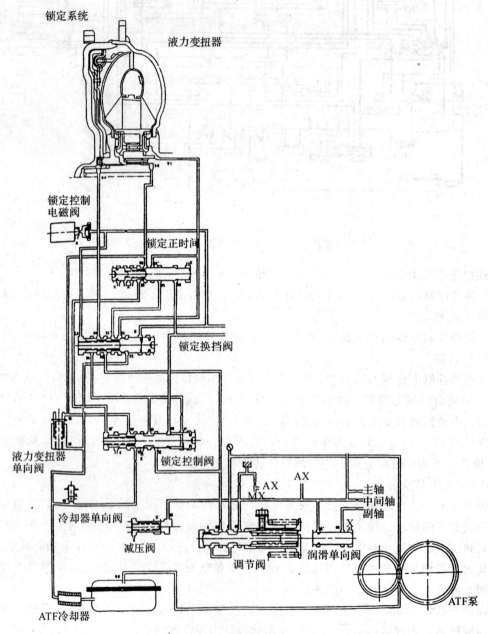

图7-10 锁止控制系统的总体构成和油路

7.1.2　故障诊断与分析

　　自动变速器的电子控制系统出现故障时,其PCM自诊断系统将使仪表板上的D-4指示灯闪烁。此时应先通过PCM的自诊断功能读取系统故障代码,并由读取的故障代码查寻出故障原因,然后根据故障内容进行故障分析,并视具体情况对故障相关元件进行必要的检测,以最终查明具体故障原因。

　　1.故障代码(DTC)的读取

　　当仪表板上的D-4指示灯(见图7-11)闪烁时,应按以下方法读取系统故障代码。

　　(1)关闭点火开关(将点火开关置于"OFF"位置)。

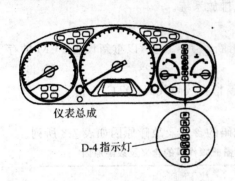

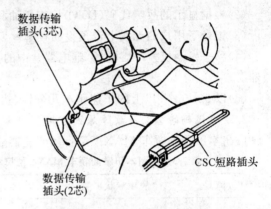

图7-11　D-4指示灯在仪表板上的位置图　　　　图7-12　连接维修检查插头

　　(2)将专用工具短路插头SCS(07PAZ-0010100)与位于驾驶席侧仪表板下方的维修检查插头(2芯)相连接。如图7-12所示。

　　(3)接通点火开关(将点火开关转至"ON(Ⅱ)"位置)。

　　(4)读取故障代码(DTC)。接通点火开关ON(Ⅱ)后,D-4指示灯将通过闪烁时间的长短和次数来显示故障代码,如图7-13所示。

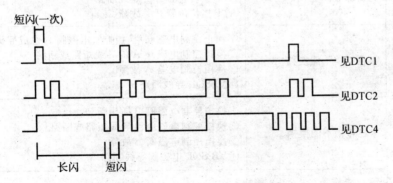

图7-13　故障代码闪烁的形式

　　故障代码最多由两位数构成。故障代码1～9通过单纯的短闪烁表示。故障代码10～26通过一系列的长、短闪烁综合来表示。长闪烁的次数代表故障代码的十位数,短闪烁的次数代表故障代码的个位数。如果有多重故障信息,D-4 指示灯将按由小到大的顺序依次闪示。

注意:故障代码显示通常难以一次读准,因此至少要通过两次或两次以上的读取以验证正确的故障代码。上述故障代码的读取也可以利用 HONDA PGM 专用检测仪与数据传输插头(3 芯)相连接来完成。

如果行车中 D-4 指示灯与 MIL 指示灯同时点亮,则应同时读取两者的故障代码,并分别进行故障分析。在完成 MIL 有关的故障处理后,如欲重新设置 PCM(清除故障代码),则必须事先记录下无线电台预设的频率。行车中 D-4 指示灯与 MIL 指示灯同时点亮时则按下列步骤进行:

(1)记录燃油/废气排放和 A/T 系统的故障代码(DTC)。

(2)根据显示的故障代码(DTC)检查燃油和废气排放系统。

(3)记录下用户的无线电台预设的频率。

(4)移去发动机盖下熔断丝/继电器盒中的备用熔断丝 10s 以上,以重新设置 PCM 的存储器。

(5)以 50 km/h 以上的车速驱车几分钟,然后重新检查故障代码(DTC)。

2.故障代码的含义及故障原因分析

广州本田雅阁轿车 MAXA 型自动变速器故障代码的含义及故障原因如表 7-3 所列。

表 7-3　广州本田雅阁轿车 MAXA 型自动变速器故障代码的含义及故障原因

故障码	故障症状	故障原因
1	锁止离合器不锁止 锁止离合器不分离 卡在 4 挡不能换挡	锁止控制电磁阀/换挡控制电磁阀 A 总成插头断开 锁止控制电磁阀导线短路或断路 锁止控制电磁阀故障 锁止控制电磁阀电源(VBSOL)导线断开
5	除 2 和 3 挡外不能换挡 锁止离合器不能锁止	A/T 挡位位置开关导线断短路 A/T 挡位位置开关故障
6	无特殊故障症状	A/T 挡位位置开关插头断开 A/T 挡位位置开关导线断路 A/T 挡位位置开关故障
7	卡在 4 挡不能换挡	①锁止控制电磁阀/挡控制电磁阀 A 总成插头断开 ②换挡控制电磁阀 A 的导线短路或断路 ③换挡控制电差 A 故障 ④VBSOL 导线断路
8	卡在 4 挡不能换挡	①换挡控制电磁阀 B 插头断开 ②换挡控制电磁阀 B 导线短路或断路 ③换挡控制电磁阀 B 故障 ④VB SOL 电磁阀导线断路
9	①不能换挡(在 2～3 挡之间,仅能换至 3 挡) ②车速表不工作 ③锁止离合器工锁止	①中间轴转速传感器插头断开 ②中间轴转速传感器的导线短路或断路 ③中间轴转速传感器故障

故障码	故障症状	故 障 原 因
15	①不能换挡(在2～3挡之间,仅能换至3挡)②锁止离合器不锁止	①主轴转速传感器插头断开②主轴转速传感器的导线短路或断路③主轴转速传感器故障④变速器机械故障
16	①卡在4挡不能换挡②锁止离合器啮合	①A/T离合器压力控制电磁阀A的插头断开②A/T离合器压力控制电磁阀A的导线短路或断路③A/T离合器压力控制电磁阀A故障④VB SOL导线断路⑤PG1和PG2导线断路或搭铁不良(G101)
22	卡在4挡不能换挡	①换挡控制电磁阀C的插头断开②换挡控制电磁阀C的导线短路或断路③换挡控制电磁阀C故障④VBSOL导线断路
23	①卡在4挡不能换挡②锁止离合器不锁止	①A/T离合器压力控制电磁阀B的插头断开②A/T离合器压力控制电磁阀B的导线短路或断路③A/T离合器压力控制电磁阀B故障④VBSOL导线断路⑤PG1和PG2导线断路或搭铁不良(G101)
25	无特殊故障症状	①2挡离合器压力开关插头断开②2挡离合器压力开关的导线短路或断路③2挡离合器压力开关故障
26	无特殊故障症状	①3挡离合器压力开关插头断开②3挡离合器压力开关的导线短路或断路③3挡离合器压力开关故障

3.PCM 的重新设置(故障代码的清除)

在排除了自动变速器电子控制系统的任何故障后,都必须对 PCM 进行重新设置,以清除存储在存储器中的故障代码。其具体方法如下:

(1)点火开关置于"OFF"位置。

(2)如图 7-14 所示,从发动机盖下熔断丝/继电器盒中拆下备用熔断丝(7.5A)。

(3)等候 10s,清除自动变速器 PCM 存储器,然后重新安装备用熔断丝(7.5A)。

7.2 大众 01N 自动变速器的检修

大众 01N 自动四挡变速器由液力变矩器和变速器组成。01N 自动变速器液力变矩器中装有锁止离合器,锁止离合器根据车辆的负载、速度和挡位的状况机械性地闭合。该 4 挡自动变速器有 4 个液压控制的前进挡,在选定的区域内所有的挡位都是自动切换的,换挡是通过一个电子液压器件和控制单元进行的。当锁止离合器闭合时,就转变成机械驱动的挡位,即此变速器的锁止离合器工作范围相对较宽,可同时在高速和低速范围内工作。

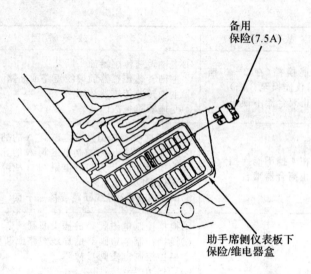

图 7-14 从发动机盖下熔断丝/继电器盒中拆下备用熔断丝(7.5A)

7.2.1 自动变速器介绍

1. 自动变速器结构

01N 自动变速器采用拉威娜式行星齿轮变速机构,其主要是由 1 个行星齿轮组、3 个片式离合器、2 个片式制动器和 1 个单自由轮组成,行星齿轮组又是由 1 个小太阳轮、1 个大太阳轮、3 个短行星齿轮和 3 个长行星齿轮以及行星齿轮架和齿圈组成,如图 7-15 和图 7-16 所示。

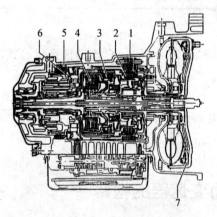

1—第 2 和第 4 挡制动器 B_2;2—倒挡离合器 K_2;3—第 1 至第 3 挡离合器 K_1;4—第 3 至第 4 挡离合器 K_3;5—倒挡制动器 B_1;6—自由轮离合器;7—装在液力变矩器内的锁止离合器

图 7-15 01N 自动变速器组成示意图

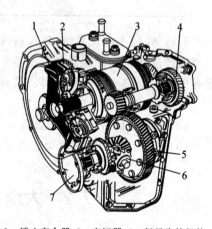

1—锁止离合器;2—变矩器;3—行星齿轮机构;4—中间轴组合;5—被动齿轮;6—差速器;7—驱动法兰

图 7-16 01N 变速器解剖结构图

2.动力传动路线

01N 自动变速器结构简图如图 7-17 所示。

片式离合器和片式制动器由阀体通过液压控制来完成液力变矩器和行星齿轮组之间的动力传递。若 K_1 动作,则驱动小太阳轮。通过离合器 K_2 来驱动大太阳轮;通过制动器 B_2 制动大太阳轮。离合器 K_3 驱动行星齿轮架,通过制动器 B_1 制动行星齿轮架。通过齿圈将动力输出。

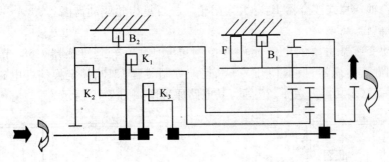

K_1—1-3 挡离合器,驱动小太阳轮;K_2—倒挡离合器,驱动大太阳轮;K_3—3-4 挡离合器,驱动行星齿轮架;B_1—倒挡制动器,固定行星齿轮架;B_2—2-4 挡制动器,固定大太阳轮;F—单向离合器,单向固定行星齿轮架

图 7-17　01N 自动变速器动力传递

换挡杆拉索通过多功能开关向控制单元提供换挡杆位置的信息。同时,通过换挡杆拉索和一个杠杆机构使阀体中的手动阀动作。这样,手动阀被置于基本位置,即在换挡杆位于"D"挡上时四个挡可按程序自动换入。01N 变速箱各挡位执行元件作用情况见表 7-4。

表 7-4　01N 变速箱各挡位执行元件作用情况表

挡位		动作的执行元件					
		K_2	K_1	K_3	B_2	B_1	F
P						●	
R		●				●	
N						●	
D-4	4			●	●		
	3		●	●			
	2		●		●		
	1		●				●
D-3	3		●	●			
	2		●		●		
	1		●				●
2	2		●		●		
1	1		●				●

注:●—表示元件工作。

控制单元按照其传感器(车速传感器、节气门电位计等等)的输入信号控制阀体中的电磁阀。电磁阀驱动阀体上的换挡阀,换挡阀将 ATF 压力油提供给换挡元件(片式离合器和片式制动器),通过换挡元件,发动机转矩将被传输到行星齿轮组上。

(1)D-1 挡的动力传递路线

换挡杆位于 D 挡时,阀体上的电磁阀 N88 通电,前进挡离合器 K_1 供油(驱动小太阳轮),在单向自由轮的控制下,1挡在发动机不超速的情况下运转,行星齿轮架固定不动。其动力传递路径为:泵轮→涡轮→涡轮轴→片式离合器K_1→小太阳轮→短行星齿轮→长行星齿轮驱动齿圈,动力通过齿圈输出。

(2)R挡的动力传递路线

换挡杆位于R挡时,通过阀体中的手动阀,供给片式离合器K_2和片式制动器B_1压力,片式离合器K_2驱动大太阳轮,片式制动器B_1使行星齿轮架锁止。其动力传递路径为:泵轮→涡轮→涡轮轴→片式离合器K_2→大太阳轮→长行星齿轮驱动齿圈。

3.电子控制系统

01N自动变速器主要的电气元件有控制单元J217、车速传感器G68、节气门电位计G69、ATF油温度传感器、换低挡开关F8、巡航控制装置J213、锁定换挡杆电磁线圈N110、电磁阀N88~93、多功能开关F125等。其电路原理图如图7-18所示。

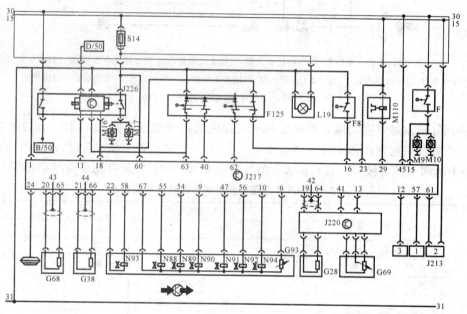

J226—启动锁和倒车灯继电器;M16/M17—倒车灯;S14—保险丝;F125—多功能开关;L19—挡位指示板照明灯;F8—强制低挡开关;N110—变速杆锁止电磁铁;F—制动开关 M9/M10 下制动灯和尾灯;G68—车速传感器;G38—变速器转速传感器;N93—压力调节电磁阀;N88—操纵离合器K_1电磁阀;N89—压力调节电磁阀;N90—操纵离合器K_3电磁阀;G93—变速器机油温度传感器;N91—调节锁止离合器电磁阀;N92—使换挡平顺电磁阀;N94—使换挡平顺电磁阀;J217—自动变速器控制单元;G28—发动机转速传感器;G69—节气门电位计;J220—发动机控制单元

图 7-18 01N 自动变速器电路原理图

4.电液控制系统

(1)电磁阀工作原理

01N自动变速器在阀体上主要有7个电磁阀,如图7-19所示,电磁阀分两种类型,其中电磁阀 N88,N89,N90,N92,N94 为开关阀,作用是打开或关闭某一油道。

N88:控制K_1,在1,2,3挡时起作用。J217第55脚对应 N88接地,J217第67脚对应 N88电源。

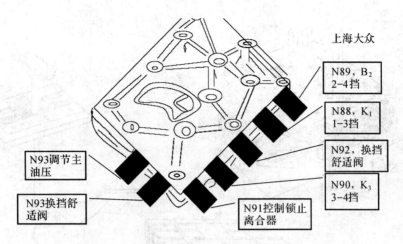

上海大众

N89，B$_2$
2-4挡

N88，K$_1$
1-3挡

N92，换挡
舒适阀

N90，K$_3$
3-4挡

N93调节主
油压

N93换挡舒
适阀

N91控制锁止
离合器

图 7-19　01N 阀体电磁阀位置示意图

N89：控制 B$_2$，在 2，4 挡时起作用。J217 第 54 脚对应 N89 接地，J217 第 67 脚对应 N89 电源。

N90：控制 K$_3$，在 3，4 挡时起作用。J217 第 9 脚对应 N90 接地，J217 第 67 脚对应 N90 电源。

N92，N94：在换挡过程中，起到使换挡平顺、舒适的作用。J217 第 56 脚对应 N92 接地，J217 第 10 脚对应 N94 接地，J217 第 67 脚对应 N92，94 电源。

而电磁阀 N91，N93 为调节阀，用来调节离合器压力的大小。

N91：控制变扭器中锁止离合器的闭合或分离，并控制锁止离合器上的压力。J217 第 47 脚对应 N91 接地，J217 第 67 脚对应 N91 电源。

N93：控制离合器片和制动器片上的压力。J217 第 58 脚对应 N93 接地，J217 第 22 脚对应 N93 电源。

倒挡离合器 K$_2$ 及倒挡制动器 B$_1$，由操纵杆经手动阀控制。当电磁阀有故障时，J217 进入应急状态，并把挡位锁定于手挡状态。自诊断记录为电磁阀（N88～N94）断路或对地短路。

(2)阀体的工作过程

01N 阀体的工作过程如图 7-20 所示。

1)在 1 挡时，阀体上的电磁阀 N88 吸合，油液从油泵、涡轮、电磁阀 N88 向前进挡离合器 K$_1$ 供油（驱动小太阳轮）。

2)在 2 挡时，阀体上的电磁阀 N88 和 N89 吸合，油液从油泵、涡轮、电磁阀 N88 向前进挡离合器 K$_1$ 供油（驱动小太阳轮），电磁阀 N89 向 2/4 挡制动器 B$_2$ 供油（制动大太阳轮）。

3)在 3 挡时，阀体上的电磁阀 N88 和 N90 吸合，油液从油泵、涡轮或经调节阀 N91 及锁止离合器、电磁阀 N88 向前进挡离合器 K$_1$ 供油（驱动小太阳轮），电磁阀 N90 向直接挡离合器 K$_3$ 供油（驱动行星架）。

4)在 4 挡时，阀体上的电磁阀 N90 和 N89 吸合，油液从油泵、涡轮或经调节阀 N91 及锁止离合器、电磁阀 N89 向 2/4 挡制动器 B$_2$ 供油（制动大太阳轮），电磁阀 N90 向直接挡离合器 K$_3$ 供油（驱动行星架）。

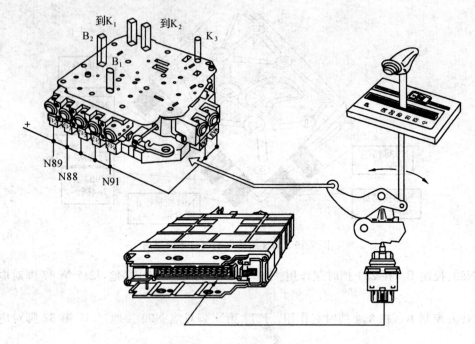

图 7-20　01N 阀体的工作过程

5)在倒挡时,阀体上的手动阀吸合,油液从油泵、涡轮、手动阀向倒挡制动器 B_1 供油(制动行星架),手动阀向倒挡离合器 K_2 供油(驱动大太阳轮)。

(3)挡位油路油压

01N 自动变速和各挡位油路油压见表 7-5。

表 7-5　01N 自动变速箱各挡位油路油压

01N 自动变速箱	换 挡 杆 位 置			
	D 挡(急速)	R 挡(急速)	D 挡(2000r/min)	R 挡(2000r/min)
主油压(kPa)	34～38	50～60	124～132	230～240

7.2.2　故障自诊断与数据分析

上海帕萨特 B5 轿车 01N 电控自动变速器故障代码如表 7-6 所列。

表 7-6　自动变速器故障代码表

故障代码	故障原因	故障排除
No fault Recognized! （没有识别到故障）	如果进行了修理之后,显示出"No fault recognized"（没有识别到故障）,自诊断结束,如果虽然已经执行了自诊断,但是自动变速器仍然工作不佳,应根据故障诊断程序进行修理	
00258 电磁阀 1-N88 开路 对地短路	开路或对地短路 电磁阀 1-N88 有故障	根据电路图检查导线和连接(先检查连接触点是否被腐蚀或有水渗入,如有必要,应当更换。如果显示电磁阀有故障,应当仔细检查变速器上阀体扁状导线和导线之间的 10 插脚插头) 读测量数据块,显示组编号 004 执行电气检测
00260 电磁阀 2-N89 开路 对地短路	开路或对地短路 电磁阀 2-N89	根据电路图检查导线和连接 读测量数据块,显示组编号 004 执行电气检测
00262 电磁阀 3-N90 开路 对地短路	开路或对地短路 电磁阀 3-N90	根据电路图检查导线和连接 读测量数据块,显示组编号 004 执行电气检测
00264 电磁阀 4-N91 开路 对地短路	开路或对地短路 电磁阀 4-N91	根据电路图检查导线和连接 读测量数据块;显示组编号 004 执行电气检测
00266 电磁阀 5-N92 开路 对地短路	开路或对地短路 电磁阀 5-N92	根据电路图检查导线和连接 读测量数据块;显示组编号 004 执行电气检测
00268 电磁阀 6-N93 开路 对地短路	开路或对地短路 电磁阀 6-N93	根据电路图检查导线和连接 读测量数据块;显示组编号 004 执行电气检测
00270 电磁阀 7-N93 开路 对地短路	开路或对地短路 电磁阀 7-N94	根据电路图检查导线和连接 读测量数据块,显示组编号 004 执行电气检测
00281 车速传感器 G68 无信号	导线开路 车速传感器 G68 有故障	根据电路图检查导线和连接 读测量数据块,显示组编号 002 执行电气检测 更换车速传感器 G68
00293 多功能开关 F125 不明确的开关状态	开路或对地短路 多功能开关 F125 有故障	根据电路图检查导线和连接 读测量数据块,显示组编号 001 执行电气检测 更换多功能开关 F125

续表

故障代码	故障原因	故 障 排 除
00297 变速器转速传感器 G38 无信号	导线开路 变速器转速传感器 G38 有故障	根据电路图检查导线和连接 执行电气检测 更换变速器转速传感器 G38
00300 变速器油温度传感器 G93 故障类型不能识别	导线开路 变速器油温度传感器 G93 有故障	根据电路图检查导线和连接 读测量数据块,显示组编号 005 执行电气检测
00518 节气门电位计 G69 信号超出允许的范围	导线开路 发动机控制单元或节气门电位计 G69(在节气门总成内)有故障 来自节气门电位计 G69 的信号通过发动机控制单元直接送入变速器控制单元,并且只能在读测量数据块中进行检查。 如果,自诊断显示节气门电位计有故障,也应当执行发动机控制单元的自诊断	如果不显示出故障代码 00638,应当先排除本故障 根据电路图检查导线和连接 读测量数据块,显示组编号 001 和 003 检查发动机控制单元 更换节气门电位计 G69 或发动机控制单元 对系统进行基本设定
00529 转速信号出错	导线开路	根据电路图检查导线和连接 读测量数据块,显示组编号 003 检查发动机控制单元 执行电气检测
00532 供电电压	电瓶有故障 供给液压阀的电压太低	测试电瓶电压 读测量数据块,显示组编号 002 检测至发动机控制单元 J217 的电压 执行电气检测
00545 发动机/变速器 电气连接 开路 对地短路	开路或对地短路 发动机/变速器控制单元未连接 发动机和变速器控制单元之间的影响点火正时点火的信号未被传送或传送不正常	根据电路图检查导线和连接 读测量数据块,显示组编号 005 检查发动机控制单元 对系统进行基本设定
00596 液压阀之间的导线短路	阀体扁状导线和导线束之间的 10 插脚插头	根据电路图检查导线和连接 执行电气检测 更换扁状导线
00638 发动机/变速器电气连接 2 无信号	开路或对地短路 发动机/变速器控制单元未连接 节气门信号未被传送至变速器控制单元	根据电路图检查导线和连接 读测量数据块,显示组编号 005 检查发动机控制单元,如有必要,进行更换 对系统进行基本设定

故障代码	故障原因	故 障 排 除
00641 ATF 温度信号太大	变速器温度太高,最高温度应不超过 148℃。如果 ATF 的温度太高,变速器自动切换至下一个较低的挡位 汽车后面拖车的负荷太大 ATF 液位不正确 变速器油温度(ATF)传感器有故障	检查 ATF 液位 读测量数据块,显示组编号 005;读取 ATF 的温度 根据电路图检查导线和连接 更换扁状导线
00652 挡位监控 不可信的信号	电气/液压有故障 离合器或阀体有故障	读测量数据块,显示组编号 004,并且通过汽车的道路试车确定故障发生在哪个挡位
00660 换低挡开关/节气门电位计(只有在行驶中才能识别 00660 故障) 不可信的信号	导线开路	根据电路图检查导线和连接
	换低挡开关 F 有故障	读测量数据块,显示组编号 001 执行电气检测 调整或更换加速踏板拉索
	节气门电位计 G69 有故障	按照"排除故障"00518—节气门电位计 G69 中的描述进行修理
65535 控制单元有故障	控制单元 J217 有故障	更换控制单元 对系统进行基本设定

7.3　别克 4T65-E 自动变速器的检修

上海别克轿车采用前驱型 Hydra-matic 4T65-E 型自动电子控制变速器。它可提供 4 个前进挡和 1 个倒挡,其电控单元与发动机电控单元制成一体式,即动力传动系统控制模块(PCM)。它主要完成以下控制功能:

(1)换挡质量控制,对车辆起步、升挡/降挡以及稳定操作的感觉控制;

(2)换挡模式控制,进行升挡和降挡时的程序控制;

(3)液力变矩器控制,接合、分离及受控打滑控制。

7.3.1　自动变速器介绍

1.自动变速器结构

上海别克轿车 4T65-E 型自动变速器采用辛普森式行星齿轮变速传动机构,其构成及元件位置如图 7-21 所示。自动变速器的机械部分构成如下:带有电子控制能力离合器(EC-CC)的变扭器、传动链总成;4 个多盘式离合器总成(输入 2 挡、3 挡和 4 挡离合器);3 个摩擦制动带(前进制动带、2/1 制动带和倒挡制动带);两个行星调整机构(输入和反应行星机构);3 个单向离合器 F、1 个滚柱离合器(1/2 支架)和两个楔块离合器(第三和输入)以及 1 个最终传动和差速器总成。

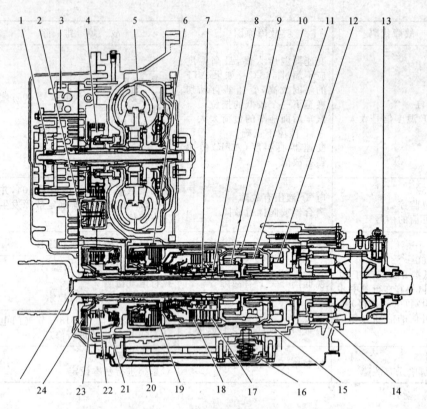

1—油泵总成；2—壳体盖总成；3—控制阀体总成；4—主动链轮；5—液力变矩器离合器总成；6—倒挡制动带总成；7—第三楔块式单向离合器总成；8—输入楔块式单向离合器总成；9—输入托架总成；10—2-1手动制动带总成；11—反动托架总成(Reaction Carrier Assembly)；12—1/2支承滚柱式单向离合器总成；13—车速传感器总成；14—最终传动/差速器壳总成；15—前进挡制动带总成；16—2-1手动带式伺服机构总成；17—输入离合器；18—第三离合器总成；19—第二离合器总成；20—油滤清器总成；21—从动链轮支承总成；22—从动链轮；23—驱动连接装置总成；24—第四离合器总成；25—输出轴

图 7-21　自动变速器主要元件位置图

2.动力传动路线

4T65-E 型自动变速器的机械部分为双排行星齿轮机构的辛普森式行星齿轮变速器，结构简图如图 7-22 所示。动力由发动机传给变矩器，再由变矩器的涡轮用链条驱动变速器的输入轴，输入轴用 2 挡离合器 C_1，带动前排行星架和后排齿圈的一体件。用 3 挡离合器 C_2 通过 3 挡单向离合器 F_1 带动前排太阳轮。同时还用输入离合器 C_3 通过输入单向离合器 F_2 带动前排太阳轮。动力输出由前排齿圈与后排行星架的一体件执行。该变速器由 10 个换挡执行元件操纵，分别为 4 个离合器、3 个带式制动器和 3 个单向离合器。前排行星架与后排齿圈为一体件。后排行星架与前排齿圈为一体件。F_1 与 F_2 的工作转向相反。4 挡制动器 B_1 用于固定前排太阳轮。倒挡制动器 B_2 用于固定前排行星架与后排齿圈的组合件。前进制动器 B_4 和低挡单向离合器 F_3 用于锁止后排太阳轮，同时低挡制动器 B_3 也用于锁止后排太阳轮。单向离合器 F_1 的外圈与离合器 C_2 从动部分相连，内圈与太阳轮相连。单向离合器 F_2 的外圈与离合器 C_3 从动部分相连，内圈与太阳轮相连；单向离合器 F_3 的外圈与制动器 B_4 旋转部分相连，内圈与后排太阳轮相连。

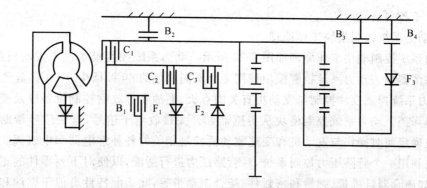

C_1—2 挡离合器；C_2—3 挡离合器；C_3—输入离合器；B_1—4 挡制动器；B_2—倒挡制动器；B_3—低挡制动器；
B_4—前进制动器；F_1—3 挡单向离合器；F_2—输入单向离合器；F_3—低挡单向离合器

图 7-22　4T65-E 型自动变速器结构简图

3.D-1 挡动力传动路线

输入离合器 C_3 接合，动力经输入轴传递到离合器 C_3，此时输入单向离合器 F_2 与前排太阳轮连接，前进制动器 B_4 制动，低挡单向离合器 F_3 处于锁止状态，后行星排太阳轮被固定。来自发动机的动力通过液力变扭器后，传至输入轴、离合器 C_3、单向离合器 F_2 和前太阳轮，使前太阳轮向顺时针方向转动。此时，由于汽车载荷的作用，与输出轴相连的前排齿圈在汽车起步前转速为 0。因此，前排行星齿轮在太阳轮的驱动下按逆时针方向自转，并带动行星架作顺时针方向旋转。另一方面，在后行星排中，后行星轮在齿圈的驱动下作顺时针方向自转时，对后太阳轮产生逆时针方向的转矩，而单向离合器 F_3 对后太阳轮逆时针方向的转动有阻止作用。因此后太阳轮固定不动，迫使后行星架作顺时针旋转，从而与前排齿圈一起，驱动输出轴转动，汽车起步。起步后，前后行星排各元件的运动方式依然不变。

因单向离合器 F_3 不能阻止后排太阳轮作顺时针转动，故在下坡时无法利用发动机的怠速运行阻力来实现汽车的减速，即无发动机制动作用。

其余各挡传动路线参考表 7-7。

表 7-7　自动变速器挡位作用元件表

换挡杆位置		电磁阀 A	电磁阀 B	换挡执行元件									
				C_1	C_2	C_3	B_1	B_2	B_3	B_4	F_1	F_2	F_3
D	1	ON	ON			○				○		○	○
	2	OFF	ON	○		●				○			○
	3	OFF	OFF	○	○					○	○		
	4(超速)	ON	OFF	○	●		○			○			
3	3	OFF	OFF	○	○	○				○	○		
	2	OFF	ON	○		●				○			
	1	ON	ON			○				○		○	○
2	2	OFF	ON	○		●			○	○			
	1	ON	ON			○				○			
1	1	ON	ON			○				○			
R	倒挡	ON	ON			○	○	○				○	
N 或 P	驻车、空	ON	ON			●						●	

注：○—元件工作；●—接合，但不传递动力。

4.电子控制系统

(1)动力系统控制模块工作原理

动力系统控制模块工作原理如图7-23所示。动力系统控制模块位于发动机舱的左侧，在空气滤清器内。动力系统控制模块使用2个不同颜色的80针插头——C_1(蓝色)和C_2(五色)。动力系统控制模块控制与发动机有关的点火、燃油和排放物控制设备以及变速驱动桥的升挡和降挡。动力系统控制模块从传感器和开关接收电子信号,这些信号帮助动力系统控制模块确定何时操作与发动机和变速驱动桥控制相关的各种继电器和电磁阀。动力系统控制模块利用一个管路压力控制系统,对管路压力进行适配,以便对下列零件的正常磨损加以补偿,如离合器纤维板、弹簧和密封件、接合制动带等,此适配特性类似于燃油和怠速控制系统,其中动力控制系统模块可以读出和调节监视器系统的变化。PCM保持下列变速器适配系统的信息:1-2,2-3,3-4挂高挡适配——PCM监视自动变速器主动轴速度传感器和车辆速度传感器,以便决定变速器何时启动和完成挂高挡。PCM计算从挂高挡开始到结束的时间。如果挂高挡的时间长于标定数值,PCM将调节压力控制(PC)电磁阀的电流,以增大下一次(相同)在同样条件下挂高挡的管路压力。如果挂高挡的时间比标定数值短,则PCM将调节压力控制(PC)电磁阀的电流,以降低下一次(相同)在同样条件下挂高挡的管路压力。

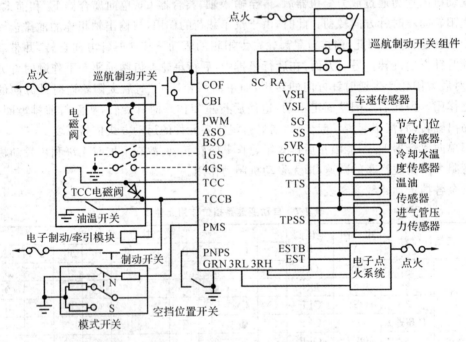

图7-23 动力系统控制模块工作原理

稳定状态适配口:在发生挂高挡后,PCM监视A/T ISS和VSS,以便确定在挂高挡过程中出现的离合器滑移量。如果检测到太高的离合器滑移量,则PCM会调节PC电磁阀的电流以增大管路压力,从而降低离合器滑移量。

动力系统控制模块根据冷却液温度(或变速驱动桥油温度)、节气门位置、变速驱动桥挡位开关位置、车速传感器和制动踏板开关信息控制升挡和降挡。系统本身还包括用于发动机控制的几个其他开关和传感器。

(2)4T65-E 型自动变速器的控制电路

4T65-E 型自动变速器的控制电路如图 7-24、图 7-25 和图 7-26 所示。

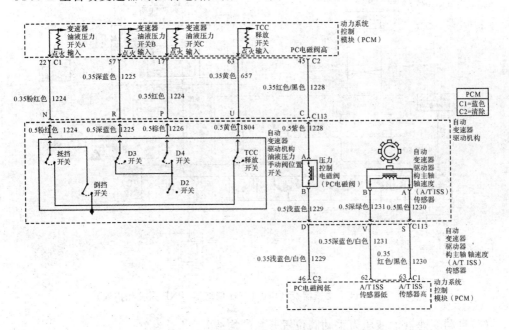

图 7-24　自动变速器控制电路（PCM 和自动变速驱动桥）

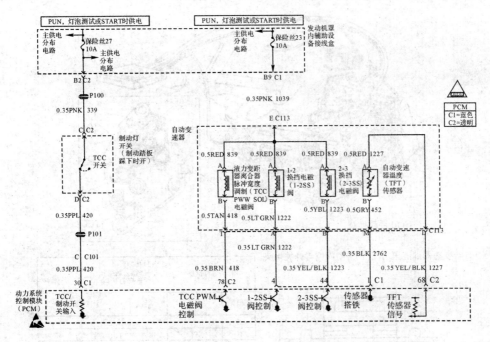

图 7-25　自动变速器控制电路（供电和制动灯开关）

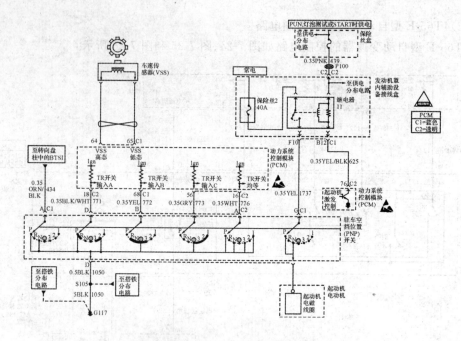

图 7-26　自动变速器控制电路(车速传感器、PNP 开关和搭铁)

（3）自动变速器油液压力手动阀位置开关的构造

自动变速器油液压力手动换挡阀位置开关的构造如图 7-27 所示。

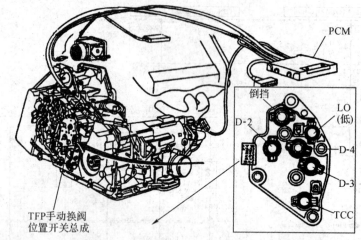

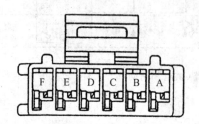

自动变速器油液压力(TFP)手动阀位置开关接头,线束侧

接头零件信息			• 12146095 • 6路F型公制组合 　150系列(自然色)
插脚	导线颜色	电路编号	功能
A	—	—	未使用
B	白	1804	TCC释放
C	橙	1226	范围信号V输入
D	深蓝	1225	范围信号B输入
E	粉红	1224	范围信号A输入
F	—	—	未使用

图 7-27　自动变速器油液压力(TFP)手动换挡阀位置开关的构造

　　自动变速器油液压力(TFP)手动阀位置开关装置在阀体上,由 6 个油液压力开关组成。其中,3 个油液压力开关(D-4 挡、低挡、倒挡)为常开开关,而另外 3 个(D-3,D-2 和 TCC 释放)为常闭开关,这 6 个开关显示手动阀的位置。PCM 利用该信息来控制管路压力、TCC 接合和释放以及换挡电磁阀的操作。

　　TCC 释放压力开关为常闭压力开关,该开关被用作诊断工具,以确认当 PCM 发出指令断开该开关时,TCC 确实已断开。

　　各油液压力开关可使 PCM 断路或者搭铁,视开关油液压力而定。开、闭开关的顺序会产生电压读数的组合,该读数受 PCM 监视。PCM 测量各插脚与搭铁之间的 TFP 手动阀位置开关信号电压,并将该电压与存储在 PCM 存储器中的组合表进行比较。如果 PCM 没有识别开关顺序,则会设定故障诊断代码。如果 TFP 手动阀位置开关顺序表明齿轮范围选择与 PCM 的其他传感器输入有冲突,也可能设定故障诊断代码。

　　5.电液控制系统

　　(1)自动变速器电子部件位置图

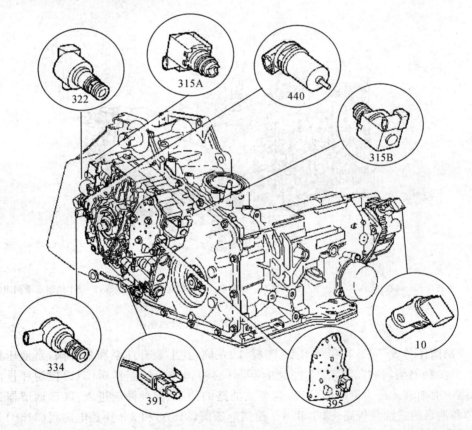

10—车速传感器(VSS)总成;315A—1-2,3-4 换挡电磁线圈(SS)阀总成;315B—2-3 换挡(SS)阀总成;322—压力控制器(PC)电磁阀总成;334—变矩器离合器脉冲宽度调制(TCC PWM)电磁阀总成;391—变速器油液温度(TFT)传感器;395—变速器油液压力(TFP)手动阀位置开关总成;440—自动变速器输入轴速度(A/T ISS)传感器总成

图 7-28　自动变速器电子部件位置图

　　自动变速器电子部件位置图如图 7-28 所示。动力系统控制模块 PCM 通过两个换挡电磁线圈的开关动作来控制换挡位置,每个电磁阀要么保持住油压(电磁阀接合),要么释放油压(电磁阀分离),这一动作控制阀体内部换挡阀的工作。通过使一个或两个电磁阀接合或分离来控制不同的离合器和制动器工作,此外 PCM 还要接受来自车速传感器(VSS)、变速器油温传感器(TFT)、变速器油液压力(TFP)手动阀位置开关、自动变速器主动轴速度传感器(A/TISS)、内部模式开关(IMS)等的信号输入。叶片式机油泵提供机油压力,PCM 通过 PC 电磁阀来调节油压;所有装有 4T65-E 变速器的车辆都带有电气控制额定功率离合器 ECCC 系统。PCM 还包括车载自诊断系统,这有助于确定哪些零件或电路需要进一步测试。

　　(2)自动变速器液压控制部件图。

　　液压控制部分的主要部件如图 7-31 所示,包括换挡阀、伺服缸、储能器、手动阀、调解器等。大部分阀装在阀体上,机油泵和阀体都装在阀板(壳体盖)上。

　　液压阀体如图 7-29 和图 7-30 所示。

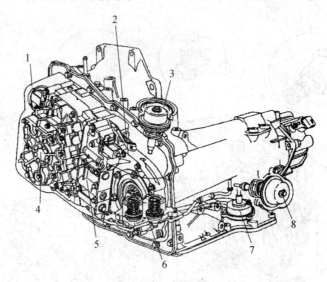

1—调解器;2—阀板(壳体盖);3—倒挡伺服缸;4—机油泵;5—控制阀体;6—储能器;7—2-1 挡制动带伺服缸;
8—前进挡伺服缸

图 7-29　自动变速器液压控制部件图

　　控制阀体总成(301)装在壳体盖(阀板)的左侧,其上装有油泵和各种阀,是液压控制的中心。1-2 挡储能器阀(350)、2-3 挡储能器阀(348)、3-4 挡储能器阀(341)控制和排泄蓄压器油路中的油液。压力调节阀(313)调节主油路的油压,引导油液进入 TCC 调节器接合阀(327)和油泵的进油腔管路。1-2 和 3-4 换挡电磁阀(315A)和 2-3 换挡电磁阀(315B)是用于所有前进挡挡位控制升挡和降挡的简单通/断电磁阀。这些阀可以使通向 1-2,2-3 和 3-4 换挡阀油路中产生油压或排尽油压,但它们只能使油流通/断,却不能调节油压。

　　1-2 换挡阀(318)根据换挡电磁阀的工作状态、执行元件的供油压力和回位弹簧力引导油流控制 1-2 和 2-1 换挡。

　　2-3 换挡阀(357)根据换挡电磁阀的工作状态、执行元件的供油压力和回位弹簧力引导油流控制 2-3 和 3-2 挡换挡。

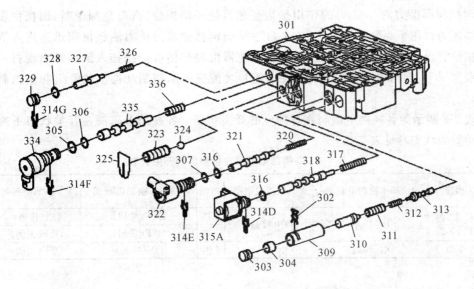

301—控制阀体(机加工);302—管路助力阀和轴套夹持器;303—管路助力阀孔塞;304—管路助力阀;305—变矩器离合器脉冲宽度调制电磁阀 O 型密封;306—变矩器离合器脉冲宽度调制电磁阀 O 型;307—压力控制电磁阀 O 型密封;309—倒挡助力阀轴套;310—倒挡助力阀;311—压力调节阀外部弹簧;312—压力调节阀内部弹簧;313—压力调节阀;314D—1-2,3-4 换挡电磁阀夹持器;314E—压力控制电磁阀夹持器;314F—变矩器离合器脉冲宽度调制电磁阀夹持器;314G—变矩器离合器调节器结合阀孔塞夹持器;315A—1-2,3-4 换挡电磁阀总成;316A—1-2,3-4 换挡电磁阀 O 型密封圈;316B—压力控制电磁阀 O 形密封圈;317—1-2 换挡阀弹簧;318—1-2 换挡阀;320—扭矩信号调节器阀弹簧;321—据矩信息调节器阀;322—压力控制电磁阀总成;323—管道泄压阀弹簧;324—管道泄压阀;325—管道泄压阀弹簧夹持器;326—变矩器离合器调节器作用阀弹簧;327—变矩器离合器调节器作用阀;328—变矩器离全部调节器作用阀孔塞 O 型密封;329—变矩器离合器调节器作用阀孔塞;334—变矩器离合器脉冲宽度调制电磁阀总成;336—变矩器离合器控制阀弹簧

图 7-30　控制阀体图

3-4 换挡阀(362)根据换挡电磁阀的工作状态、执行元件的供油压力、第 4 挡离合器供油压力和回位弹簧力引导油流控制 3-4 和 4-3 挡换挡。倒挡助力阀(310)在倒挡时升高主油路油压,以适应增大转矩的需要,反作用在调压阀上与发动机转矩一起相应提高主油路油压。扭矩信号调节阀(321)在各挡位时,衰减由油压升高引起的压力波动。

TCC 调节器接合阀(327)是在 TCC PWM 电磁阀(334)通电时,调节进入变矩器 TCC 控制阀的油压。TCC 控制阀(335)按规定路线发送调节后的变矩器供油油液,以使变矩器离合器接合或分离。

3-2 手动减挡阀(356)、4-3 手动减挡阀(360)的作用是当油门踏到底而加速不够时,自动变速器迅速降低一挡,以满足加速需要,用于短时的超车。两个减挡阀由 2-3 换挡电磁阀(315B)控制。在油门踏到底时,电磁阀打开油路,在减挡阀的作用下,使换挡阀向降挡方向移动。

前进伺服助力阀(367B)的作用是当急加速时,前进伺服助力阀在油压力作用下克服弹簧力开启,来自手动阀 D-4 油路的压力油经该阀快速进入前进制动器(也称前进伺服执行机构)的供油管道和前进制动器油缸,以防止变速器由驻车挡或空挡挂入前进挡时出现打滑。而在一般情况下,D-4 油路的压力油是经节流口和测温元件进入前进制动器供油管道和前进制动器油缸的。

倒挡伺服助力阀(367A)的作用是当变速器处于倒挡位,汽车急加速时,倒挡伺服助力阀在油压力作用下克服弹簧力开启,来自手动阀倒挡油路的压力油经该阀迅速进入倒挡制动器供油管道和倒挡制动器油缸,以防止变速器由驻车挡或空挡挂入倒挡时出现打滑。而在一般情况下,倒挡油路的压力油要经节流口才能进入倒挡制动器供油管道和倒挡制动器油缸。

表7-8所示为各换挡电磁阀在各挡位的开关状态。各换挡电磁阀在开关状态下离合器与制动器的状态参见表7-7。

表7-8 各换挡电磁阀在各挡位的开关状态

挡位	1-2,3-4换挡电磁阀	2-3换挡电磁阀	挡位	1-2,3-4换挡电磁阀	2-3换挡电磁阀
驻车、倒挡、空挡	ON(接通)	ON(接通)	2挡	OFF(关闭)	ON(接通)
			3挡	OFF(关闭)	OFF(关闭)
1挡	ON(接通)	ON(接通)	4挡	ON(接通)	OFF(关闭)

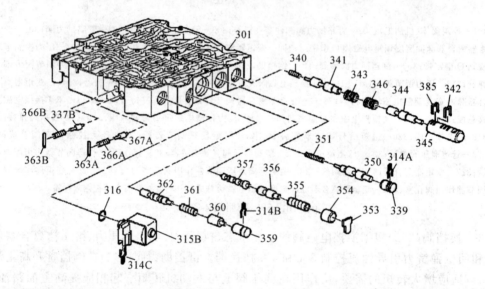

301—控制阀体(已加工);314A—1-2蓄能器阀夹持器;314B—4-3手动挂低挡阀夹持器;314C—2-3换挡电磁阀夹持器;315B—2-3换挡电磁阀总成;316—O形密封圈;339—1-2蓄能器阀孔塞;340—3-4蓄能器阀弹簧;341—3-4蓄能器阀;342—2-3蓄能器阀孔塞夹持器;343—2-3蓄能器阀孔塞;344—2-3蓄能器阀;345—2-3蓄能器阀轴套;346—2-3蓄能器阀弹簧;350—1-2蓄能器阀;351—1-2蓄能器阀弹簧;353—3-2手动挂低挡阀夹持器;354—3-2手动挂低挡阀孔塞;355—3-2手动挂低挡阀弹簧;356—3-2手动挂低挡阀;357—2-3换挡阀;359—4-3手动挂低挡阀孔塞;360—4-3手动挂低挡阀;361—4-3手动挂低挡阀弹簧;362—3-4换挡阀;363A—倒挡伺服助力阀孔销;363B—前进挡伺服助力阀孔销;366A—倒挡伺服助力阀弹簧;366B—前进伺服助力阀;367A—倒挡伺服助力阀;367B—前进伺服助力阀;385—2-3蓄能器阀轴套总成夹持器

图7-31 控制阀体图

(3)自动变速器D-1挡油路图。

图7-32所示为4T65-E变速器OD位于1挡时的油路图。手动阀置于D位,1-2,3-4及2-3换挡电磁阀(315A)(315B)通电,1-2换挡阀阀芯处于右位,2-3换挡阀、3-4换挡阀均处左位,变矩器离合器电磁阀断电。液压泵输出的压力油也分为两路:一路经主油路调压阀、手动阀、前进伺服助力阀(367B)后进入前进制动器执行液压缸,使前进制动器(B₄)工作。前

进制动器活塞内有弹簧,使其接合动作得到缓冲。另一路压力油经2-3挡换阀、3-4 换挡阀、♯3 单向阀进入输入离合器液压缸,使输入离合器 C_3 工作,单向离合器 F_2 也起作用,从而挂入上 1 挡。

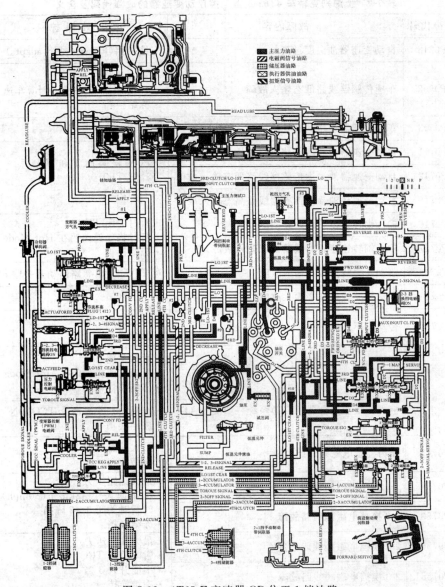

图 7-32　4T65-E 变速器 OD 位于 1 挡油路

7.3.2　故障诊断与分析

上海别克轿车 4T65-E 型电控自动变速器动力系统控制模块 PCM 具有自诊断功能,动力系统已经存储的故障码,可以通过检测仪从存储器中读取,自诊断接头位于仪表板下面。故障码的清除可以使用解码器或用手工清除,方法是置点火开关 OFF 状态,从保险丝盒拆下控制模块保险丝 30s,替换保险丝;如不能确定保险丝位置,也可通过拆下电瓶负极桩头

 自动变速箱原理与检修

30s 而清除故障码,但需注意不能丢失其他存储数据。当动力系统控制模块的电源被拆下后,驱动能力可能会下降。

自动变速器的故障代码如表 7-9 所示。

表 7-9　上海别克轿车 4T65-E 型电控自动变速器的故障代码及含义

故障代码	故障内容	失效保护
P0218	自动变速器油温度过高	冻结换挡(Freezes shift adapts)
P0502	车速传感器线路低态输入故障	• 最大油路压力 • PCM 根据 ISS 和挡位计算车速 • 冻结换挡
P0503	车速传感器线路间歇性故障	
P0711	自动变速器油温度传感器线路性能不良故障	• PCM 根据 ECT 和 IAT 计算 TFT • 冻结换挡
P0712	自动变速器油温度传感器线路低态输入故障	
P0713	自动变速器油温度传感器线路高态输入故障	
P0716	输入轴转速传感器线路间歇性故障	• 暂时关闭 TCC • 暂时将 4 挡关闭在 Hot Mode • 冻结换挡
P0717	输入轴转速传感器线路低态输入故障	
P0719	制动开关线路低态输入故障	对 TCC 工作,忽略制动开关输入
P0724	制动开关线路高态输入故障	无
P0730	传动比不正确	• 最大油路压力 • 冻结换挡
P0741	液力变矩器离合器(TCC)系统一直处于 OFF 位置	• 暂时关闭 TCC • 暂时将 4 挡关闭在 Hot Mode • 冻结换挡
P0742	液力变矩器离合器(TCC)系统一直处于 ON 位置	• 在最大功率时命令 TCC"ON" • 冻结换挡
P0748	压力控制电磁阀线路故障	• 最大油路压力 • 冻结换挡
P0751	1-2 换挡电磁阀性能不良	• 最大油路压力 • 在车速大于 48km/h(30mph) 时暂时关闭 3→2 降挡 • 冻结换挡
P0753	1-2 换挡电磁阀线路故障	
P0756	2-3 换挡电磁阀性能不良	• 最大油路压力 • 暂时关闭 TCC • 不能升入 3 挡 • 冻结换挡
P0758	2-3 换挡电磁阀线路故障	
P1810	自动变速器油压手动阀位置开关总成线路故障	• 最大油路压力 • PCM 假定换入 D-4 • 冻结换挡
P1811	Maximum Adapt and long shift	• 最大油路压力 • 冻结换挡
P1860	液力变矩器离合器脉冲宽度调节电磁阀线路故障	• 暂时关闭 TCC • 暂时将 4 挡关闭在 Hot Mode • 冻结换挡

7.4　飞度 CVT 自动变速器的检修

本田飞度轿车无级变速器采用的是目前流行的钢带式无级变速器 CVT,不同于奥迪 A6 的 Multitronic 所采用的滚动链节——片式链条无级变速器。

7.4.1　无级变速器介绍

飞度轿车无级变速器由三大部分组成,分别为机械传动部分、电子控制系统和油路部分。

1.本田飞度无级变速器的结构

本田飞度无级变速器机械传动部分的构造如图 7-33 所示。

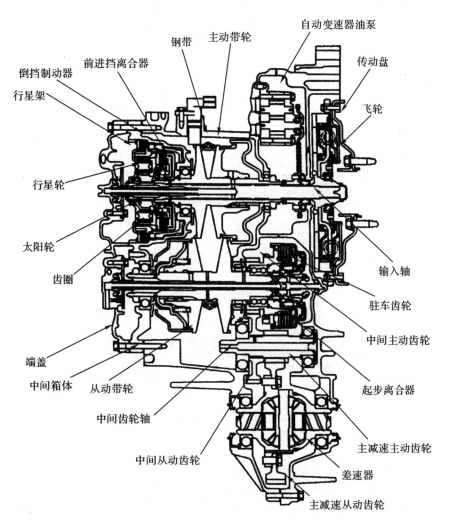

图 7-33　本田飞度轿车无级变速器机械传动结构示意图

本田飞度无级变速器采用主动与从动带轮及钢带以及一组行星齿轮机构和四根平行轴（输入轴、主动带轮轴、从动带轮轴和中间齿轮轴），通过三组离合器和一组制动器的组合使四根平行轴进行不同的运动组合来完成前进或倒退的无级传动。

（1）行星齿轮机构、输入轴及主动带轮轴

该型自动变速器的行星齿轮机构有辛普森式和拉维娜式两种，它们均由三个元件组成，即太阳轮、齿圈、行星架与行星轮，如图7-34所示。

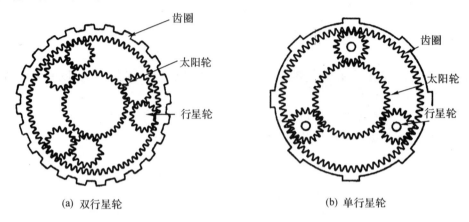

(a) 双行星轮　　　　　　　　　(b) 单行星轮

图 7-34　两种形式行星齿轮机械示意图

该行星齿轮机构与主动带轮轴和输入轴之间的配合关系如图7-35所示。

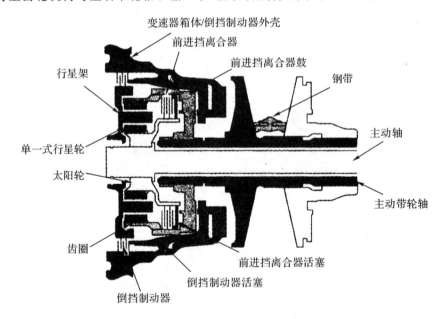

图 7-35　行星齿轮机构与输入轴及主动带轮轴配合关系

由图7-35所示可知，行星齿轮机构中的太阳轮与输入轴键配合，因此，只要发动机运转，太阳轮便同速同方向随输入轴一同旋转。该太阳轮也是前进离合器的毂，毂上键配合着前进离合器的多片湿式摩擦片，而行星齿轮机构中的齿圈与主动轴键配合，齿圈便是前进离合器的毂，毂上键配合着多片湿式前进离合器的钢片，前进离合器的摩擦片与钢片相配合，在前进离合器的毂内装有离合器活塞,当在液压作用下压紧前进离合器的摩擦片和钢片时,行星齿轮机构中的太阳轮和齿圈(即输入轴和主动带轮轴)便连成一体。从行星齿轮机构的传动原理可知,当行星齿轮机构中的太阳轮与齿圈连成一体时,便实现了直接传动。可见,只要前进离合器工作,行星齿轮机构便连成一体,即输入轴与主动带轮轴连成一体,随发动机飞轮同速同方向旋转,从而获得了无级变速器的前进挡。

由图 7-35 所示又知,该行星齿轮机构中的行星架是倒挡制动器中的制动毂,毂上键配合着多片湿式制动器的摩擦片,而制动器的毂则是变速器壳体,壳体上键配合着多片湿式制动器的钢片,壳体内装有制动器的活塞。当活塞在液压作用下压紧制动器的摩擦片和钢片时,行星齿轮机构中的行星架被制动。从行星齿轮机构传动原理可知,当行星架被制动时,齿圈和太阳轮旋转方向相反,可见当制动器工作后,输入轴旋转方向与主动带轮轴的旋转方向相反,于是获得倒挡。

综上所述,可见无级变速器内的行星排只是为了改变传动方向,使变速器有前进挡和倒挡。

(2)起步离合器从动轴

图 7-36 所示为主动轴与从动轴装配示意图。由图可知,输入轴上大法兰的主动带轮用三角形钢带与从动轴上的从动带轮相连,当前进挡离合器工作或倒挡制动器工作后,主动带轮便在输入轴的带动下旋转,于是从动带轮便在钢带拉动下被动旋转。从动带轮与从动轴键配合,从动带轮旋转,从动轴便旋转,在从动轴上又键配合着起步离合器的毂,毂上键配合着多片湿式起步离合器的钢片,如图 7-37 所示。

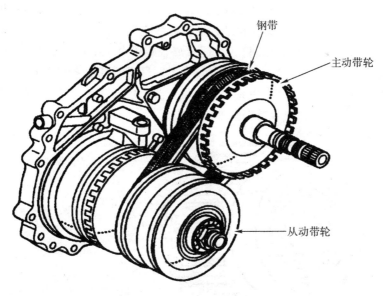

图 7-36　输入轴及从动轴装配示意图

在从动轴上套装着一个从动轴齿轮,它是起步离合器的毂,毂上键配合着多片湿式起步离合器的摩擦片,它与毂上的钢片相配合,在起步离合器的毂内装有活塞,当活塞在液压作用下压紧多片离合器的摩擦片和钢片时,从动轴齿轮便与从动轴连成一体,将动力输出给中间轴主动齿轮,于是便可将动力传递给主减速器。

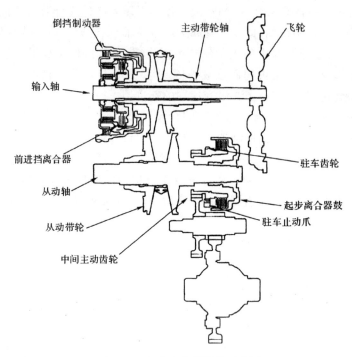

图 7-37　起步离合器结构示意图

　　该型自动变速器因无液力变矩器,因此失去了自动离合器的作用,为使在停车状态下,发动机能带挡怠速运转,且在起步加速时具有液力变矩器打滑调控的作用,故采用了起步离合器,可以在起步加速或带挡停车时保证发动机能稳定运转。

　　从分析中可知,这种作用是控制 CVT 起步离合器压力控制阀开闭大小而间接控制电控系统加给起步离合器液压的大小,以使离合器有不同程度的打滑来完成的,因此加强起步离合器的润滑和冷却是十分必要的,为此在起步离合器的毂上钻有很多径向的小孔,如图 7-38所示。这些小孔是用来加大离合器润滑油流量的。

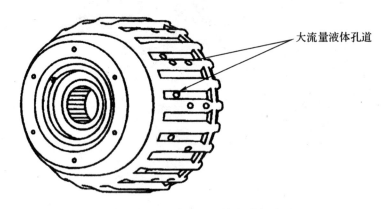

图 7-38　起步离合器毂钻孔示意图

　　如果起步离合器片磨损严重或油压不足,汽车将无法行驶,如果起步离合器卡在接合位置,将引起发动机怠速熄火的故障。

综上所述,该型自动变速器的机械部分是由四根平行轴,即输入轴、主动带轮轴、从动带轮轴和中间轴组成。另有一组行星排和三个离合器来完成前进和倒车的无级传动。

2. 本田飞度无级变速器动力传动路线

飞度轿车前进挡和倒挡是依靠无级变速器内的一个单级行星排来实现的,可参照图 7-35 所示结构综述。

(1)前进挡传动原理

在前进挡时,前进离合器接合,起步离合器接合,倒挡离合器解除。太阳轮与齿圈连成一体,整个行星排成一体在主动轴带动下顺时针旋转,于是主动带轮便同速旋转而带动从动带轮旋转,与从动带轮键配合的从动轴一同顺时针旋转。若起步离合器接合,则中间主动齿轮顺时针旋转,于是主减速器主动齿轮带动差速器齿轮顺时针旋转而输出,从而获得前进挡。

(2)倒挡传动原理

当选挡杆置入 R 挡,电脑根据挡位信号,使前进挡离合器分离,倒挡制动器接合,起步离合器接合。从图 7-35 所示可知,倒挡制动器接合后,把行星齿轮机构的行星架与变速器壳体连成一体,即行星架制动,太阳轮主动顺时针旋转时,因行星架被制动,故齿圈必逆时针旋转,即主动带轮轴及主动带轮逆时针旋转,并通过三角钢带带动从动带轮和从动带轮轴逆时针旋转,由于此时起步离合器接合,于是动力通过起步离合器传至中间主动齿轮,使中间主动齿轮带动差速器从动齿轮逆时针旋转而输出,从而获得倒挡。

(3)主从动带轮传动比调整原理

飞度无级变速器传动比的变化是靠改变主从动带轮的传动直径来实现线性变化的,主从动带轮直径的改变是靠电控液压来完成的,如图 7-39 所示。只要增大主动带轮工作直径,相应减小从动带轮的直径,便可提高车速。当电脑控制主动带轮处于高油压而从动带轮处于低油压时,主动带轮 V 形槽便在液压作用下减小槽宽,使工作直径增大,而从动带轮因低压而增大槽宽,使从动带轮工作直径减小,于是便获得低车速。

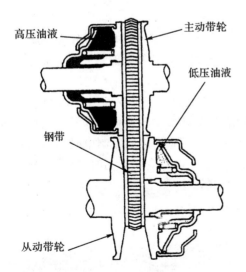

图 7-39　主从动带轮高速比工作直径变化原理示意图

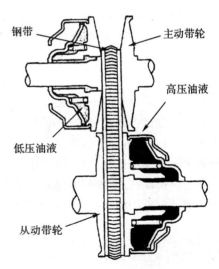

图 7-40　主从动带轮低速比工作直径变化示意图

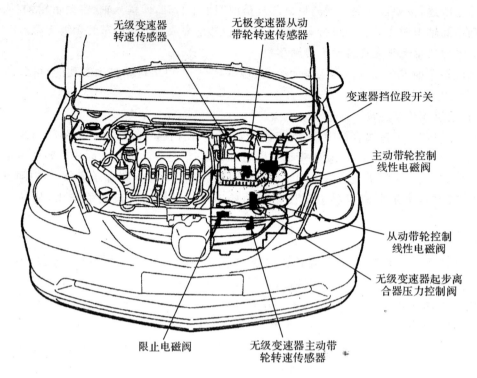

无级变速器
转速传感器

无极变速器从动
带轮转速传感器

变速器挡位段开关

主动带轮控制
线性电磁阀

从动带轮控制
线性电磁阀

无级变速器起步离
合器压力控制阀

限止电磁阀

无级变速器主动带
轮转速传感器

图 7-41　飞度无级变速器传感器及电磁阀位置图

当电脑控制主动带轮处于低油压作用,而从动带轮处于高油压作用时,其传动原理图如图 7-40 所示。此时主动带轮处于低油压作用,于是 V 形带轮的槽宽增大,工作直径减小,而从动带轮处于高油压作用,于是从动带轮槽宽减小,工作直径增大,因此实现高传动比输出,即减速输出。

3.电子控制系统

(1)飞度电子控制系统组成与原理

本田飞度轿车无级变速器电子控制系统由三大部分组成,分别为动力系统控制模块 PCM、传感器和频率电磁阀。换挡采用电子方式控制,确保所有条件下的驾驶舒适性。

1)传感器及电磁阀

飞度 SERA 无级变速器的传感器及电磁阀在变速器上的安装位置如图 7-41 所示。传感器分别将变速器输出轴转速信号、主动带轮转速信号、从动带轮转速信号以及开关信号送入电脑,电脑根据各种传感器信号,经处理后发出控制主动带轮油压的控制电磁阀信号和从动带轮油压控制电磁阀信号,以实现主从动带轮直径大小的调速变化。同时,电脑还控制起步离合器电磁阀,以实现起步时对起步离合器液压的控制。

传感器和电磁阀在变速器内的装配图如图 7-42 所示。

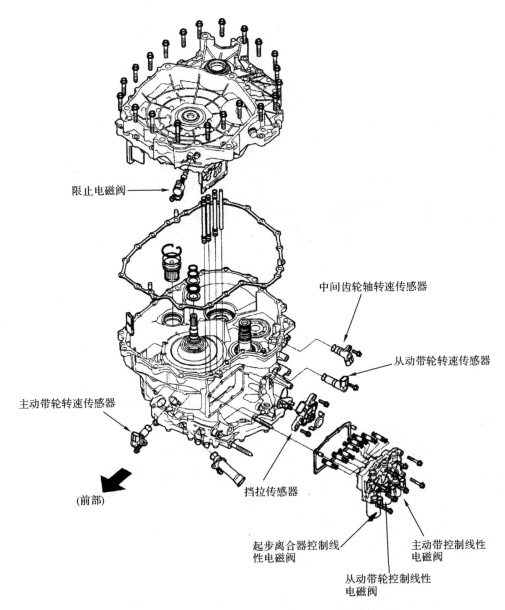

限止电磁阀

中间齿轮轴转速传感器

从动带轮转速传感器

主动带轮转速传感器

(前部)

挡拉传感器

起步离合器控制线
性电磁阀

从动带轮控制线性
电磁阀

主动带控制线性
电磁阀

图 7-42　飞度无级变速器传感器及电磁阀位置图

2)动力系统控制模块 PCM

　　飞度无级变速器电脑与发动机电脑一起合称为动力系统控制模块 PCM,其安装位置如图 7-43 所示。电脑根据各传感器信号,将实际行驶条件与储存的行驶条件进行比较,决定是否进行换挡控制,使主从动轮实现连续的升速和降速成线性变化的传动比,以满足发动机目标转速的要求。图 7-44 所示为电脑工作框图。

　　电脑按工作框图所示实现对自动变速器的换挡速度控制、主从动轮钢带侧压力控制、起步离合器控制、倒挡锁定控制及失效保护控制和自诊断。

3)发动机目标转速控制模式

　　手动阀在 D 位时,主从动带轮的传动比由电脑控制在 2.367～0.407 的线性变化范围内;而在

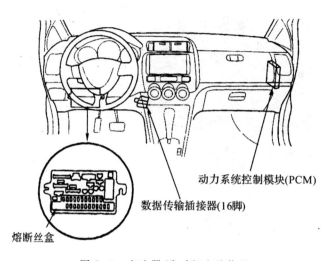

图 7-43 变速器/发动机电脑位置

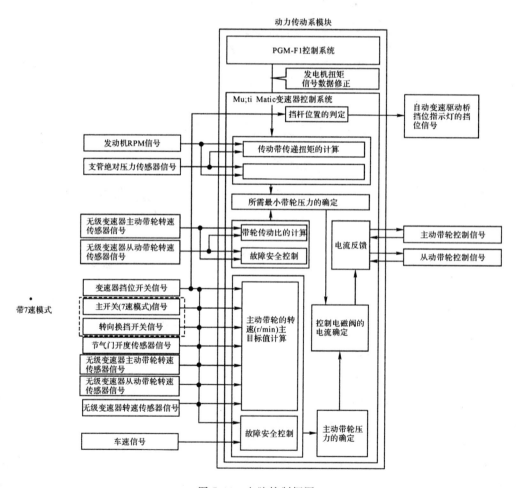

图 7-44 电脑控制框图

R 位时,如果踏下油门踏板,电脑就把传动比设定在 1.326,如果松开油门踏板,就设为 2.367。

如果节气门开度较大,电脑提高目标转速,相当于有级变速器提高升挡点,以充分发挥发动机的动力性。又如在公路巡航速度下,节气门部分开启,为提高发动机的经济性,目标转速相对降低,相当于有级变速器的升挡提前。当然电脑在确定目标转速时,还要考虑到换挡杆的位置,确保在每一个换挡位置,其传动比均能在相应的工作挡位下线性变化。对每一个给定的车速和节气门开度,均有一个确定的目标转速与之对应。

4)发动机冷却液温度的调节控制

当水温传感器向电脑提供水温低的信号时,电脑便将带轮的传动比降低,以提高发动机的转数,使暖机速度加快。当变速器油温超过限定值后,电脑将控制主从动轮的传动比,即使从动轴的转速降低,直至变速器油温正常才停止。

5)钢带侧压力的控制

电脑根据压力传感器信号确认发动机的负荷状况,并根据节气门位置信号等来确定三角钢带的侧压力。当车辆爬坡、发动机处于大负荷的情况下,电脑控制带轮有更高的侧压力,以防止钢带打滑,此时节气门开度加大,而进气管真空度则减小。

在巡航中速低负荷的情况下,节气门开度小而进气管真空度高的信号被电脑确认后,电脑将控制低负荷时的带轮侧压,以减小带轮摩擦和改善燃料的经济性。

主从带轮侧压力是由主从动带轮频率电磁阀根据电脑收到的行驶状况信号,由电脑控制电磁阀的开闭占空比,使侧压随心所欲地进行调速,并通过改变主从动轮直径来进行无级变速。

6)起步离合器控制

由于飞度无级变速器没有采用液力变矩器,因此不具备自动离合器的作用,为使汽车在带挡停车时可怠速运转,并保证汽车起步平稳和前进挡或倒挡时具有液力变矩器可使车辆爬行的效果,飞度轿车自动变速器采用了起步离合器。

电脑根据自动变速器速度传感器信号、制动踏板位置信号、来自 ABS 的辅转速后备信号、挡位信号、节气门位置信号、主从动带轮转速信号、进气压力传感器信号等,计算出应施加在起步离合器的压力,然后控制起步离合器压力控制电磁阀,向起步离合器送入正确的油压。电脑控制框图如图 7-45 所示。

当电脑收到节气门关闭,汽车在停车挡或前进挡低速运行时,电脑控制起步离合器控制电磁阀,调整其开闭的占空比,使起步离合器得到低液压,从而获得汽车爬行的效果,使驾驶员通过制动踏板可以以非常低的车速驾驶车辆。电脑根据制动踏板信号,保证踩下制动踏板的爬行程度小于松开制动踏板的爬行程度。

当进气压力传感器信号丢失后,电脑启动备用功能,以预储存的数据监视其他传感器以便对起步离合器压力控制电磁阀进行控制。

7)起步离合器设定

如果因蓄电池更换而断电,或后备保险丝熔断或更换,或检修时断电,或电脑经过拆卸或更换以及维护检修起步离合器等,电脑均会失去对起步离合器的正确控制,从而会出现怠速时起步离合器压力过高,导致发动机熄火。为此,起步离合器必须进行重新设定。起步离合器可用两种方法进行设定。

车辆停止时的设定程序如下:

①将驻车制动器驻车,用楔块塞住四轮,使车辆不能行走。

②将发动机预热到正常工作温度(冷却风扇转动两次)。

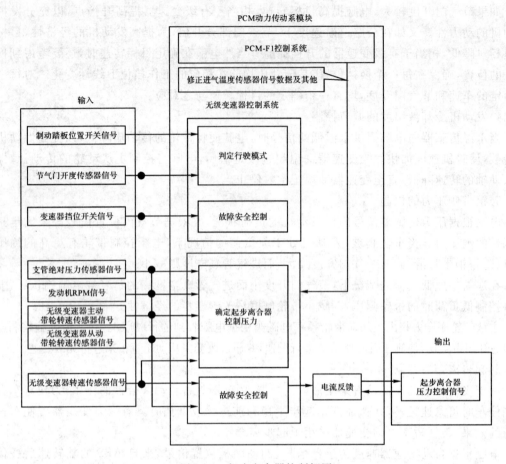

图 7-45　起步离合器控制框图

③确认发动机故障指示灯（MIL）正常，D 挡指示灯无闪烁。

④如果 MIL 亮或 D 挡指示灯闪烁，检查燃油和排放系统或自动变速器系统，然后再进行设定。

⑤关闭点火开关。

⑥将本田电脑测试仪或 HDS 连接到 DLC 上。

⑦将本田测试仪或 HDS 跨接 SCS 线跨接。

⑧踩下制动踏板不动，直至设定完毕。

⑨在无负荷下启动发动机，然后打开前大灯（设定时灯一直亮）。

10将换挡杆推入 N 位置，然后换至 D，S，L 位，在 20s 内，再从 L 换 3，S，D，N 位，这样重复两次。

11检查换挡杆在 N 位置时，D 指示器是否亮 1min 后熄灭。

12如果 D 指示灯闪烁或亮 1min 后不熄灭，应将点火开关关闭，从第 6 步重新设定。

13将换挡杆推入 D 位，检查 D 灯是否亮 2min 后熄灭。

14如果 D 指示灯闪烁或常亮，应将点火开关关闭，从第 6 步重新设定。

15关闭点火开关。

16试车检查起步离合器是否正常。

车辆行驶状态下的起步离合器设定：

①将发动机预热至正常温度(冷却风扇运转两次)。

②无负荷下启动发动机,打开前大灯,然后不要踩制动踏板,在超过 5s 时间内,使车辆减速直至校准为止。

③在 D 位驱动车辆,使车速增加至 60km/h,然后不要踏制动踏板,在超过 5s 时间内,使车辆减速,直至校准为止。

④进行试车,确认起步离合器工作正常。

(2)PCM 电气连接线路图(6 挡无级变速器＋7 挡模式)

PCM 电气连接线路图如图 7-46 所示。

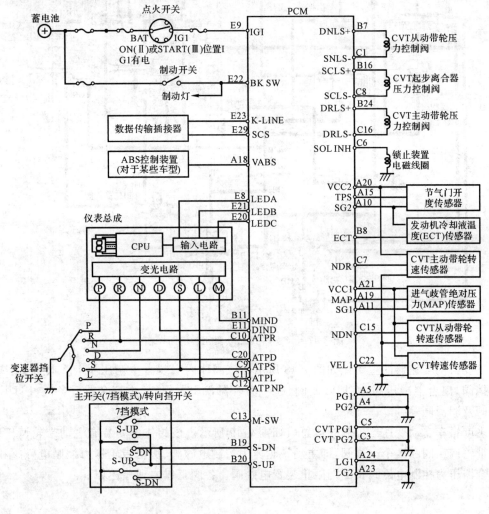

图 7-46　PCM 电气连接线路图

4.电液控制系统

(1)油路系统的组成及阀的工作原理

图 7-47 所示为飞度轿车无级变速器油路图。该油路图主要由四个电磁阀、调压滑阀及开关滑阀组成,通过压力电磁阀、开关电磁阀以及调压滑阀和开关滑阀的组成协调,驱动离合器作出相应的反应以获得无级变速器的线性变速效果。

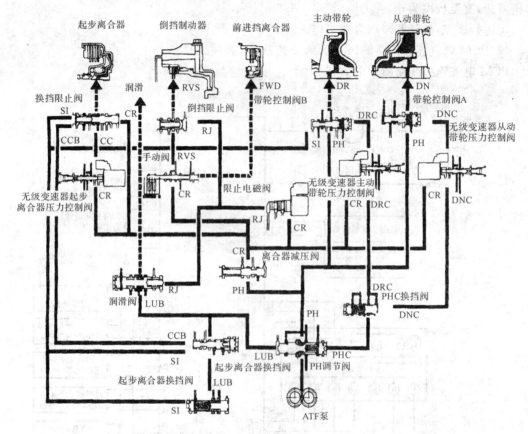

图 7-47　飞度轿车无级变速器油路图

飞度自动变速器的主阀体如图 7-48 所示。该阀体内安装有主调压阀 PH 阀、起步离合器换挡阀、离合器减压阀、换挡限制阀、起步离合器蓄压器阀、起步离合器后备阀、PH 控制换挡阀及润滑阀等。

飞度轿车自动变速器控制阀体总成如图 7-49 所示。该阀体内安装有主动带轮调压阀、从动带轮调压阀和四个电磁阀,即主动带轮压力控制电磁阀、从动带轮压力控制电磁阀和起步离合器压力控制电磁阀及倒挡限止装置电磁阀。各阀工作原理分述如下:

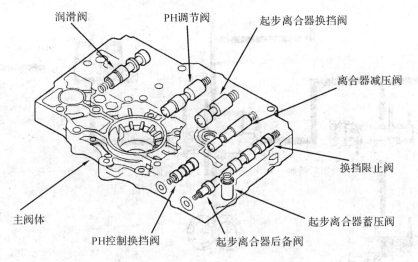

图 7-48　变速器主阀体示意图

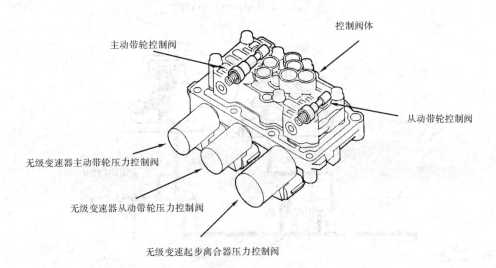

图 7-49　控制阀体示意图

1)PH 主油压调压阀

图 7-50 所示为主油压调节阀原理图。油泵将油液泵入该阀的 PH 油口后,该阀右端作用着弹簧的弹力和由主油压 PH 换挡阀送入的控制油压,该油压作用在主油压调节阀的右端 PHC 油口,形成一个向左推阀的力,该阀的左端作用着油泵经主调压阀调出的主油压,反馈作用在该阀的左端,左右两端压力的抗衡,决定了主调压阀的开度,从而决定了主油压 PH 的大小。从图可知,PH 油压是靠向 LUB 口泄油来保证的。可见,PH 油压随发动机转速(即节气门开度)变化而变化,也就是受控于电脑控制的主动带轮与从动轮调压电磁阀调整出的控制油压的控制。

2)CVT 主、从动带轮压力控制电磁阀

CVT 主、从动带轮压力控制电磁阀(在电磁阀总成中)如图 7-51 所示。

由图 7-47 可知,主调压阀调出的 PH 主油压,经离合器减压阀减压后,进入 CR 油口,在

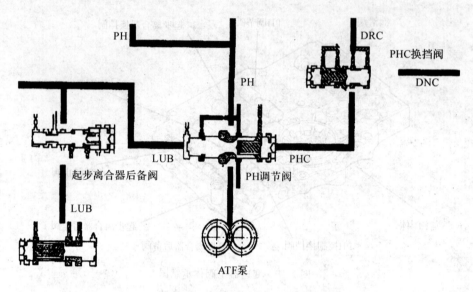

图 7-50　主油压调节阀原理图

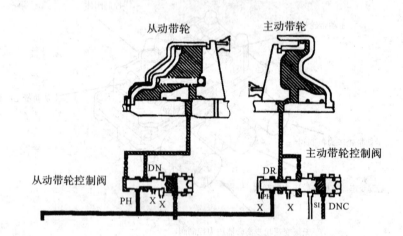

图 7-51　主动带轮和从动带轮压力调节阀原理图

CR 油口经主从动带轮压力控制电磁阀按电脑的控制信号,改变通断电的占空比,将 CR 油压调节成线性变化的油压 DRC。此 DRC 压力送入主从动带轮的压力调节阀 DRC 油口和换挡限制阀的 DRC 油口,分别调整主从动带轮的压力和起步离合器的压力。

综上可见,CVT 主从动带轮压力控制电磁阀是一个线性调压阀,它调出的压力是控制压力。

3)主动带轮压力控制阀

主动带轮压力控制阀是机械式滑阀,如图 7-51 所示。主油压 PH 送入主动带轮压力调节阀的 PH 口后,经该调压阀调压后,输出一个随行驶状况而变化的主动带轮压力,以调整主动带轮直径,线性地改变车速。DR 压力是靠从主动带轮压力控制阀送入压力调节阀右端的 DRC 压力和自身弹簧弹力与主动带轮调压阀调出的 DR 压力反馈作用在调压阀的左侧,靠左右两侧压力的平衡,决定调压阀的位置,从而改变 PH 压力,改变主动带轮控制阀的油口开度,以便线性调整出主动带轮的 DR 油压。

图 7-51 中的 S_1 油口是在电脑失控、电磁阀不动作时,DRC 油压增高,增高至限定压力时,换挡限制阀打开,将油压送入主动带轮压力调节阀的 S_1 油口,向右推动主动带轮压力调节阀,以减小主动轮压力和主动带轮工作直径,使汽车行驶速度降低,使变速器进入回家跛行功能状态。

4)从动带轮压力调节阀

从动带轮压力调节阀如图 7-51 所示。该阀右端作用着从动带轮压力控制电磁阀送过来的控制压力 DNC 和自身弹簧弹力,而阀的左端则作用着从动带轮调节阀调整出的从动带轮压力 DN,DN 油压反馈作用在阀的左端,左右两端压力的平衡决定了该阀打开 DN 压力油口的大小,从而调整出从动带轮油压 DN。可见,DN 油压随从动带轮油压控制电磁阀的通断占空比而线性变化,改变带轮的工作直径,调整变速器输出转速。

5)离合器减压阀

离合器减压阀如图 7-52 所示。该阀是把主油压 PH 调节成离合器减压油压 CR。从图又知,该压力的调节是靠弹簧弹力和 CR 油压反馈作用在该阀上的,两力的平衡将 PH 油压调节成 CR 油压。

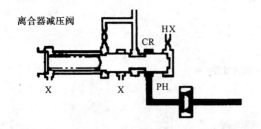

图 7-52　离合器减压阀　　　　　　　　图 7-53　手动阀示意图

离合器减压阀调出的 CR 油压一方面向手动阀送油,以供前进挡或倒挡离合器工作。CR 油压还分别送入主从动带轮油压控制电磁阀,通过电磁阀调压后供给主从动带轮。CR 油压还向限止装置电磁阀送油,以便使限止电磁阀在电脑控制下开闭,驱动倒挡限止阀动作,决定倒挡离合器是否工作。

6)手动阀

手动阀如图 7-53 所示。手动阀输入的油压是 CR 油压,即由离合器减压阀调出的油压,CR 阀送入手动阀后的走向决定于手动阀的位置。当手动阀拨入 D 位,手动阀将油压送入前进离合器;当手动阀置入 R 挡时,倒挡离合器工作。当车速大于 10km/h 向前行驶时,电脑控制限止装置电磁阀泄油,把倒挡限止阀右侧的 R 油压泄掉,致使倒挡限止阀右移,堵塞通往倒挡离合器的油路使倒挡离合器不工作,限止切入倒挡。

7)倒挡限止阀

图 7-54 所示是倒挡限止阀原理图。倒挡限止阀一端作用着弹簧的弹力,另一端作用着 RI 压力。当 RI 压力泄掉时,阀处于右侧,此时倒挡离合器压力油道被关闭,若 RI 油压将阀推至左侧,则倒挡离合器油道被打开,于是手动阀 CR 油压便可通过倒挡限止阀 RVS 进入倒挡离合器,使倒挡离合器工作。综上所述,倒挡限止阀是一个开关阀,它的左右移动可关闭或打开倒挡离合器油道。

8)起步离合器压力控制电磁阀

图 7-55 所示为起步离合器压力控制电磁阀工作示意图。起步离合器压力控制电磁阀 CR 油口的压力是由离合器减压阀调出的,该油压送入起步离合器控制电磁阀的 CR 油口。在此电脑通过节气门位置信号,控制电磁阀开闭的占空比,从而控制送往换挡限止阀 SC 的压力大小,也就改变了起步离合器压力的大小,保证了自动变速器停车怠速运转、起步、加速各种工况的换挡质量。

9)换挡限止阀

换挡限止阀如图 7-55 所示。该阀共有六个油口,一个泄油口 X,两个放气口 X。当从主动带轮油压控制电磁阀调制出的油压在限定值以内时,该压力送入换挡限止阀的 DRC 油口处无力克服弹簧

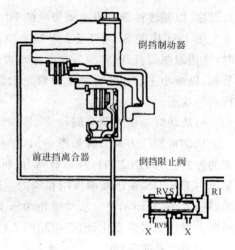

图 7-54　倒挡限止阀原理图

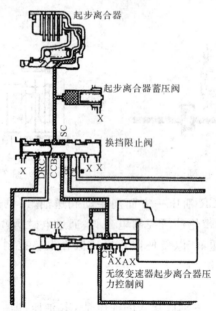

图 7-55　起步离合器压力控制电磁阀工作原理图

力,因此在此待命,该阀在弹簧力作用下处在右侧,因此 CCB 油口与 SC 油口相通,起步离合器受压接合工作。当电子控制系统发生故障时,由于主动带轮油压控制阀不调压,使 DRC 油压升高,于是 DRC 油压将换挡限止阀推至左侧,于是起步离合器压力控制阀 CC 油道被堵死,而 CCB 油道与 SC 口相通,离合器仍接合,但接合压力调小。与此同时,换挡限止阀的 CR 口的油口与 SC 油口相通,离合器减压阀油压 CR 转送至主动带轮压力调节阀 SC 处,将主动带轮压力调节阀向右推,以减小主动带轮压力,使带轮直径减小,保证回家功能。

10)起步离合器蓄压阀

起步离合器蓄压阀如图 7-55 所示。它是在电子控制系统产生故障时,将 SC 油压调节

成离合器后备压力。压力的调节是在起步离合器右端加主调压阀泄油压力 LUB,经节流后成 LUB,该油压以自身弹簧弹力向左推阀,而在阀的左端,则作用着后备离合器压力 CCB 反馈压力,两方压力平衡将阀控制在相应的位置,于是离合器后备压力便与之相对应。

(2)飞度无级变速器油路系统工作原理

1)倒挡制动器起步离合器油路循环原理

① 倒挡制动器油路工作原理

•倒挡制动器停止工作。当车速以 10km/h 的速度前进时,如果此时选挡杆推入 R 位,电脑则根据挡位信号及车速信号,输出一个使限止电磁阀通电的信号,如图 7-56 所示。此时因限止电磁阀的开启,将图中倒挡限止阀 RI 端的油压泄掉,则倒挡限止阀在弹簧力的推动下移至右端,将手动阀 RVS 的来油切断,并将倒挡制动器内的油液与限止阀泄油口相通,于是倒挡制动器分离。

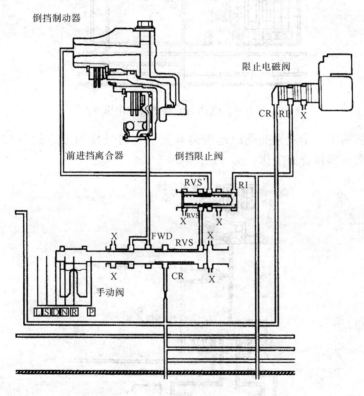

图 7-56 倒挡制动器分离油路示意图

•倒挡制动器工作。当车速降至 10km/h 以下时,若手动阀置入 R 位,则电脑根据车速信号及选挡杆挡位信号,将倒挡限止电磁阀断电,于是,限止电磁阀关闭,使 RI 处油压注入倒挡限止阀的右端,限止阀在 RI 处油压作用下,克服弹簧弹力而左移,如图 7-57 所示。当倒挡限止阀左移后,使手动阀处的油液通过 RVS 油道置入倒挡制动器,倒挡制动器接合,变速器输出倒挡。

②起步离合器工作原理

起步离合器油路工作原理图如图 7-58 所示。离合器减压阀调整出的压力油送入起步离合器的压力控制电磁阀的 CR 口,电脑根据行驶状况信号,控制起步离合器压力控制阀开

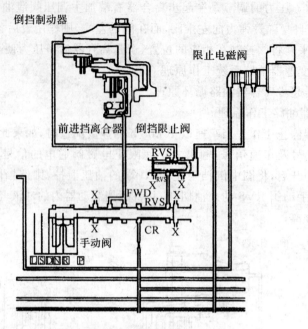

图 7-57 倒挡制动器油路工作原理图

闭的占空比,从而将一个线性变化的起步离合器油压通过换挡限止阀和 CCB 口转送至 SC 口,于是起步离合器接合而工作。

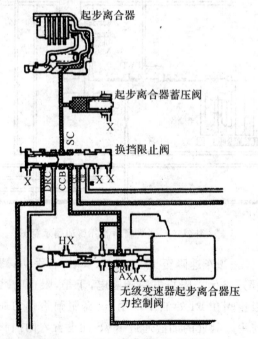

图 7-58 起步离合器油路工作原理图

2)D 位低速范围油路循环原理图

选挡杆入 D 位,手动阀移至接通前进离合器的油路 FWD,使离合器减压阀调出的离合器油压送入前进离合器,使前进离合器接合,如图 7-59 所示。

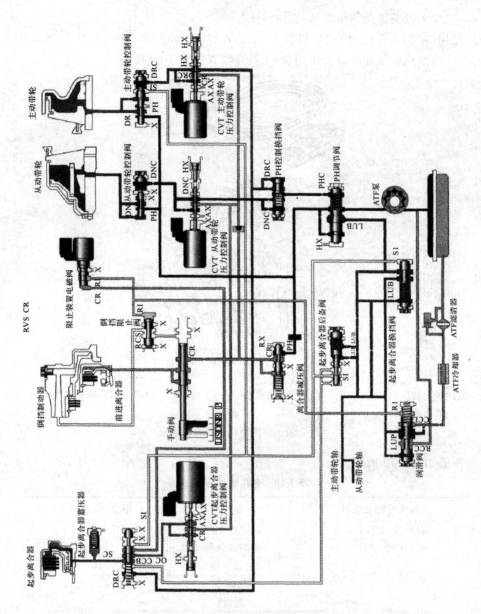

图 7-59 D 挡低速范围油路

前进离合器工作后,把输入轴与主动带轮轴连成一体,使主动带轮随输入轴旋转。与此同时,电脑根据各传感器输入的信号及挡位开关信号,控制起步离合器压力控制电磁阀,向换挡限止阀提供起步离合器压力 CCB,并在换挡限止阀处形成起步离合器压力 SC,使起步离合器接合,于是变速器将动力传递给差速器而输出。

低速范围的传动比控制是靠电脑根据接收到的各种信号,控制主从动带轮压力控制电磁阀开闭的占控比,调整出两个控制压力 DRC 与 DNC,用这两个控制压力控制主从动带轮的调压阀,由调压阀调整出主动带轮油压 DR 与从动带轮油压 DN,两压力分别调整两带轮的工作直径,保证变速器在低速范围内线性变速。

(3)飞度无级变速器油压测试

需使用的专用工具为 A/T 机油压力表装置 07406-0020004 和 A/T 低压表 07406-0070001。测试前应保证准备工作到位,工具及位置如图 7-60 所示。

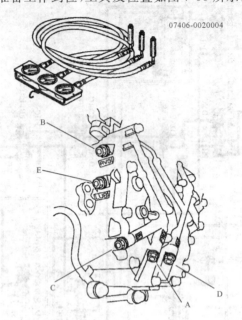

07406-0020004

A—前进离合器压力检查孔;B—倒挡离合器压力检查孔;C—主动带轮压力检查孔;D—从动带轮压力检查孔;
E—润滑压力检查孔

图 7-60　油压测试工具及位置图

油压值如表 7-10 所示。

表 7-10　各挡位油压测试值

测试位置及条件	部件	维修极限(MPa)
D 挡位,1700r/min	前进离合器	1.44～1.71
R 挡位,1700r/min	倒挡离合器	1.44～1.71
N 挡位,1700r/min	主动带轮	0.31～0.58
	从动带轮	0.43～0.91
2500r/min	润滑	0.27～0.40

7.4.2　故障诊断与分析

1.自诊断与数据分析

当动力系统控制模块 PCM 检测到输入或输出系统出现异常时,仪表板总成上的 D 指示灯将闪烁。将数据传输插接器(DLC)连接到本田 PCM 测试仪或者本田诊断系统(HDS)上,置点火开关于 ON 位,数据传输插接器就会显示 DTC。清除 A/T DTC 及 PCM 复位程序,可在测试仪屏幕上,选择 A/T 系统,然后选择 CLEAR(清除),清除 CLEAR MENU(清除菜单)上的 DTC(s)或重置 PCM。

PCM 的测试升级及替换,应使用本田专用工具接口模块(HIM)EQS05A35570 。仅当 PCM 如果没有下载最新的软件版时,才对 PCM 进行升级。在 PCM 的升级过程中,没有将点火开关置于 OFF 位,就不要操作任何电气系统,否则 PCM 将会被损坏。只有无法使用已有程序对 PCM 进行升级时,才更换 PCM。

本田 DTC(故障诊断代码)故障检修索引,如表 7-11 所示。注意:进行故障检修之前,记录所有冻结数据,并浏览"一般故障检修信息"部分。表中括号内的 DTC 是使用本田 PGM 测试仪或 HDS 时,看见的本田代码。"-"(连接符)前的第一个数字,是当将数据传输插接器 (DLC)与本田 PGM 测试仪或 HDS 插接,而且测试仪工作在 SCS 模式时,D 指示灯所显示的闪烁代码;DTC P1887(53-1)适用于装备有 ABS 的车型。

表 7-11　本田 DTC(故障诊断代码)故障检修索引

DTC SAE 代码 (本田代码)	D 指示灯	故障指示灯(MIL)	检测项目
P1705(5-1)	闪烁	ON	变速器挡位开关(对搭铁短路)
P1706(6-1)	OFF	ON	变速器挡位开关(断路)
P1879(32-1)	闪烁	ON	CVT 起步离合器压力控制阀
P1882(33-1)	闪烁	OFF	抑制器电磁线圈
P1885(34-1)	闪烁	OFF	CVT 主动带轮转速传感器
P1886(36-1)	闪烁	OFF	CVT 从动带轮转速传感器
P1887(53-1)	闪烁	ON	VABS 电路
P1888(36-1)	闪烁	ON	CVT 转速传感器
P1890(42-1)	闪烁	ON	换挡控制系统
P1891(43-1)	闪烁	ON	起步离合器控制系统
P1894(38-1)	闪烁	ON	CVT 主动带轮压力控制阀电路
P1895(39-1)	闪烁	OFF	CVT 从动带轮压力控制阀电路

2. 常见故障诊断分析

无级自动变速器由于构造较齿轮式有级自动变速器简单,其控制部分也较其他类别自动变速器的电控系统简单,因此其故障类别也少得多,判断故障也比齿轮式有级自动变速器要容易得多。

现将飞度轿车无级自动变速器的主要故障及其原因分述如下:

(1)主油压不足

主油压不足的主要原因有自动变速器油液不足,油泵磨损过甚,泵油量不足,主调压阀失控,电脑控制系统不良,离合器、制动器活塞缸泄油等。

(2)无前进挡和倒挡

造成汽车不能行走的主要原因有起步离合器压力控制电磁阀失控、换挡限止阀卡死、起步离合器油压过低、起步离合器摩擦片打滑、起步离合器电控系统不良。

(3)汽车只能低速行驶,不升挡

电脑起动保护功能,使主动带轮调压电磁阀断电,造成 DRC 油压升高至超限,致使换挡限止在 DRC 油压作用下左移,使离合器减压阀油压送主动带轮压力控制阀的左侧,向右推

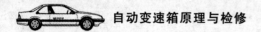

动带轮压力控制阀,以减小主动带轮的压力。与此同时,电脑控制从动带轮油压,使其直径增大,以确保汽车只能低速行驶,由此可见,电控系统有故障或主动带轮控制电磁阀断电、搭铁不良等,均会起动保护功能。

(4)只有前进挡无倒挡

倒挡制动器磨损打滑、倒挡限止阀卡滞、倒挡限止装置电磁阀控制系统或电磁阀不良。

(5)有倒挡无前进挡

前进挡离合器损坏、漏油,前进挡离合器控制系统或油路系统不良。

(6)停车 D 位无爬行

电脑根据挡位信号和节气门位置信号控制主动带轮和从动带轮控制电磁阀,使主从动带轮直径调整到只能爬行的程度,若电控系统不良,则爬行失控。

参考文献

1. 张月相,赵英君.汽车自动变速器原理与检修.哈尔滨:黑龙江科学技术出版社,2005

2. 张泰岭.汽车自动变速器原理与检修.广州:广东科技出版社,2002

3. 朱迅.汽车自动变速器维修.北京:机械工业出版社,2002

4. 汪立亮.轿车自动变速器维修技能实训.北京:北京理工大学出版社,2005

5. 刘衡章.实用当代汽车自动传动技术.北京:人民邮电出版社,2001

6. 徐寅生,汪立亮.现代汽车自动变速器原理与检修.北京:电子工业出版社,2005

7. 栾琪文.自动变速器实用维修图集.沈阳:辽宁科学技术出版社,2002

8. 聂海.新型轿车自动变速器的构造与维修.北京:人民邮电出版社,2004

9. 周小明.广州本田雅阁轿车维修手册.北京:国防工业出版社,2003

10. 徐维东 孟淑娟 孙越.广州飞度轿车维修手册.北京:人民交通出版社

11. 腾刚.上海帕萨特轿车维修手册.北京:国防工业出版社,2002

12. 腾刚.上海别克轿车维修手册.北京:国防工业出版社,2003

13. 薛庆文,王力田.汽车无级变速器(CVT)结构原理与维修精华.北京:机械工业出版社,2006

14. 王绍光,夏群生 李秋生.汽车电子学.北京:清华大学出版社,2005

15. 过学迅.汽车自动变速器—结构、原理.北京:机械工业出版社,1999

16. 黄林彬,罗云辉.自动变速器检修指导.北京:机械工业出版社,2005